Letizia Ortiz

Una republicana en la Corte del Rey Juan Carlos I

Letizia Ortiz

Una republicana en la Corte del Rey Juan Carlos I

Isidre Cunill

CHRONICA

Sant Elíes, 21 4º-1ª – 08006 Barcelona
www.chronica.es

Primera edición: septiembre de 2010

Diseño de la cubierta: Iniciativas de Diseño S.L.
Maquetación y corrección: Cristina Payà
ISBN: 978-84-15122-02-9
Depósito Legal: M-33237-2010
Impreso y encuadernado por Palgraphic S.A.

Impreso en España – *Printed in Spain*

Para Encarna… porque se lo merece

Índice

Nota del Autor

Este libro no pretende ser una biografía (ni tan siquiera no autorizada) sobre Doña Letizia Ortiz Rocasolano, actual Princesa de Asturias, ni mucho menos un compendio de cotilleos baratos o escándalos propios de la prensa del corazón rosa o de cualquier otro órgano *humanoide* o color del arco iris, la cual mide por el mismo rasero a la «princesa del pueblo» —me refiero a la omnipresente Belén Esteban— que a la Princesa de Asturias y futura Reina de España. Toda esta rumorología popular, cierta o no, que rodea la figura de Letizia Ortiz, es tierra abonada para todo tipo de especulaciones y exclusivas escandalosas que lo único que consiguen es manchar papel *couché* y crear una imagen distorsionada, tanto en lo positivo como en lo negativo y tanto en lo bueno como en lo malo, sobre este personaje Real en cuestión. Cualquier intento de escribir sobre la futura Reina de España —dejando aparte que la institución guste o no guste— no puede ser inocuo ni superficial sino incisivo y profundo, tanto en el fondo como en la forma, dejando a un lado los sensacionalismos gratuitos e incluso el estilo literario puro, incurriendo en la recopilación de la más veraz (posible) información periodística. Por todo ello, este libro intenta ser un exhaustivo compendio de todas las informaciones sobre el pasado y la infinidad de rumores que rodean a Letizia Ortiz y que inquietan de manera especial la tranquilidad de la nueva vida de la actual esposa de Don Felipe de Borbón y Grecia, heredero dinástico de la Corona por línea sucesoria. Es también un análisis profundo y un serio estudio de todas y cada una de esas informaciones, con la única intención de esclarecerlas, en la medida de lo que permite el hermetismo informativo que rodea a la familia real: en definitiva, desentrañar la veracidad o falsedad de los mismas: porque la frivolidad en el tratamiento informativo no tiene el mismo valor trascendental para la historia, aunque a simple vista lo parezca. Por ello este trabajo literario-periodístico pretende establecer la interrelación que puede interferir entre el problemático pasado de la ex periodista y la corona española. Ello obliga, como ya he dicho, a realizar un completo análisis de la que será, sin lugar a dudas —por supuesto tras el principal protagonista, Felipe de Borbón y Grecia—, el personaje más importante que entrará por la puerta del trono a formar parte de la historia de España: la actual esposa del Príncipe de Asturias, Doña Letizia Ortiz Rocasolano.

Pero volviendo a esta obra en cuestión, debo dejar claro desde un principio las intenciones y el fondo de la misma así como su estructura literaria. Se trata de un libro que pretende en primer lugar ser un ensayo sobre el futuro de la corona española, intentando profundizar, en la medida de lo posible, en la legítima preocupación que deben o deberían sentir muchos españoles por él, incluido el mismísimo Rey Juan Carlos I, máxime tras su última y grave intervención quirúrgica. Por otro, y quizás el más importante, recopilar desde el más riguroso periodismo de investigación todo aquello que durante los últimos siete años de la historia de este país ha rodeado a Letizia Ortiz, a su pasado, a su familia y a su entorno, buceando en todo tipo de informaciones y rumores, salvando siempre que ha sido posible el oscurantismo y el secretismo que rodea a la familia real española y las dificultades con las que se encuentra quien osa adentrarse en sus entretelas —y no nos referimos a las banalidades de cafés de media tarde—, nos referimos sobre todo a las que rodean, desde el punto de vista más íntimo, serio y misterioso, a la hoy Princesa de Asturias, que podrían llegar a afectar el futuro de España: en resumen, ahondar en sus secretos mejor guardados.

Muchos lectores encontrarán este libro polémico e, incluso, escandaloso incluyendo el entorno Real y principalmente a la propia Princesa de Asturias, quizá porque nadie mejor que ella misma, por su anterior condición de periodista, sabe del poder de la información. Aquí se ha pretendido realizar un compendio, lo más exhaustivo y definitivo posible, sobre todos y cada uno de esos secretos difundidos sobre Doña Letizia, la mayoría de ellos contrastados algunos documentalmente y otros procedentes de diferentes —algunas de las cuales han preferido permanecer en el anonimato por miedo u otros motivos más terrenales y crematísticos—,otros proceden de la investigación propia, igualmente documentada y verificada y varios simplemente explicados y tratados como simple leyenda urbana o anécdota sin mucha fiabilidad creíble, pero reproducidos a título informativo: que así conste.

También debemos ser conscientes de que este libro no será del agrado de algunos miembros de la familia Real incluso de «fieles» cortesanos que medran a la sombra de la casa del Rey Juan Carlos I y, por supuesto, de Doña Letizia Ortiz, Princesa de Asturias, pero a través del derecho a la información y a la libertad de expresión, todo ciudadano está legitimado para conocer quién puede ser su futura Reina, siempre desde el respeto a la institución, representada en la monarquía constitucional pero, en definitiva, verdad por dura que parezca o cruel que sea. Una monarquía moderna y democrática, tal y como la gozan o sufren, dependiendo del color del cristal con que la miren, los españoles desde hace treinta y cinco años, debe ser transparente en todos sus aspectos. A partir de aquí que cada uno interprete la información aquí escrita como Dios o su conciencia le dé a entender: a eso se le llama LIBERTAD.

I.C.

Introducción

El ocho de mayo de 2010 pudo convertirse en una fecha en el que cambiara radicalmente la historia de España. Aquel día, tras saltar la noticia del año en lo que al monarca se refiere, una pregunta inundó el ambiente y se vislumbró algo profundamente preocupante: ¿Cuál será el futuro institucional tras la sucesión del Rey Juan Carlos I, tanto al frente de la Casa Real como en la Jefatura del Estado? Para aquellos que aún no se habían planteado, ni tan siquiera imaginado, la situación que se producirá inexorablemente tras la sucesión al trono, esta cuestión tomó fuerza durante los siguientes días mientras Juan Carlos permanecía ingresado en la Clínica Planas de Barcelona tras abandonar el Hospital Clínico. Entre propios y extraños, se disparó la luz de alarma. La duda y la preocupación planearon sobre sus cerebros, a cada uno por diferentes intereses, como Ave Fénix resurgiendo de sus cenizas. Pocos eran, hasta ese día de la primavera del 2010, los que habían imaginado y sopesado las consecuencias, positivas o negativas, para el futuro del estado español, que conllevará implacablemente la sucesión al trono.

La grave y urgente, a la vez que sorpresiva, intervención quirúrgica a la que fue sometido S.M. Juan Carlos I en el Hospital Clínico de Barcelona estuvo envuelta en un secretismo absoluto y sólo aireada, al finalizar la misma, por el equipo médico que realizó la delicada operación —ni tan siquiera fue la propia casa Real quien informara a los españoles—, realizada de una manera ambigua utilizando un complicado lenguaje técnico a la vez que derrochando un exceso de normalidad y tranquilidad poco creíble para la mayoría pensante de la población española. Estas maneras de explicar el suceso no contribuyó en absoluto a dejar el incidente en un simple percance en la salud del Monarca. Fue precisamente muy al contrario, provoco aún si cabe más alarma. Se despertaron viejos fantasmas del pasado. Muchos fueron los que se volvieron a preguntar tras aquel día y al saber la auténtica realidad - el Rey padecía un más que posible cáncer de pulmón - y después de Juan Carlos ¿qué? Porque cierto es que aunque en este país la ley sucesoria está legislada y asegurada por la propia Constitución, España, durante los últimos ciento cincuenta años de su historia reciente no ha sido especialmente monárquica, sino que sus sentimientos, en general, son antagónicos y republicanos pero ahora sí es, en su mayoría, y por obra y gracia de Juan Carlos de Borbón, «juancarlista».

Por unos u otros motivos lo cierto es que los anteriores Borbones que han ocupado el trono de este país desde 1700 no son, precisamente y por diferentes motivos de buen recuerdo para los españoles, pero lo que sí es cierto es que, después de los lógicos miedos y reticencias iniciales no tanto por esa herencia Borbónica sino por la forma en la que accedió a la jefatura del Estado y al trono real Juan Carlos de Borbón, ha logrado en el transcurso del tiempo cierto reconocimiento de su pueblo. La franquista Ley de Sucesión y el hecho de que el mismísimo Francisco Franco Bahamonde provocara la abdicación sucesoria del hasta entonces rey sin trono, Juan de Borbón, Conde de Barcelona y heredero legítimo a la corona española —aunque oficialmente no lo hizo hasta 1977 cuando su hijo ya llevaba reinando dos años— era el principal motivo para la desconfianza lógica al ser considerado un continuismo del franquismo. Juan III, nombre con el que hubiera reinado el padre del entonces Príncipe de Asturias Don Juan Carlos, fue condenado al ostracismo del exilio por el propio general Franco, que a pesar del pacto de Estoril de 1948 no permitió su regreso a España y sólo pudo hacerlo tras la muerte del dictador. Esta forma de actuar de Franco no ofreció ningún tipo de confianza entre los aún, política y socialmente, traumatizados españoles que empezaban a ver tras cuarenta años de autoritarismo político y la falta de libertad democrática un resquicio de esperanza tras la muerte del general, aunque con poca fe al recordar aquella famosa frase del dictador: «todo atado y bien atado» y el posterior juramento de los Principios Fundamentales del Movimiento por parte de Juan Carlos de Borbón y Borbón. Esa desconfianza fue desapareciendo poco a poco y la forma con la que se llevo a cabo la llamada transición y, ante todo, la nueva y democrática Constitución aprobada por aquellas primeras Cortes tras la muerte de Franco y ratificada por el pueblo soberano el seis de diciembre de 1978, en la que se proclamó como modelo de Estado una monarquía parlamentaria, contribuyó de manera decisiva a ello. El tiempo y el propio Juan Carlos I hicieron el resto, con algún que otro traspié en el camino de esa entonces joven democracia, como aquel veintitrés de febrero de 1981 en el que este Borbón tuvo en sus manos el futuro de la misma. Ese momento, del cual algún día la historia revelará su auténtica verdad, a Don Juan Carlos se le aparecieron sus antepasados, quizás su abuelo Alfonso XIII junto aquel otro general de nombre Miguel Primo de Rivera y tal vez algún otro general más reciente con alma de caudillo. Pero junto a la conciencia democrática, la reflexión, el consejo de su padre, Don Juan, y el importantísimo papel de la Reina Sofía y también del jefe de la Casa Real, Sabino Fernández Campo, todo quedó sólo en eso: en un susto para la democracia. Durante estos largos treinta y cinco años otros han sido los deslices democráticos y de otra índole del Rey de España. Sus «amistades peligrosas», sus presuntos negocios paralelos a la corona, sus despilfarros «regatísticos» y sus «aventurillas» fuera de palacio, han sido aceptados por el pueblo español como pecados veniales incluso con cierta simpatía.

Así han trascurrido treinta y cinco años de monarquía con la confianza del pueblo consolidada en ella. Pero la vida y su imparable marcha hacia delante provoca de nuevo la aparición de fantasmas, indeseados para algunos y esperados para otros. La ya mencionada intervención quirúrgica y los rumores más que fundamentados sobre la auténtica gravedad de la misma, han hecho que se vuelva a pensar en los Borbones y en la monarquía como tal. El futuro Felipe VI no es Juan Carlos I pero, para la inmensa mayoría y quizás lo más preocupante, es que su esposa la Princesa de Asturias, Doña Letizia Ortiz Rocasolano, no es la Reina Sofía de Grecia. Es público y patente que la cónyuge del heredero a la corona de la monarquía española por la dinastía Borbónica y debido a su poco transparente y turbio pasado es, sin lugar a dudas, una mujer controvertida y polémica ante la opinión pública en general, que despierta entre sus futuros súbditos, sean monárquicos o republicanos, nobles o plebeyos, de izquierdas o de derechas, agnósticos de la política e incluso entre gentes allende del estado español, sentimientos y pasiones contradictorios que van desde el amor al odio, de la admiración a la envidia, del rechazo a la sumisión mediática, pero en casi todos desconfianza reina la desconfianza. El simple hecho de que una mujer, para muchos vulgar, cuyo único mérito conocido antes del compromiso real fuera el de haber presentado un Telediario de la primera cadena de TVE, haya podido llegar hasta los mismísimos pies del trono de la realeza, es para muchos el triunfo del pueblo sobre la soberanía monárquica. Para otros estas mismas circunstancias son una vergüenza y una felonía que traiciona la auténtica naturaleza sucesoria y dinástica de la monarquía española en su estricta esencia y que incluso roza la traición. Pero todos y cada uno de ellos, sin excepción de clases o ideales, se sienten con el derecho a conocer quién es realmente este ilustre personaje, que ocupará, por pura lógica sucesoria y ley de vida —si otro divorcio magno no lo impide—, el trono de España como Reina consorte junto al futuro Felipe VI y que incluso, quizá por algún macabro capricho del destino, podría llegar a ser Reina Regente convirtiéndose de la noche a la mañana, en Jefe del Estado dirigiendo los destinos de un país como el nuestro. Y es que este país, como pregonaba el famoso lema turístico de los años sesenta del siglo pasado ideado por Manuel Fraga Iribarne: ¡ESPAÑA ES DIFERENTE!

Letizia Ortiz llegó a la Zarzuela desde los pasillos de TVE como una cenicienta del siglo XXI. De inmediato, por el simple hecho de no pertenecer a la nobleza ni ser ninguna princesa casadera de cualquier casa real europea, los ojos del mundo se fijaron en ella y penetraron como huracanes en la vida de la popular periodista. Los que hasta el momento solo sabían de la indudable belleza y profesionalidad de aquel busto parlante que se introducía en sus hogares todas las noches a través de la caja tonta de la cadena pública, empezaron a saber quién era realmente aquella mujer plebeya que había logrado conquistar el corazón del Príncipe Felipe. Su pasado, su divorcio, su singular familia, sus creencias políticas y religiosas, así como sus secretos que ilusamente pretendía no salieran a la luz, en definitiva de todo aquello que a nadie le gusta que se sepa de ellos pero que a todos les encanta saber de los demás. Durante siete largos años las interioridades de la Princesa de Asturias han estado en boca de todos y, consecuentemente, han salido a la luz sus puridades más íntimas. Su anteriormente proclamado republicanismo y ateísmo que choca frontalmente con los principios de la institución monárquica española ha sido, sin lugar a dudas, uno de los temas más controvertidos: ¿Una republicana en la corte del Rey Juan Carlos? Esta situación a algunos les produce preocupación, a otros alegría, a otros indiferencia, incluso hay a los que les produce risa, pero lo cierto es que a todos les despierta el gusanillo de la curiosidad morbosa.

Primero fue el «flechazo» entre el Príncipe Felipe y la periodista en los pasillos de la tele. Luego el corto noviazgo y el compromiso real. Tras las pertinentes investigaciones e informes del C.N.I (Centro Nacional de Inteligencia) presuntamente encargados por la propia Casa Real y la Jefatura del Estado, la máquina del sistema se puso en marcha. Luego tocó salvar el escollo de la Iglesia, el heredero del trono de España debía casarse como mandan los cánones de una monarquía católica: en la Catedral de la capital del reino y oficiada por su máximo mandatario: Monseñor Antonio María Rouco Varela, cardenal-arzobispo de la archidiócesis madrileña y presidente de la Conferencia Episcopal Española. El estado civil de Letizia Ortiz, divorciada del profesor de literatura y escritor, Alonso Guerrero Pérez, fue otro obstáculo a salvar, lo que provocó la segunda investigación y apertura del consecuente expediente eclesiástico. Los rumores sobre si Letizia Ortiz había apostatado y que incluso ni tan siquiera hubiera sido bautizada al nacer, quedaron diluidos tras la real boda en la Catedral de la Almudena y la posterior bendición del Papa Juan Pablo II, porque de lo contrario aquella suntuosa ceremonia eclesiástica no sería válida, aunque si lo fuere el matrimonio civil, suficiente para cualquier mortal pero no para una familia real española por muy aconfesional que sea el estado que tutela. Tras el enlace magno, la plebeya y divorciada Letizia Ortiz Rocasolano, ambiciosa periodista, republicana y atea, se convirtió por designio real y de la noche a la mañana en la esposa del heredero a la corona española por la dinastía Borbónica, en Princesa de Asturias y, por consecuencia, en futura Reina de España.

A partir de ese momento no solamente cambio su vida y su estatus social, sino que los dardos informativos sobre su pasado se afilaron aún más y los trapos, sucios más que limpios, de su pasado asaltaron las portadas de la prensa rosa, hicieron correr ríos de tinta y, lo más peligroso de todo, la utilización de la red y el «virus» Google, por todo tipo de manos tanto amigas como enemigas, se cebaron sobre la nueva princesa. Su trepidante aventura mejicana, sus tratamientos de fertilidad, su posible aborto, su anorexia y la influencia de esta enfermedad en la descendencia magna, sus incomprendidas operaciones de estética y finalmente las polémicas relaciones que mantiene con el resto de la familia Real y, concretamente, con su suegro, el Rey Juan Carlos, son temas que interesan y mucho al ciudadano de a pie: a unos de una forma y a otros de otra, pero a todos, sin excepción de una manera importante y preocupante: de todo ello vamos a intentar aportar algo de luz en este libro.

I

Breve radiografía de una estirpe: Los Borbones de Felipe V a ¿Felipe VI?

La monarquía es un déficit
democrático que sufrimos por herencia.

Joaquín Sabina

El futuro de la corona española: ¿En manos de quién?

La dinastía de los Borbones ha ocupado el trono de España durante más de tres siglos. En el transcurso de este tiempo han reinado en este país, exceptuando algunos intervalos en los que fueron apartados del poder e incluso obligados al exilio por diferentes motivos, fuere por la Republica, fuere por el dictador de turno o, incluso en ocasiones también, por sus propias guerras particulares en las luchas por la sucesión y líneas dinásticas. Pero durante los periodos que han ejercido el poder desde lo más alto del trono dirigiendo a su antojo el destino de España, lo hicieron de una forma peculiar, con un sello propio como si todos y cada uno de ellos estuvieran cortados por el mismo patrón, quizás un estilo trasmitido por herencia genética o por imitación familiar. Podríamos decir que los Borbones han practicado una forma de reinar muy propia exceptuando, claro está, honrosas excepciones. No estaríamos desencaminados si aplicáramos la máxima del: *made in Borbón.* Lo cierto es que la manera de vivir y la forma de gobernar, desde lo más alto del trono de esta saga regia, ha dejado mucho que desear en la leyenda de España. Diez monarcas y dos regencias, además de algún que otro rey sin corona, han ocupado el solio de este peculiar país a lo largo de esos tres siglos y pico de historia.

A medida que transcurrían los años y con ellos la llegada de nuevos tiempos, de nuevas tecnologías, de nuevos pensamientos y, ante todo, la culturización de un pueblo herido por la ignorancia y la miseria, además de alguna que otra limpieza sanguínea que intentan practicar en su ADN, parece que algo ha cambiado en la manera y la forma de actuar de esta familia de reyes. Juan Carlos I de Borbón y Borbón Dos-Sicilias, actual Rey de España, es muestra patente de ello. Viene ocupando el trono desde el último cuarto del siglo pasado de una manera algo diferente, tal vez, como hemos dicho antes, debido a que estos tiempos no son los mismos que los que vivieron sus antecesores, a pesar de algún que otro desliz democrático o en su propia vida privada, si es que la tiene, pero en todo momento perdonado o pasado por alto por sus súbditos y conciudadanos —no es lo mismo una cosa que otra—. Juan Carlos ha hecho olvidar, en cierta manera, a sus ancestros, ganándose poco a poco la confianza de una buena parte del pueblo español. No son de extrañar estas simpatías ya que Juan Carlos de Borbón y Borbón-Dos Sicilias, Rey de España, primero por la gracia de Franco y después por la de la democrática Constitución, es un ser altamente carismático e incluso podríamos llegar a decir que mediático. Despierta simpatías y cierta confianza tanto entre sus incondicionales seguidores como entre sus detractores más fanáticos, incluso entre los situados en las antípodas del pensamiento monárquico y republicanos convencidos, y también cuenta con el respeto de la comunidad internacional.

Al vislumbrarse, aunque sea en un horizonte más o menos lejano, el fin del llamado *juancarlismo,* los fantasmas y las formas de actuar de sus antepasados regios han vuelto a aparecer ante los ojos de muchos españoles. ¿Qué sucederá con Felipe VI?... Y, sobre todo, ¿quién es esa ex periodista con la que se ha casado el Príncipe de Asturias y que se convertirá en la futura reina consorte y cuyo nombre es Letizia Ortiz Rocasolano? Desgraciadamente la infalible bola de cristal no existe, por ello lo único posible para intentar imaginar el futuro y responder a estas preguntas es analizar, tal que ensayo literario, quién y quienes han sido los Borbones y cuál ha sido su forma de actuar durante sus reinados sobre este país llamado España. Porque no podemos olvidar que en ocasiones, unas para bien y otras desgraciadamente para mal, la sangre tira y el peso de los antepasados, máxime hablando de ancestros regios, es una carga de obligado cumplimiento y, lo más preocupante, que muchas veces la historia se repite y los Borbones tienen mucha historia.

Breve historia de la monarquía borbónica y sus pecados ancestrales

El Rey Juan Carlos I es, hasta la fecha, el último monarca de la casa de los Borbones que ha reinado en España durante los trescientos diez años de historia de esta dinastía regia. Todo empezó con Felipe V, nada más estrenado el siglo XVIII, concretamente en el año 1700, cuando Carlos II, el último monarca español perteneciente a la dinastía de los Austria, se vio obligado a nombrar descendiente. Este monarca tuvo que hacer testamento para designar sucesor al trono ya que no había tenido ningún hijo legítimo. Este documento regio permitió que un noble francés, Felipe de Anjou, accediera al trono español. Felipe era nieto de Luis XIV, *El Rey Sol,* que ocupó el trono de Francia desde 1643 hasta su muerte en 1715, y de la infanta española María Teresa de Austria, hija de Felipe IV. Este testamento Real provocó el temor entre diferentes países de la vieja Europa, tales como Inglaterra, los Países Bajos (Holanda) y el Sacro Imperio Romano-Germánico[1]. Ante la perspectiva de que una misma familia, la de Borbón, gobernara tanto en Francia como en España, estos países europeos se conjuraron y rechazaron aquel testamento sucesorio y propusieron al archiduque Carlos de Austria, como heredero al trono. Este enfrentamiento provocó la llamada Guerra de Sucesión española (1702-1714). El archiduque Carlos de Austria tuvo el apoyo de Catalunya, pero al finalizar la mencionada Guerra de Sucesión, abandonó la lucha por el trono español para ser coronado emperador del Imperio Austrohúngaro, dejando a sus máximos valedores en España, los catalanes, a los pies de los caballos de Felipe V, de ahí el mal recuerdo que Catalunya tiene de ese Borbón y por consecuencia la desconfianza en

1. El Sacro Imperio Romano-Germánico fue la unión política de un conglomerado de estados de la Europa Central que perduró desde la Edad Media hasta inicios de la edad contemporánea.

esta dinastía que ocupa el trono por herencia. Cuando finalizó la guerra todos reconocieron a aquel noble francés, Felipe de Anjou, como rey de España, que lo haría con el nombre de Felipe V, desde 1700 hasta 1746, exceptuando un breve paréntesis en 1724 en que lo hizo por abdicación voluntaria e interesada del entonces rey Felipe V, su hijo Luis I de Borbón[2]. Tras la muerte de éste, su padre volvió a ocupar el trono. Este breve reinado estuvo marcado por el amor y el odio y las intrigas palaciegas y los intereses políticos, la cual, incluso algunos, pueden imaginar repetible tres siglos después, salvando la distancia del tiempo y de las circunstancias. Tras el primer Borbón de la historia de España del siglo XVIII reinaron también, aparte del mencionado Luis I, Fernando VI (1746-1759); Carlos III (1759-1788), y Carlos IV (1788-1808). De esta manera transcurrió el primer siglo de dominio borbónico al frente de la monarquía española.

El primer Borbón de la era contemporánea, ya iniciado el siglo XIX, fue Fernando VII, conocido popularmente como *el Rey felón* y *El Deseado*. Este Borbón repartió su reinado en tres periodos diferentes: el primero durante el año 1808. Luego, y tras cinco años de intrusismo de José Bonaparte, periodo en el que el hermano del Emperador francés, Napoleón Bonaparte, lo hizo con el beneplácito de Fernando VII a espaldas de su pueblo, éste volvió a ocupar el trono hasta 1833. En 1823 se abrió otro paréntesis en este reinado, en el que *el Rey Felón* fue destituido por el Consejo de Regencia[3].

La trayectoria de Fernando VII ha dejado mucho que desear. No fue precisamente un Rey ejemplar. Conspiró y traicionó a su padre, Carlos IV. Engañó repetidamente a su país mediante continuos golpes militares, incluso aboliendo la Constitución de 1812, la famosa Pepa. Ello no impidió que cuando llegaron los días difíciles, proclamara

2. Luis de Borbón (Madrid, 25 de Agosto de 1707-31 de Agosto de 1724) conocido como *el bien amado* o *el liberal* era hijo de Felipe de Anjou (Felipe V) y María Luisa de Saboya, su reinado solo duró 229 días y murió de viruela cuando sólo contaba 17 años. Se casó con Luisa Isabel de Orleáns que fue devuelta a Francia tras la muerte de su esposo por Felipe V y su entonces mujer, Isabel de Farnesio.

3. El Consejo de Regencia es una institución destinada a gobernar un reino durante la minoría de edad o interdicción de un monarca. La Constitución española de 1978 lo contempla.

que «marcharemos todos francamente y yo el primero, por la senda constitucional»[4]. Fernando VII no disimuló sus más que repugnantes conductas. Mientras sus compatriotas luchaban a brazo partido contra el invasor francés, él felicitaba a Napoleón por sus victorias en suelo español. Llegó a pedir por carta al Emperador de Francia ser aceptado como hijo adoptivo. Esta solicitud la hacía mientras las tropas francesas ocupaban Andalucía y un grupo de valientes se atrincheraban en Cádiz intentando la apertura de las Cortes dispuestos a derramar hasta la última gota de su sangre por el que creían su leal y valiente Rey. Mientras esto ocurría y los andaluces seguían luchando contra el francés, este Borbón de turno volvía a dirigirse por escrito a Napoleón en los siguientes términos: «El placer que he tenido viendo en los papeles públicos las victorias con que la providencia corona nuevamente la augusta frente de V.M.I. y R. el grande interés que tomamos, mi hermano, mi tío y yo en la satisfacción de V.M.I. y R., nos estimulan a felicitarle con el respeto, el amor, la sinceridad y el reconocimiento que vivimos bajo la protección de V.M.I. y R.»[5]. Fernando VII continuaba traicionando a sus compatriotas y sus múltiples intrigas políticas siguieron hasta el final de su reinado en 1833, año en que murió. El problema sucesorio, que culminaría con la primera Guerra Carlista (1833-1840), fue otro de los aspectos de mal recuerdo del *Rey Felón*. Al no tener Fernando VII descendencia masculina directa la línea sucesoria pasaba a su hermano Carlos María Isidro de Borbón, tal como indica la Ley Sálica, pero Fernando se saltó todas las leyes monárquicas y líneas sucesorias e imitando así a su antecesor Carlos IV, la derogó en base al Código de Partidas, nombrando a su hija, la Infanta María Isabel Luisa, hija de su cuarta esposa Doña María Cristina de Borbón-Dos Sicilias, Reina de España cuando sólo contaba tres años de edad. Los Borbones siempre han utilizado e interpretado las leyes a su antojo no escatimando en recursos regios en su propio beneficio aunque sea a costa de su propia familia: una muestra más para esa desconfianza que siempre ha planeado sobre la monarquía. Pero volviendo al entonces

4. Sobre este tema, léase el libro de Josep Carles CLEMENTE *El pecado original de la familia real española*, Styria, 2007.

5. Véase IZQUIERDO, Manuel: *Antecedentes y comienzo del reinado de Fernando VII*, pág. 577.

legítimo heredero a la Corona, Carlos María Isidro de Borbón, éste no aceptó la nueva *cacicada* de su hermano y apoyado por los absolutistas (Carlistas) provocaron la mencionada guerra civil. Finalmente, ahora sí, el ejército y la Iglesia apoyaron y reconocieron a Isabel II como Reina de España. Mientras duró su minoría de edad, concretamente hasta el 8 de Noviembre de 1843, fecha en la que cumplió 13 años, el país se gobernó, primero por su madre Doña María Cristina de Borbón-Dos Sicilias, como Reina Regente y, posteriormente, por el General Espartero que presidió el consejo de Regencia. De esta manera, incluso después de muerto, Fernando VII volvió a reírse de los españoles y de sus propias leyes monárquicas, decretando, como hemos dicho, la Pragmática Sanción y saltándose a la torera la mencionada Ley Sálica promulgada e impuesta por el primer Rey Borbón de esta dinastía, Felipe V, en 1713 ante las Cortes de Castilla e importada de Francia ante la oposición del pueblo español. Por esta ley las mujeres no pueden heredar el trono y sólo pueden acceder a él en el caso de no existir herederos varones en la línea principal (hijos legítimos) o lateral (hermanos y sobrinos). Esta Ley continúa vigente aún hoy en España. El nacimiento de la primogénita del actual Príncipe de Asturias, la Infanta Doña Leonor de Borbón Ortiz ha reabierto el debate en España y la necesidad o no de modificar la Constitución de 1978 que rige en la actualidad. Otro de los aspectos que preocupan y ponen sobre el tapete la polémica sobre la sucesión al trono es el hecho de que, hasta el momento actual, Don Felipe de Borbón y Doña Letizia Ortiz, no tienen descendencia masculina directa que llevarse al trono.

Pero regresando a Fernando VII, y tras su muerte, la reina Regente, Doña María Cristina de Borbón-Dos Sicilias, dedicó todos sus esfuerzos a intentar legalizar a toda costa su matrimonio morganático con Fernando Muñoz, un guapo y apuesto guardia de *corps,* su amante e hijo de una estanquera de Tarancón, y a quien la regente le confirió el título de Duque de Riánsares. A cambio de este honor, el militar le dio un montón de bastardos. El gracejo castizo de la Villa y Corte popularizó una canción que decía:

Claman los liberales que la reina no paría,
¡y ha parido más Muñoces que liberales había!

Muñoz era conocido con el mote de *Fernando VIII*. El problema mayor llegó cuando se consideró la mayoría de edad de Doña Isabel y había que buscarle cónyuge real para que diera descendencia legítima a los Borbones —la gran obsesión de las dinastías monárquicas—. Después de intrigas palaciegas, presiones de otras monarquías, de potencias europeas y de la propia Iglesia, se obligó a la ya Reina Isabel II a casarse con su primo, el infante Don Francisco de Asís de Borbón y Borbón, hijo de Don Francisco de Paula, hermano de Fernando VII y tío carnal de la propia Isabel II: más consanguinidad borbónica que añadir a la monarquía hispánica: su tío se convirtió en suegro y su primo hermano en marido: pura endogamia. Pero el verdadero escándalo estalló porque sabido era que Don Francisco de Asís de Borbón y Borbón era un declarado homosexual y sobradamente conocidas sus aventuras con jóvenes muy *masculinos* y sus *novietes* ocasionales. El matrimonio no llegó nunca a consumarse y cada uno se alivió por su cuenta. La mismísima Isabel II, refiriéndose a su marido, le llamaba *La Paquita.* Si el reinado de Fernando VII estuvo marcado por las traiciones y las conspiraciones políticas, el de Isabel II (1833-1868), lo fue por las intrigas palaciegas, los escándalos sexuales y una azarosa vida en la que su lista de amantes fue significativa[6]. De esta larga nómina, que incluye de cantantes de ópera y compositores de fama a militares de más o menos graduación, pasando por personajes de la nobleza y también políticos, destaca el teniente de ingenieros Enrique Puigmoltó y Mayans, de cuya relación nacería el futuro Rey Alfonso XII. *La Reina de los tristes destinos*, como era conocida Isabel II, tuvo que exiliarse a Francia en 1868 tras el triunfo de la revolución democrática conocida como «La Gloriosa» o «La Septembrada» y que supuso su destronamiento dando paso al llamado Sexenio Democrático. Una vez en el exilio de Paris, Isabel II de Borbón abdicó a favor de su hijo Alfonso, que reinaría con el nombre de Alfonso XII, conocido también como *El Pacificador*, desde 1875 hasta 1885.

Alfonso Puigmoltó y Borbón, bisabuelo del Rey Juan Carlos, fue realmente inscrito en el registro especial de la corona con el nombre de Alfonso de Borbón y Borbón. Don Francisco de Asís tuvo que claudicar

6. Véase CLEMENTE, Josep Carles: *op. cit*, págs. 16-18.

y acceder a darle al hijo extramatrimonial de la Reina sus apellidos por el bien de la corona y apuntalar la línea sucesoria. Alfonso XII accedió al poder mediante un golpe de Estado militar llevado a cabo por el General Arsenio Martínez Campo y auspiciado por Antonio Cánovas del Castillo. Alfonso XII no duró mucho en el trono aunque tuvo tiempo de procrear dentro y fuera del matrimonio ya que se casó oficialmente dos veces y gozó de numerosas amantes. Famosas eran las correrías nocturnas del monarca acompañado por la denominada «banda de palacio»: los marqueses de Alcañices, Tamames y Benalúa. Los garitos y tabernas de poca monta eran sus lugares preferidos para sus excesos faranduleros. También esta manera de vivir del monarca y sus adláteres era vista con cierta simpatía, condescendencia y mirada cómplice por el Madrid más barriobajero, donde la prostitución, el vicio y el juego, eran la evasión para combatir la miseria. Para intentar impedir todos aquellos desmanes y correrías nocturnas del monarca, el gobierno de Cánovas del Castillo, junto al gobernador de Madrid, el Marqués de Elduayen, además de la propia Casa Real, obligaron al desmadrado Alfonso XII a contraer matrimonio y de esta manera intentar estabilizar su vida emocional. Para tal fin el Rey eligió a su prima hermana María de las Mercedes de Orleáns y Borbón, hija del duque de Montpensier. Este matrimonio con Doña María de las Mercedes duraría cinco meses escasos, ya que una tisis galopante se la llevó a otro reino más celestial. A causa de la corta duración del matrimonio real no hubo tiempo material de dar descendencia regia aunque mientras, Alfonso XII, sí trajo al mundo dos hijos bastardos fruto de su relación con la cantante de ópera Elena Sanz, de nombres Alfonso y Fernando, que por razones de Estado no fueron reconocidos. Como se puede comprobar los nombres elegidos para sus vástagos, sean legítimos o bastardos, siempre corresponden a ancestros reales.

Tras la muerte de María de las Mercedes de Orleáns se volvió a plantear la urgente necesidad de volver a casar al Rey. En esta ocasión la elegida fue Doña María Cristina de Habsburgo-Lorena, hija de los archiduques Carlos Fernando e Isabel, a la cual Don Alfonso, había conocido en un viaje a Viena. La única condición que puso la futura consorte fue que el monarca terminara de inmediato sus relaciones extraconyugales con su amante preferida, Elena Sanz. Aparentemente así sucedió. En esta ocasión sí hubo descendencia magna legítima, y aunque sus dos primeros herederos fueron niñas; María de las Mercedes y María Teresa, finalmente Doña María de las Mercedes de Orleáns, sí consiguió darle un hijo varón que garantizaba la línea sucesoria. El infante en cuestión fue bautizado como Alfonso, al cual el Rey no llegó a conocer ya que cuando murió en 1885, su esposa estaba embarazada de cinco meses. Este hijo póstumo sería el siguiente monarca Borbón y reinaría con el nombre de Alfonso XIII, durante veintinueve años. Sería el último Borbón del siglo XIX y el primero del XX.

Alfonso XIII, el abuelo preferido de Juan Carlos I

Alfonso XIII, abuelo del actual Rey de España, fue coronado en 1902. También este Borbón ha dejado un triste recuerdo a los españoles. El periodista, Eduardo Haro Tecglen, escribió sobre este monarca un formidable artículo, en el que ponía de manifiesto y resumía la nefasta trayectoria de Don Alfonso XIII. El artículo en cuestión decía entre otras cosas: «Se le echó encima el desastre (bendito desastre, que encaminó España hacia otros horizontes), la pobreza de este país cuajó de manera en la bomba fallida de Mateo Morral en 1906. Se sintió *militarote* y lanzó la guerra de Marruecos (por eso le llamaron los aduladores *El Africano*), como dictador a la italiana, a lo Mussolini (el General Primo de Rivera, nefasto para España y padre de José Antonio, nefasto también para España), y pasaron las tragedias marroquíes, se gastó el dinero que ganó con la neutralidad en la guerra mundial, se le echaron encima sindicatos, burguesía, intelectuales; firmó penas de muerte (Galán y García Hernández) y, finalmente, tuvo que huir para dejar paso a una República que prometía. Una República intelectual, moderna, que incorporaba el pensamiento europeo y laico que él había despreciado»[7]. Dejando a un lado el pensamiento del señor Eduardo Haro Tecglen y su carga ideológica, lo cierto es que este artículo refleja claramente la manera de actuar del mencionado monarca Borbón.

Tras alcanzar la mayoría de edad y realizar el juramento a una Constitución que más tarde traicionaría, Don Alfonso de Borbón, se convirtió en Alfonso XIII, el 17 de mayo de 1902. Mientras la mayoría de edad

---

7. Haro Tecglen, Eduardo, *El País*, 6 de junio de 2002.

llegó, el trono fue ocupado por María Cristina de Habsburgo-Lorena, como Reina Regente, que luchó a brazo partido contra la amante de su esposo fallecido, Elena Sanz, para que esta no consiguiera que fuesen reconocidos los hijos bastardos, Alfonso y Fernando, fruto de la relación extramatrimonial del Rey y de la diva. Doña María Cristina aplicó a rajatabla el consejo que le dio su marido, Alfonso XII, en el lecho de muerte: «Cristina, guarda el coño, y en política, ya lo sabes de Cánovas a Sagasta, y de Sagasta a Cánovas»[8]. Este periodo fue también nefasto para España. Durante el mismo tuvo lugar el llamado «Desastre del 98» y la venta del archipiélago cubano a EE.UU. por el módico precio de veinte millones de dólares: toda una ganga. Inmediatamente después de la coronación se planteó la imperiosa necesidad de que Alfonso XIII contrajera matrimonio para asegurar una descendencia legítima a la monarquía española —obligación imperiosa y primordial en cualquier casa real y principalmente en la de los Borbones: hay que llenar de vástagos regios la piel de toro—; esta obligación la tienen grabada a fuego todos los herederos de esta casa real. La búsqueda de aspirante a reina consorte, llevó a Don Alfonso, en el verano de 1905, hasta Londres para conocer a la candidata elegida en un principio: se trataba de Patricia, sobrina del Rey Eduardo VII, hijo de la reina madre Victoria. El encuentro entre los casaderos de las casas reales de España e Inglaterra no fue tan «idílico» como se esperaba. Nada más conocer al Rey, Doña Patricia manifestó que físicamente le repelía y que además no pensaba convertirse al catolicismo ni tan siquiera por una corona. Tras este rechazo, Don Alfonso puso sus ojos en otra sobrina del Rey inglés, Victoria Eugenia Ena de Battenberg, que solo contaba diecisiete años de edad. Pero la sobrina de Eduardo VII de Inglaterra llevaba consigo un gran peligro para la futura descendencia dinástica: tenía hemofilia, enfermedad que se trasmite por herencia. Don Alfonso no escuchó las advertencias sobre el peligro que corría su descendencia y se casó con Doña Victoria Eugenia. Fruto de este matrimonio nacieron cuatro hijos varones que aseguraban, en un principio, la continuidad de los Borbones, pero de los cuatro, dos —Don Alfonso, Príncipe de Asturias y Don

---

8. Balansó, Juan: *La Corona vacilante.* Planeta, Barcelona, 1996, pág. 236.

Gonzalo, el menor de los cuatro—, heredaron la hemofilia de su madre; Don Jaime, segundo en la línea sucesoria, era sordomudo, y únicamente el tercero, Don Juan, padre del actual Rey Juan Carlos I, era el que no sufría tara alguna. Visto lo visto y ante el panorama que se presentaba, Alfonso XIII culpó del desastre sucesorio a su esposa y se lanzó a una aborigen de amantes e hijos extraconyugales. De entre todos ellos y ellas podríamos destacar a Leandro Alfonso, que era fruto de la relación con la favorita de sus amantes, la actriz Carmen Ruiz Moragas, a quien Don Alfonso instaló en un lujoso chalet en la madrileña Avenida del Valle. Además, el Rey depositó una importante cantidad de dinero en un banco suizo cuyos intereses debían ir a parar, a través de su albacea, el Conde de los Andes, a Leandro Alfonso. Este hijo bastardo de Alfonso XIII ha sido actualmente reconocido por la Casa Real española y por su primo Don Juan Carlos, como miembro de los Borbones.

Algunos historiadores y expertos en monarquía española, comparan a Alfonso XIII con el actual ocupante del palacio de la Zarzuela, Juan Carlos I, sobre todo en lo que a la vida alegre se refiere e incluso más allá, también dicen que es el abuelo preferido de Don Juan Carlos. El reinado de Alfonso XIII duró veintinueve años (1902-1931).

Durante su reinado y bajo su protección, auspicio y condescendencia, tuvo lugar el golpe militar del entonces Capitán General de Cataluña Miguel Primo de Rivera, el 13 de Septiembre de 1923, y con el fin de evitar males mayores, como consecuencia del momento crítico por el que pasaba la democracia y, sobre todo, ante el miedo de Alfonso XIII a que saliera a la luz el llamado Expediente Picasso[9], que estaba siendo investigado por el Parlamento y que hubiera dejado a la monarquía en una situación más que delicada. Con el golpe militar de Primo de Rivera, controlado por la corona, se consiguió preservar el trono y sus privilegios ante los difíciles tiempos que pintaban para la institución monárquica. El general Miguel Primo de Rivera formó una junta militar que gobernaría España hasta el 28 de Enero de 1930, fecha en la que dimitió para dar paso al general Dámaso Berenguer que establece-

9. El Expediente Picasso es el nombre por el que se conoce el informe redactado por el General de División Juan Picasso González, en referencia a los hechos acaecidos en el denominado Desastre de Anual en el que se culpaba al monarca Alfonso XIII del mismo.

ría la llamada *Dictablanda.* Durante estos casi ocho años, Alfonso XIII continuó ocupando el trono, en esta ocasión no desde un exilio dorado, como ocurrió con alguno de sus antecesores, sino en la propia capital del reino, sin despojarse de la corona ni descender del trono. El 14 de Abril de 1931 se proclamó la Segunda República Española, y a pesar de los esfuerzos de Alfonso XIII por recomponer una monarquía democrática y liberal, este monarca Borbón había perdido la confianza de la clase política y, por supuesto, del pueblo que no olvidaba su apoyo a la dictadura, que junto a la responsabilidad que se le achacaba por la guerra de África y la traición que hizo a la Constitución tras jurarla en 1902, provocó que, tras la victoria de los partidos republicanos en las elecciones municipales del 12 de abril de 1931, se viera obligado al exilio, partiendo en un buque desde el puerto de Cartagena rumbo a Francia. Murió en Roma en 1941. Esta vez sí, la República desterró a los Borbones, que no volverían a reinar hasta pasados cuarenta y cuatro años.

A Alfonso XIII le sucedió su hijo, el entonces Príncipe de Asturias, Don Juan de Borbón y Battenberg, Conde de Barcelona, que hubiera reinado bajo el nombre de Juan III, pero no llegó a hacerlo por obra y gracia, primero de la Segunda República y después por la del General Francisco Franco Bahamonde. Don Juan de Borbón fue el heredero legítimo al trono después de las renuncias de sus hermanos mayores y que le antecedían en la línea de sucesión dinástica: Don Alfonso de Borbón, Príncipe de Asturias, que renunció al derecho el 11 de junio de 1933, para casarse con una rica heredera cubana, y diez días después lo haría el infante Don Jaime de Borbón, a causa de su sordomudez de nacimiento. Entonces el testigo sucesorio pasó a Don Juan de Borbón, que asumiría la responsabilidad de pretendiente a la Corona española en marzo de 1935. En un principio al padre de Juan Carlos I el papel de Príncipe de Asturias no le gustaba en absoluto. Al final de sus días había llegado a comentar: «Hubiera preferido que me llamaran maricón que pretendiente. La política es una mierda y yo soy víctima de la política, porque no he sido Rey de España por culpa de la política».

Don Juan de Borbón y Battenberg, se casó en Roma con María de la Mercedes de Borbón y Orleáns, con quien tuvo cuatro hijos: Doña Pilar (1936), Don Juan Carlos (1938), Doña Margarita (1939), y Don Alfonso (1941). La infanta Margarita nacería ciega y Don Alfonso fue conocido por el *Senequita*, por lo despierto intelectualmente que denotaba ser desde temprana edad. Este infante era, sin lugar a dudas, el preferido de Don Juan de Borbón, a pesar de ser el menor de sus hijos y no ostentar el título de Príncipe de Asturias. El Infante Don Alfonso moriría en un trágico y extraño accidente al dispararse un arma mientras jugaba con su hermano mayor Don Juan Carlos. Este suceso ocurrió en Estoril durante la Semana Santa de 1955 cuando ambos estaban de vacaciones en la residencia en el exilio de la Familia Real. Los dos hermanos se encontraban estudiando en Madrid por aquellas fechas, Don Alfonso en el Colegio Santa María de los Rosales y el Príncipe de Asturias, Don Juan Carlos, en la Academia Militar de Zaragoza, siguiendo la formación marcada por Franco. Aquel Jueves Santo, la detonación de un proyectil del calibre 22 y los gritos de Don Juan Carlos, sacudieron la tranquilidad de «Villa Giralda». Don Juan de Borbón acudió presto a la sala donde «jugaban» sus hijos y comprobó como la bala se había incrustado en la cabeza de su hijo preferido. Se llamó de inmediato al médico familiar, Joaquín Abreu Lorenzo, que solo pudo certificar la muerte del infante de España. Acto seguido, Don Juan de Borbón cubrió el cuerpo del hijo muerto con una bandera española y a continuación hizo jurar a Don Juan Carlos, que aquello había sido un accidente[10]. Enterado entonces el jefe del Estado español, el general Francisco Franco, del incidente ordenó que el entonces Príncipe de Asturias, regresara de inmediato a España, lo que hizo en un avión militar fletado al efecto inmediatamente después de finalizar el entierro de su hermano en el cementerio portugués de Guia. Un nuevo misterio que añadir a la historia de esta dinastía de Reyes. Otra de las preguntas que siempre ha sobrevolado cuando se estudia en profundidad a la monarquía Borbónica es: ¿Se planteó en alguna ocasión Don Juan la posibilidad de que el infante Don Alfonso le sucediera en el trono de España, saltándose la línea dinástica que recaía en el entonces Príncipe de Asturias, Don Juan Carlos?

Para algunos historiadores Don Juan hubiera sido el mejor Rey de la dinastía Borbónica por su talante liberal y sentido de Estado, pero no era cierto. Don Juan tenía la forma de pensar de los Borbones. Lo

10. Véase Clemente, Josep Carles, *op. cit*, págs 33-34.

primero la corona y el trono español pese a quien pese. Tuvo sus flirteos iniciales con el fascismo y el tradicionalismo ya que creía que todo se aglutinaba en el Carlismo. Grave error. Cuando quiso incorporarse a un Tercio de Requetés en Navarra al inicio del llamado Alzamiento Nacional de 1936 fue rechazado por el mismísimo General Mola. Hacia el final de la Guerra Civil y visto hacía que bando se declinaba la victoria final, maniobró entonces entre ciertos sectores del bando de los ganadores para que echaran a Franco y le pusieran a él en el trono, restaurando así la monarquía Borbónica. Fracasado también en este intento se acercó al ya Generalísimo, pero el dictador no se fiaba de él, y mucho menos tenía la intención de restaurar una monarquía que sus enemigos le habían quitado de en medio y que le venía de perillas para sus planes dictatoriales. Pero Don Juan no cejaba en el empeño de que un Borbón volviera a reinar en España y entonces ofreció a su hijo, el Príncipe de Asturias, Don Juan Carlos, para que fuese educado en España bajo el manto protector y dirección de Francisco Franco, a lo que a esto sí accedió el general y ambos acordaron en 1948 que el Príncipe de Asturias Don Juan Carlos se trasladara de inmediato a España para empezar su formación a la sombra del «franquismo». Finalmente la corona pasó, por decisión dictatorial, a su hijo Juan Carlos, actual Rey de España, último Borbón del siglo XX y primero del XXI.

El 1 de abril de 1939 finalizó la fratricida Guerra Civil Española que se había iniciado el 18 de julio de 1936, tras el golpe militar de los generales Sanjurjo, Mola y Franco. A partir de aquella fecha y desaparecidos o eliminados los dos primeros: los generales Sanjurjo y Mola, ambos monárquicos y partidarios de la restauración de la corona tras la derrota de la República, Franco se quedó como caudillo de una España deshecha y divida, tras tres largos años de guerra y más de un millón de muertos. Se inicio así un periodo de dictadura franquista que duraría más de treinta y siete años, concretamente hasta el 20 de noviembre de 1975, cuando Franco moría en su cama del centro hospitalario madrileño de La Paz a los 83 años de edad. Pero, según afirma el historiador Ricardo de la Cierva, Franco lo dejó «todo atado y bien atado»: ¿se refería a Don Juan Carlos de Borbón y Borbón, Príncipe de Asturias y heredero dinástico al trono español y «criado» por él mismo?

Recapitulando. Esta saga monárquica, por su forma de gobernar, solo ha traído malos recuerdos para el pueblo español en su mayoría. Han sido trescientos diez años de historia de la dinastía Borbónica. Más de tres siglos de escándalos, intrigas políticas, aventuras de alcoba y otras tribulaciones, que han sacudido a este país de manera singular y traumática. Ahora, en pleno siglo XXI, en el que las cosas parecían haber cambiado, la sombra de aquellos fantasmas parece que ha vuelto a aparecer en el panorama español. Juan Carlos I ha estado en el ojo del huracán durante los últimos treinta y cinco años, pero ha sobrellevado esa «herencia» de los Borbones de una manera inteligente. Ahora, cuando muchos ven cerca la sucesión al trono, las dudas vuelven a aparecer y se analizan esas tres décadas y media mirando hacia atrás no más por el pasado sino por el futuro. ¿Cómo ha ido evolucionando Don Juan Carlos?

II

Franco ha muerto… ¡Viva el rey!

Si la monarquía nos trajo democracia,
Franco nos trajo monarquía.

Laureano López Rodó
(Ex ministro del franquismo)

Después de hacer un breve resumen acerca de la turbulenta, e incluso en muchas ocasiones escandalosa, historia de la dinastía Borbónica y su influencia de tres siglos en la memoria de España, es necesario e imprescindible hacer lo mismo con las más de tres décadas de lo que se ha dado en llamar el *juancarlismo,* analizando, aunque sea de manera sucinta, lo que ha sido hasta la fecha este reinado y lo que pueden significar para el futuro de la corona e incluso de la propia España, sus herederos venideros. Para una gran mayoría de los súbditos de la corona española, ese futuro se presenta oscuro debido principalmente a la cierta desconfianza que pesa sobre los personajes que están predestinados a tomar el testigo del trono de este país, y que por la Constitución vigente tienen el derecho de asumir la jefatura del Estado desde el trono de esta monarquía parlamentaría.

Con el tránsito a la otra vida de Francisco Franco Bahamonde se terminó el *franquismo* y de paso se acabó con los cerca de cuarenta años de dictadura pero, a pesar de la desaparición del dictador, para la gran mayoría del pueblo español la incertidumbre sobre el futuro político y social de España, no estaba ni mucho menos resuelto con su muerte.

La duda de Franco: «Después de mí... monarquía, pero... ¿cuál?

Desde que la victoria sobre la República, tras el llamado Alzamiento Nacional a través de la consiguiente guerra civil, el *caudillo* asumió todos los poderes del Estado español y, después de la inmediata posguerra dura, represiva y necesaria, según él, para su idea de «limpieza» de la España roja, Franco tenía claro que, le gustase o no, tenía que nombrar sucesor y que éste debía pertenecer a la monarquía, pero nunca, en un principio, a la ya existente representada en Don Juan de Borbón, al que consideraba demasiado liberal y maniobrero dispuesto a pactar con cualquiera por ocupar el trono. En un principio el *caudillo* dudó a que dinastía regia debía entregar la sucesión y su herencia: los tradicionalistas (Carlistas) o los liberales (Borbones); los primeros le habían ayudado en la guerra y de los segundos, como hemos dicho, no se fiaba. Los Tradicionalistas, al igual que los Borbones, intentaron aprovechar cada uno por su cuenta el fin de la República para llevar el ascua a su sardina. En un principio, el Carlismo no quería vincularse a Franco para que, cuando este faltase, no le salpicase con los restos del llamado Movimiento Nacional. El pretendiente legítimo a la corona por Comunión Tradicionalista (Carlistas), Alfonso Carlos de Borbón-Parma, murió al inicio de la Guerra Civil —el 29 de Septiembre de 1936—, tomando el relevo como regente su hermano Javier de Borbón-Parma. A este rey regente sin corona ni trono se le criticó desde dentro de su propia monarquía. Se le reprochaba no decidirse a asumir el título de rey —por esperar este nombramiento directamente del General Franco—. Finalmente Don Javier asumió de manera oficial la sucesión de Don Alfonso Carlos debido a las presiones de los dirigentes del carlismo para poner fin a la regencia, proclamándose entonces Rey bajo el nombre de Javier I. A partir de 1955, con el cese de Manuel Fal Conde[11] y la asunción de la jefatura carlista por don Javier, se nombra una junta presidida por José

11. Manuel José Fal Conde (Huelva, 1894–Sevilla, 1975). Abogado y político carlista. Fue secretario regio y secretario general de la Comunión Tradicionalista, nombrado por don Alfonso Carlos de Borbón-Parma. Participó en la preparación de la sublevación militar de julio del 36 junto al General Mola, comprometiendo al carlismo en ella.

María Valiente, que realizó una política de no enfrentamiento y acercamiento con el régimen «franquista», incluso se entrevistó con Franco, y este llegó a enseñarle el Decreto de sucesión, aún sin nombre[12]. Pero el General ya había pactado con los Borbones y don Juan Carlos de Borbón y Borbón, ya estaba bajo su manto protector.

Finalmente, el dictador nombró oficialmente a su *delfín* y cual monarca nombra a su descendiente dinástico, aunque en este caso ni Franco era Rey, ni Don Juan Carlos, su príncipe regio. A partir de ese momento la monarquía volvía a España después de casi medio siglo de ausencia. Aunque en un principio podríamos decir que fue una monarquía atípica por la manera en la que Don Juan Carlos accedió al trono, mientras en el exilio de Estoril residía el todavía legítimo heredero al trono, su padre Don Juan de Borbón y Battemberg, Conde de Barcelona, que no le había cedido sus derechos dinásticos.

Españoles: Franco ha muerto

A las cinco y veinticinco horas de la mañana del día 20 de noviembre de 1975, el doctor Vicente Pozuelo Escudero, médico de cabecera de Francisco Franco, certificaba oficialmente la muerte del General. En ese momento se encontraban reunidos, aparte del citado Vicente Pozuelo, el resto de los miembros del denominado *equipo médico habitual,* los doctores: Vital Aza, María Paz Sánchez, Alonso Castrillo, Artero, Martínez Bordiú, Roldan y Francisco Fernández, además de las enfermeras del turno de noche: María Fernanda Población, Concepción Villar Martín y María Teresa Manjarro Manfarrés. El resto de presentes no eran miembros del equipo de facultativos, tratándose del teniente coronel Antonio Galvis y del comandante Manuel Llaneras. Cinco minutos después llegó el presidente del gobierno Carlos Arias Navarro. En la tercera planta de La Paz se unieron a los pocos minutos el presidente de las Cortes, Alejandro Rodríguez de Valcárcel, el presidente del Tribunal de Cuentas del Reino, Fernández Victorio y el ministro de trabajo, Fernando Suárez. A la seis en punto de la mañana de ese 20 de noviembre de 1975, se entregó al ministro de Justicia y Notario Mayor del Reino, José María

12. Véase ALCALÁ, César: *La dinastía Carlista en el pensamiento de Franco. Revista Arbil*, nº 83-84.

Sánchez-Ventura y Pascual, el certificado oficial de defunción —ese que tan ansiadamente ha buscado el ex juez de la Audiencia Nacional, Baltasar Garzón—, para que éste diera fe de la correspondiente acta notarial que firmaría también Don Juan Carlos de Borbón, ya como nuevo Jefe del Estado. Finalmente a las seis y doce minutos de esa mañana otoñal, el ministro de Información y Turismo, León Herrera Esteban, leía, a través de Radio Nacional en conexión con todas las emisoras del país, el siguiente comunicado: «Con profundo sentimiento doy lectura al comunicado siguiente: Día 20 de noviembre de 1975. Las Casas Civil y Militar informan, a las 5.25 horas, que según comunican los médicos de turno, Su Excelencia el Generalísimo acaba de fallecer por paro cardiaco como final del curso de un shock tóxico por peritonitis. Posteriormente será facilitado un comunicado médico detallado por el equipo médico que habitualmente ha asistido al Jefe del Estado. Desde la inmensa tristeza de esta España a la que Franco entregó, sin reservas, toda su vida, yo pido una oración por su alma, un sentimiento de gratitud para su obra ingente y un recuerdo muy respetuoso y muy entrañable para su familia, que está hoy en la vanguardia del inmenso dolor nacional. Debo anunciar que en virtud del artículo séptimo de la Ley de Sucesión, los poderes de la Jefatura del Estado han sido asumidos, en nombre de S.A.R. el Príncipe de España, por el Consejo de Regencia, Consejo que, conforme al artículo tercero de dicha ley, preside don Alejandro Rodríguez de Valcárcel, presidente de las Cortes, y del que forman parte monseñor Pedro Cantero Cuadrado, arzobispo de Zaragoza, y el teniente general del Ejército del Aire don Ángel Salas Larrazábal. Y un importante aviso: el presidente del Gobierno, don Carlos Arias Navarro, se dirigirá a la nación por Radio Nacional de España y Televisión Española a las diez horas del día de hoy. A partir de este momento se irá facilitando toda la información que sea de interés para todos los españoles. Gracias por vuestra atención». A las siete treinta horas, el *equipo médico habitual* redactó el parte médico anunciado, el último de una larga lista que se habían ido produciendo durante los largos meses anteriores al fallecimiento del anciano general; este parte hablaba, entre otras cosas, de las causas de la muerte: «Diagnósticos finales: Enfermedad de Parkinson. Cardiopatía isquémica con infarto de miocardio anteroseptal y de cara diafragmática. Ulceras digestivas agudas recidivantes, con hemorragias masivas reiteradas. Peritonitis bacteriana. Fracaso renal agudo. Tromboflebitis íleo-femoral izquierda. Bronco neumonía bilateral aspirativa. Choque endotóxico. Paro Cardiaco». Para los que creían que el *general de generales* era inmortal, tal cual Cid Campeador, comprendieron que Franco era un humano como cualquier otro y que finalmente a los ochenta y dos años se le paró el corazón: cosas de la vida. A las diez en punto de la mañana de ese mismo día se daba por acabado un periodo de la historia de España, triste para muchos y glorioso para otros. Carlos Arias Navarro, entonces presidente del Gobierno, se dirigió a los españoles a través de la señal de RTVE, tal y como se había anunciado y pronunció aquellas esperadas palabras, con ansia para algunos y no deseadas de oír para otros, las dos Españas volvían a manifestarse: «Españoles: Franco ha muerto». Lo que no habían conseguido ni las campañas de África, ni la sangrienta guerra civil, ni los atentados contra el dictador perpetrados, ni tan siquiera sus enemigos más acérrimos, lo había conseguido la implacable ley de vida. Una lápida de media tonelada bajo la cúpula de su obra faraónica en el Valle de los Caídos, cubre para siempre los restos del *franquismo.* Pero Francisco Franco Bahamonde, «Caudillo de España por la gracia de Dios», como gusta escuchar a sus incondicionales, había dejado un legado político, Don Juan Carlos de Borbón y Borbón Dos-Sicilias. En su testamento dirigido a los españoles y que redactó encerrado en su despacho del Palacio del Pardo el 18 de octubre, solo un mes antes de su muerte, y que empezaba con la frase «Españoles: al llegar para mí la hora de rendir la vida ante el altísimo...»; para referirse luego a ese legado político e imperativo que dejaba tras su muerte, continuaba en los siguientes términos: «... Por el amor que siento por nuestra patria os pido que perseveréis en la unidad y en la paz y que rodeéis al futuro Rey de España, don Juan Carlos de Borbón, del mismo afecto y lealtad que a mí me habéis brindado y le prestéis en todo momento, el mismo apoyo y colaboración que de vosotros he tenido». El *juancarlismo* estaba servido.

La transición: del *franquismo* al *juancarlismo*

Esta nueva era en la historia de España, que se inició tras la muerte de Franco y que seguimos viviendo en la actualidad, se había engendrado durante un caluroso verano de 1948. Julio Dánvila, enlace del Conde de Barcelona con Franco, había preparado cuidadosamente, junto a Carrero Blanco y José María Oriol y Urquijo, aquel importante y decisivo encuentro para el futuro de España. El 25 de agosto de ese año, el *Azor* y el *Saltillo*, el yate monárquico, navegaban por aguas cantábricas frente a la bahía de La Concha en San Sebastián, con cita previa. En un principio se había acordado que Franco subiera a bordo del *Saltillo* para que posteriormente ambos personajes pasaran al *Azor*, con la intención de realizar allí la transcendental entrevista. La fuerte marejada que azotaba aquel día el bravo Cantábrico, impidió los planes protocolarios: parece que Franco se negó a hacer el ridículo subiendo y bajando las escalerillas con aquel oleaje. Finalmente, los dos ilustres personajes conversaron en la cubierta del barco veraniego del entonces Jefe del Estado, bajo la atenta mirada pétrea de los montes Igueldo y Urgull, como testigos mudos de excepción para la posteridad. Alguno de los asistentes en aquella «cumbre» manifestaron posteriormente que al «frío» generalísimo se le empañaron los ojos de lágrimas al estrechar la mano del legítimo ocupante del trono español por la dinastía Borbónica, «un Franco llorón y que se sentía inferior a su interlocutor», comentaría años más tarde Gil Robles[13]. Aquel día, Francisco Franco y don Juan de Borbón, pactaron la educación en territorio español del hijo del Conde de Barcelona y heredero legítimo de la corona por línea sucesoria de los Borbones tras su padre. Con la llamada «Operación Dánvila», la monarquía Borbónica se había sometido al poder franquista, y mataba dos pájaros de un tiro: situar un Borbón dentro de España e impedir que finalmente la monarquía elegida por Franco no se inclinara por la otra línea dinástica: la de los Carlistas, encabezados por Don Javier de Borbón-Parma, el cual igualmente intentaba «colocar» a su hijo Carlos Hugo, en la carrera por la sucesión al *franquismo*.

De aquella reunión en aguas del Golfo de Vizcaya, preparada minuciosamente y en estrecha colaboración entre El Pardo y Estoril, Don Juan comentó posteriormente: «El general Franco pensaba que yo deseaba verlo educarse en el ambiente español. Yo así lo pensaba. Decidi-

13. Véase: GALLEGO, Juan Andrés. *La Época de Franco. Vol.2.*, págs 99-100.

mos que Juanito debería tener en España una completa libertad de movimientos y no ser objeto de ninguna presión. Los profesores, el género de vida debería ser fijado por mí. Nunca tocamos en esa reunión el tema de que mi hijo fuese el futuro sucesor de él en la jefatura del Estado. Quien iba a educarse en España era mi representante y mi heredero». Posteriormente, y sin saber lo que realmente se cocía en la cabeza de Franco, Don Juan Carlos comentó en una ocasión: «No puede haber problema entre mi padre y yo. La ley dinástica existe y nadie puede hacer nada contra ella. Jamás, jamás aceptaré reinar en España mientras mi padre esté vivo: él es el Rey. Si yo estoy aquí es para que haya una representación viviente de la dinastía en España, ya que mi padre está en Portugal». Una vez más esas leyes dinásticas se las pasaron por el arco del triunfo, y tras la muerte del caudillo, Juan Carlos reinó mientras su padre, Don Juan, no había abdicado. Durante dieciocho meses, desde la muerte del dictador el 20 de noviembre de 1975 hasta la abdicación de Don Juan de Borbón, el 14 de mayo de 1977, Juan Carlos I ocupó el trono sin «licencia» dinástica.

Pero volviendo atrás, y a pesar de las declaraciones del entonces heredero de Don Juan, Franco y su entorno tenían previstos otros planes para el futuro del entonces heredero de Juan III. En enero de 1969, la agencia Efe distribuyó una entrevista con Don Juan Carlos, en la que cambiaba de opinión descaradamente sobre aquellas declaraciones y el tema de la sucesión dinástica. «No quiero plantearme una cuestión de derechos, sino, sencillamente, ser útil a lo que mejor convenga a mi patria. Esto es lo que vengo haciendo al dedicar mi vida a una formación adecuada para dicho servicio, que significa un sacrificio de otras actividades o apetencias personales. Estoy donde me ha puesto un conjunto de circunstancias, unas de origen histórico y otras de origen actual». En el descarado cambiò de discurso del futuro Rey, en el que «pasaba» olímpicamente de su padre, se veía ya la mano del caudillo y la aceptación del destino que le deparaba de la mano de Franco. Así, con esta manifestación a la agencia oficial del Régimen, Don Juan Carlos de Borbón, accedía, sin tapujos, ser nombrado por el dictador su sucesor en la jefatura del Estado. El 22 de julio de 1969, poco tiempo después de aquellas declaraciones a Efe, la Cortes del Régimen proclamaban a Don Juan Carlos de Borbón y Borbón Dos-Sicilias, sucesor de Francisco

Franco Bahamonde. Aunque aún faltaban siete años para que la restauración de la Monarquía española por la dinastía Borbónica se consumase de una manera legal y no dictatorial, la suerte estaba echada y Don Juan Carlos de Borbón se convertiría en Juan Carlos I, gustara o no tanto al pueblo como a los monárquicos de ambas líneas dinásticas.

Don Juan, Franco y la Ley de Sucesión

El régimen del llamado Movimiento Nacional que Francisco Franco impuso para este país a partir del 1 de abril de 1939, fecha en la terminó oficialmente la guerra civil española, se cimentaba en ocho Leyes Fundamentales, a saber: «Ley Constitutiva de las Cortes; Fuero de los Españoles; Fuero del Trabajo; Ley Orgánica del Estado; Ley del Referéndum Nacional; Ley de Principios Fundamentales del Movimiento Nacional, Ley para la Reforma Política» y, finalmente, la que trajo a Don Juan Carlos de Borbón hasta el trono que aún hoy ocupa, Ley de Sucesión en la Jefatura del Estado. El 26 de julio de 1947, era promulgada esta Ley Fundamental franquista que no quedó derogada hasta la entrada en vigor de la Constitución de 1978 y que fue sustituida por la sucesión dinástica de la monarquía Borbónica. Pero volviendo a la franquista en cuestión, ésta se refería a la cuestión de la sucesión de Franco y establecía que el sucesor sería propuesto por él mismo y sometido a su aprobación de las Cortes, o sea, quien él ordenara, sería quien estaba destinado a mandar en este país después de su muerte, porque renunciar al poder adquirido con la cruzada y la consiguiente victoria no permitía discusión alguna y cualquiera que le llevaba la contraria en sus decisiones sabía a qué se exponía. Por lo tanto «sus» Cortes aceptarían sin rechistar su «propuesta». El elegido fue, como es sabido, el actual Rey de España. El contenido legal de la Ley era:

Artículo 1: España se constituía en Reino.

Artículo 2: La Jefatura del Estado correspondía al «Caudillo de España y de la Cruzada, Generalísimo de los Ejércitos, don Francisco Franco Bahamonde».

Artículo 6: En cualquier momento el Jefe del Estado (Franco) podía proponer a las Cortes la persona que debía ser llamada en su día a sucederle, a título de Rey o de Regente.

Todo quedaba atado y bien atado.

Para comprender bien esta ley deberíamos remontarnos al día de San José de 1945. En aquella fecha, Don Juan de Borbón, hijo de Alfonso XIII y heredero legítimo del Reino de España, publicó el 19 de marzo de ese año el llamado Manifiesto de Lausana (redactado por Juan de Borbón en Suiza), en el que se criticaba duramente la dictadura franquista y se ofrecía al pueblo español la posibilidad de restaurar una Monarquía de carácter no muy definido (presentaba, como alternativa moderada al régimen, una monarquía constitucional. Rechaza el régimen franquista, inspirado en los sistemas totalitarios alemanes e italianos, por haber fallado. También promete una serie de prioridades en caso de la vuelta a la monarquía: la aprobación de una constitución, el reconocimiento de los derechos humanos, garantía de libertades políticas, establecimiento de una asamblea legislativa democrática, el reconocimiento de la diversidad regional, amnistía a los presos políticos y una más justa distribución de la riqueza). A raíz de esto, Franco duda del legítimo heredero de la Dinastía Borbónica como posible sucesor. El 31 de marzo de 1947 el ministro Carrero Blanco, enviado de Francisco Franco y redactor de la Ley de Sucesión, informa a Juan de Borbón que con la aprobación de la Ley de Sucesión sería Franco quien nombraría al monarca del reino «cuando lo considere conveniente». Y además, le comunica a Juan de Borbón —heredero del trono— que podría «ser Rey de España, pero de la España del Movimiento Nacional, católica, anticomunista y antiliberal».

El 7 de abril de 1947 Juan de Borbón, el padre de Juan Carlos, que era por derecho el heredero de la corona de España en ese momento, hizo público otro manifiesto en esta ocasión denominado de Estoril, en el que denunciaba la ilegalidad de la Ley de Sucesión, porque se proponía alterar la naturaleza de la monarquía sin consultar con el heredero del trono. Este manifiesto decía entre otras cosas: «Españoles: El General Franco ha anunciado públicamente su propósito de presentar a las llamadas Cortes un proyecto de Ley de Sucesión a la Jefatura del Estado, por el cual España queda constituida en Reino, y se prevé un sistema por completo opuesto al de las Leyes que históricamente han regulado la sucesión a la Corona. Los principios que rigen la sucesión de la Corona, y que son uno de los elementos básicos de la legalidad en que la Monarquía Tradicional se asienta, no pueden ser modificados sin la actuación conjunta del Rey y de la Nación legítimamente representada en Cortes. Mañana la Historia, hoy los españoles, no me perdonarían si permaneciese silencioso ante el ataque que se pretende perpetrar contra la esencia misma de la Institución monárquica hereditaria, que es, en frase de nuestro Balmes, una de las conquistas más grandes y más felices de la ciencia política. Frente a ese intento, yo tengo el deber inexcusable de hacer una pública y solemne afirmación del supremo principio de legitimidad que encarno, de los imprescriptibles derechos de soberanía que la Providencia de Dios ha querido que vinieran a confluir en mi persona, y que no puede en conciencia abandonar porque nacen de muchos siglos de Historia, y están directamente ligados con el presente y el porvenir de nuestra España. Por lo mismo que he puesto mi suprema ilusión en ser el Rey de todos los españoles. Lo que no se me puede pedir es que dé mi asentimiento a actos que supongan el incumplimiento del sagrado deber de custodia de derechos que no son solo de la Corona, sino que forman parte del acervo espiritual de la Patria. Con fe ciega en los grandes destinos de nuestra España querida, sabéis que podéis contar siempre con vuestro Rey. JUAN, Estoril 7 de abril de 1947».

El 6 de junio de 1947 se celebró un «referéndum» sobre la Ley, preparado a conciencia por el entonces ministro de Información y Turismo, Manuel Fraga Iribarne, en el que según los resultados oficiales, votó el 89% del electorado, según el recuento el voto a favor del «sí» fue del 93%, un 4,7% a favor del «no» y un 2,3% de votos en blanco o nulos. Desde el 18 de julio de 1947, por la Ley de Sucesión, Franco actuaría como el monarca Regente del recién proclamado reino de España, entendiendo que el trono estaba vacante. Para el ministro Arrese esta ley representaba un obstáculo en el camino a recorrer y no una etapa del camino recorrido. Con otras palabras: «... Sin embargo, había que contar con ella, en primer lugar porque la estabilidad de los pueblos depende muchas veces de la venerable ancianidad de sus leyes; en segundo lugar, porque lo peor que tenía la ley, no era la ley en sí misma, sino la alteración que producía en el orden y en la jerarquía de las cosas a perfilar; y en tercer lugar, porque esta ley, probablemente porque se quiso convencer al extranjero de lo inútil de su esfuerzo iconoclasta, fue sometida a referéndum y avalada por la inmensa mayoría de los españoles...». El

25 de agosto de 1948, como ya hemos detallado anteriormente, Franco concertó una entrevista con Juan de Borbón, en su yate de vacaciones —el *Azor*—, en el golfo de Vizcaya. Allí acordaron que el hijo de diez años de Juan de Borbón, Juan Carlos, nacido en el exilio romano y que vivía en Roma, cambiaría de residencia y completaría su educación en España, junto con su hermano Alfonso de Borbón y Borbón-Dos Sicilias, bajo la promesa de «que el periódico monárquico *ABC* podría informar libremente y que se levantarían las restricciones de las actividades monárquicas». El 9 de noviembre de 1948 Juan Carlos fue recibido por Franco en su residencia de El Pardo, donde le informó de que su educación estaría a cargo de un grupo de profesores de firme lealtad al Movimiento. Como revelan los documentos desclasificados por el Departamento de Estado de EE.UU., a causa de un accidente que se produjo el 24 de diciembre de 1961, durante una cacería en los bosques de El Pardo, por aquel entonces la residencia del Generalísimo, Franco comienza a plantearse la elección sobre su sucesión. Un informe de la Corte griega al embajador de EE.UU. en Grecia indica: «a raíz de un accidente de caza» nos informan que «está planificando presentar la cuestión de la sucesión real ante las Cortes en febrero. No ha divulgado si recomendará al Conde de Barcelona o al hijo de éste, Juan Carlos»; conforme a lo indicado por el embajador español Luca de Tena. El 21 de julio de 1969 Franco designa a Juan Carlos de Borbón (saltándose el orden sucesorio natural que correspondía a su padre, Juan de Borbón, amparándose en la Ley de Sucesión según la cual sería Franco quien nombraría al monarca del reino) como su sucesor a la Jefatura del Estado, con el título de «Príncipe de España», (y no de Asturias como corresponde al heredero legítimo). Así es proclamado por las Cortes como sucesor de Franco el 22 de julio de 1969 cuando Don Juan Carlos jura: «fidelidad a los principios del Movimiento Nacional y demás Leyes Fundamentales del Reino».

Juan Carlos jura los Principios Fundamentales del Movimiento Nacional y es coronado Rey, por la gracia de Franco

Con el juramento a los Principios Fundamentales del Movimiento, Don Juan Carlos de Borbón anexionaba de una manera oficial la monarquía

Borbónica y el llamado *franquismo*, ya fenecido, aunque para algunos aún seguía y sigue vivo.

El 22 de noviembre de 1975, Juan Carlos de Borbón y Borbón fue coronado rey con el nombre de Juan Carlos I. Con el cadáver de Franco aún sin enterrar, las Cortes tomaron juramento al Rey. La ceremonia fue breve y estuvo cargada de expectación y de una tensión latente. El rey, con ojeras y ojos enrojecidos, respondió al Presidente del Consejo de Regencia con este juramento: «Juro por Dios y sobre los Santos Evangelios cumplir y hacer cumplir las leyes Fundamentales del Reino y guardar y hacer guardar lealtad a los Principios Fundamentales del Movimiento Nacional». Su discurso de coronación fue alentador para quienes pedían un sistema democrático, que así lo entendieron cuando pronuncio las siguientes palabras: «Hoy comienza una nueva etapa de la historia de España... Una sociedad libre y moderna requiere la participación de todos en los foros de decisión, en los medios de información, en los diversos niveles educativos y en el control de la riqueza nacional. Hacer cada día más cierta y eficaz esa participación debe ser una empresa comunitaria y una tarea de gobierno». ¿Había engañado Juan Carlos a Franco? El dictador ya empezaba a revolverse en la tumba. Siete días después de la muerte del «caudillo», los Reyes celebraron su coronación con una ceremonia en los Jerónimos y una recepción en el Palacio de la Zarzuela, a la que asistieron numerosas personalidades europeas que no habían acudido a los funerales del dictador, algo sí empezaba a cambiar, estos mandatarios fueron: El Presidente de la República Francesa Giscard d´Estaing, el Presidente de la RF Alemana Walter Sell, el Vicepresidente de los Estados Unidos Nelson Rockefeller, Felipe de Edimburgo, los príncipes herederos de Bélgica, Luxemburgo, Marruecos, etc., y numerosas delegaciones. En la misa del espíritu santo, celebrada en los Jerónimos, el Presidente de la Conferencia Episcopal Española, Monseñor Vicente Enrique y Tarancón, pronunció una homilía claramente aperturista que molestó a los franquistas por sus alusiones a los derechos humanos y las libertades. A partir de ese momento, Don Juan de Borbón y Borbón Dos-Sicilias, iniciaría una nueva etapa de la historia de España y ocuparía el trono de España de una manera diferente. En un principio la monarquía era bicéfala: Mientras Juan Carlos I lucía la Corona de los Borbones en España, otro rey, legítimo heredero dinástico, lo hacía en Portugal, desde el exilio dorado de Estoril, en esta ocasión sin cetro regio. No fue hasta el 14 de Mayo de 1977, dieciocho meses después de la muerte de Francisco Franco y de la «coronación» de su hijo, cuando Don Juan de Borbón y Battenberg, renunció a sus derechos dinásticos. Sería entonces cuando la «legalidad» de la corona se normalizaba en cierta medida.

La frustración de un rey sin corona

La víspera de la festividad de San Isidro de 1977, a solo un mes de la celebración de las primeras elecciones democráticas desde hacia cuarenta y un años, Don Juan de Borbón y Battemberg, renunciaba a sus derechos dinásticos (que le habían sido negados por la Ley de Sucesión inventada por Francisco Franco), y abdicaba a favor de su hijo Don Juan de Borbón y Borbón Dos-Sicilias. En un sencillo acto celebrado en el Palacio de La Zarzuela, aquel día de la última primavera sin democracia de la reciente historia de España, un frustrado Don Juan daba por terminadas sus aspiraciones a ocupar el trono español. En un emotivo discurso se dejó constancia oficial de lo que, desde hacía años, era un hecho para todos: la renuncia del Conde de Barcelona a reinar bajo el nombre de Juan III, tal y como durante la larga postguerra muchos habían esperado. El sueño de aquel «rey que no reinó», de formar una Monarquía liberal y democrática, quedó enterrado para siempre. Pero la parte positiva de ello fue que aquel distanciamiento temporal que se había producido entre el hasta ese día jefe de la casa de los Borbones y su hijo, Juan Carlos, quedó olvidado, y el ya entonces Rey Juan Carlos I, pudo contar con el apoyo paterno en la construcción de una nueva España democrática.

Durante aquel sucinto discurso, el «abdicador», pronunció frases que quedarán para la historia como: «El amor inmenso a España, que caracterizaba fundamentalmente al Rey Alfonso XIII, me lo inculcó desde niño, y creo no solo haberlo conservado, sino quizá aumentado en tantos años de esperanza ilusionada. El espíritu de servicio a nuestro pueblo, la custodia de los derechos de la dinastía, el amor a nuestra bandera, la unidad de la Patria, admitiendo su enriquecimiento con las peculiaridades regionales, han sido constantes que, grabadas en mí, me han acompañado siempre. El respeto a la voluntad popular, la defensa de los derechos personales, la custodia de la tradición, el deseo del mayor bienestar posible promoviendo los avances sociales justos, han sido y serán preocupación constante de nuestra familia, que nunca regateó esfuerzo y admitió todos los sacrificios, por duros que fuesen, si se trataba de servir a España. En suma, el Rey tiene que serlo para todos los españoles». También dijo: «Por todo ello, instaurada y consolidada la Monarquía en la persona de mi hijo y heredero Don Juan Carlos, que en las primeras singladuras de su reinado ha encontrado la aquiescencia popular claramente manifestada y que en el orden internacional abre nuevos y, en consecuencia, ofrezco a mi Patria la renuncia de los derechos históricos de la Monarquía española, sus títulos, privilegios y la jefatura de la familia y Casa Real de España, que recibí de mi padre, el Rey Alfonso XIII, deseando conservar para mí, y usar como hasta ahora, el título de Conde de Barcelona». Y terminó diciendo: «En virtud de esta mi renuncia, sucede en la plenitud de los derechos dinásticos como Rey de España a mi padre el Rey Alfonso XIII, mi hijo y heredero el Rey Don Juan Carlos I. ¡Majestad, por España, todo por España, viva España, viva el Rey!» Con este final que remataba el discurso de abdicación, Don Juan de Borbón y Battemberg, mostraba su pleitesía a su hijo y lo reconocía como legítimo Rey de España y Jefe de la Casa real Borbónica.

En 1978 y, una vez aprobada la Constitución que reconocía, esta vez sí de manera democrática a la monarquía parlamentaria como modelo de estado soberano, Juan Carlos I, nombraría Almirante Honorario de la Armada a su padre, el Conde de Barcelona. En 1980 le fue detectado en el Memorial Hospital de Nueva York un cáncer de laringe que le obligó, cinco años después, a su paso por el quirófano en la Clínica Universitaria de Navarra. El 4 de diciembre de 1988 recibió el título honorífico por parte del Gobierno de Capitán General de la Armada. Don Juan no llegó a restablecerse de su enfermedad que le llevó a la muerte el 1 de abril de 1993, casualmente el día en que se cumplían cincuenta y cuatro años del final de la guerra civil y el inicio de la dictadura franquista, los mismos años que tenía en ese momento su hijo el Rey Juan Carlos I, otra paradoja de la vida. A su muerte recibió el reconocimiento unánime de la sociedad y los honores fúnebres propios de la dignidad de Rey, inhumándose sus restos mortales en el Panteón de Reyes del Monasterio del Escorial pues para muchos fue el Rey Don Juan III de Borbón y Battenberg en el exilio. En palabras de Luis María Ansón, biógrafo del padre del actual monarca: «Don Juan vivió sus últimos años con el orgullo de ver a su hijo hacer lo que él siempre propugnó. Las brasas de la Monarquía que mantuvo encendidas se habían reavivado en la antorcha del relevo. Peleó bravamente el viejo Rey contra el cáncer que se le había enroscado en la garganta, mientras escondía a cuantos le rodeaban los viejos dolores enterrados, la oscura herida que le apretaba el alma. La muerte le descargó los fatigados hombros de tantos fardos abyectos, de tantos húmedos rencores, para encender en él la llama de amor viva».

Los primeros años del reinado de Don Juan Carlos y hasta la muerte de su padre, estuvieron marcados por el consejo de éste. «El rey que no reinó», tuvo un papel decisivo e importante en muchas decisiones de su hijo. Quizá la democracia tenga algo que agradecer también a este Borbón, nieto, hijo y padre de reyes. Ahora ese testigo de ejercer de padre y tal vez de abuelo de reyes, está en posesión de Juan Carlos I. Pero antes de entrar en materia en lo más importante de este libro, el futuro de la corona española, deberíamos hacer un somero repaso a la trayectoria este último Borbón que ocupa La Zarzuela y que, con sus actuaciones, políticas, empresariales, privadas e íntimas han marcado la estela del futuro de la monarquía española.

III

Juan Carlos I y la monarquía constitucional

De ninguna manera conviene que el Rey yerre; más si ha de errar, menos escándalo hace que yerre por su parecer, que por el de otro.

Francisco de Quevedo

Decía el polifacético Alexander Hamilton, economista, político, escritor, abogado y soldado estadounidense, que «si nos inclinamos demasiado hacia la democracia, pronto caeremos en la monarquía». Las ansias de democracia del pueblo español, tras cuarenta años de dictadura franquista, harían bueno este pensamiento de Hamilton. Realmente España, y recapitulando en lo explicado en los dos capítulos anteriores, lo cierto es que nunca ha sido profundamente monárquica. Las malas experiencias vividas durante tres siglos con los Borbones, mientras estos han ocupando el trono, ha pasado factura a lo largo del tiempo, pero con este «último Borbón», parece que esta sensación ha dado un giro hacia la parte más positiva del sistema. Gran parte del pueblo español ha cambiado de opinión, porque esta monarquía constitucional y parlamentaria no es una monarquía al uso tradicional en todos sus aspectos. Ya hemos dicho anteriormente que Don Juan Carlos I ha «inventado» lo que se ha venido a denominar el «juancarlismo», aceptado e incluso podríamos decir querido, por muchos de los «súbditos» que conforman su Reino. Dejando a un lado las ideologías y tendencias de modelo de Estado de los españoles, estos han encajado con otro talante esta nueva presencia de un Borbón sentado en lo más alto del trono de España. Tal vez el problema real venga tras el fin de ese «juancarlismo», por ello este libro quizá tenga su razón de ser. Los «ismos» en política normalmente fenecen con el fin del personaje cuyo nombre antecede al sufijo, y eso es preocupante tanto desde un punto de vista positivo como negativo. Así pues analizar ese futuro del «después de», es el fin principal de esta obra.

Antes de entrar en la materia, y como complemento a los capítulos anteriores, deberíamos adentrarnos en la figura de Don Juan Carlos de Borbón, pieza clave en el destino de España y de su Corona durante las casi últimas cuatro décadas, y resumir, en cierta medida de manera muy escueta, sobre todo, los treinta y cinco años que este monarca lleva al frente de la Casa Real española y en la Jefatura del Estado. Para realizar una síntesis de este personaje es imprescindible hacerlo tanto desde el plano político como desde la vertiente personal e incluso íntima.

Un breve esbozo... Breve *biografía* de un Borbón del siglo XXI

Juan Carlos Alfonso Víctor María de Borbón y Borbón Dos-Sicilias nació en Roma en la víspera de la festividad de la Epifanía de 1938, una casualidad paradójica, los Reyes Magos de Oriente trajeron entre sus regalos un futuro Rey para los españoles. Este «presente» ofrecido a un pueblo, sin que este lo supiera ni lo hubiera solicitado, pasó inadvertido para los que por aquellas fechas se aniquilaban entre ellos, en el transcurso de una cruenta y fratricida Guerra Civil. Aquel acontecimiento era de poca o ninguna importancia para aquellos españoles que atravesaban difíciles y trágicos momentos. La guerra la había iniciado el que al cabo de unos años sería el valedor de aquel recién nacido en cuna de reyes. Mientras sus futuros súbditos se mataban en su patria de origen, la «cigüeña» descargaba al infante regio en la Ciudad Eterna, a más de dos mil kilómetros de la sitiada capital del reino y cuyo trono ocuparía treinta y siete años después.

Este futuro monarca era el segundo hijo legítimo y primer varón, por lo tanto heredero dinástico a la corona española, de Don Juan de Borbón y Battenberg (1913-1993) y Doña María de las Mercedes de

Borbón-Dos Sicilias y Orleáns (1910-2000). Aquel descendiente de reyes, fue bautizado por el cardenal Eugenio Pacelli, que poco tiempo después se convertiría en el Papa Pío XII. La ceremonia tuvo lugar en la capilla romana de los Caballeros de la Orden de Malta *(Real Cruze di Malta),* el día 26 de Enero de 1938. Los padrinos fueron su abuelo, el exiliado Rey Alfonso XIII y la Reina Victoria Eugenia, que treinta años después realizaría la misma función «padrinesca» con el actual Príncipe de Asturias, Felipe de Borbón y Grecia. En aquella ceremonia Alfonso XIII impuso al futuro monarca la insignia del Toisón de Oro; a partir de ese momento, aquel niño de noble cuna ya era cristiano y Alteza Real: los Borbones ya tenían otro descendiente legítimo para la continuidad de su dinastía regia. Tal vez por esta seguridad en el continuismo de la monarquía y cuando Don Juan Carlos cumplió los tres años de edad y la guerra civil en España había terminado, su padre se convertiría en Jefe de la Casa Real española con motivo de la renuncia a sus derechos dinásticos, poco antes de morir, del progenitor de éste, el destronado Rey por la Segunda República Alfonso XIII, que tenía en aquel momento sólo cincuenta y cinco años.

El futuro Príncipe de España (según Francisco Franco) y por fin monarca, dio sus primeros pasos en la capital italiana, primer lugar de exilio y residencia de los Borbones. Después del destierro romano el éxodo prosiguió por Lausana (Suiza) y por último recaló en Estoril (Portugal) desde donde, al cumplir diez años como ya hemos explicado, es enviado a España para ser educado por el general Francisco Franco. De esta manera se convertiría en el primer Borbón en poder regresar a su patria de origen desde un exilio obligado por las circunstancias republicanas: habían transcurrido diecisiete años. Una vez en España, el infante y futuro monarca retomó sus estudios en Madrid y San Sebastián, terminando el bachillerato en el Instituto San Isidro de la capital española. Corría el año 1954. A partir de ese momento se iniciaría la auténtica educación y formación de un futuro rey a imagen y semejanza del autoproclamado «Caudillo de España por la Gracia de Dios» —formación por supuesto principalmente marcial— y en todo momento controlada por el Régimen. La primera parada de un largo periplo por diferentes escuelas castrenses fue en la Academia General Militar de Zaragoza (1955-1957), para posteriormente pasar a la Escuela Naval de Marín en Pontevedra (1957-1958), y para acabar en la Academia General del Aire en San Javier, Murcia (1958-1959). De todos estos centros de alta formación militar, el futuro mando supremo de las Fuerzas Armadas españolas, salió con los consiguientes galones de Alférez de Infantería, Alférez de Fragata y Teniente de Aviación. Esta época de formación castrense estuvo supervisada y tutelada por el general Carlos Martínez de Campos y Serrano, duque de la Torre, encargado personalmente por Franco para controlar la intensa formación militar del futuro Príncipe de España y posterior monarca. Después de los estudios militares tocaron los civiles. En 1961 se licenció en Derecho Político e Internacional, Economía y Hacienda Pública en la Universidad Complutense de Madrid, estudios que completó con diferentes cursos en Toledo. Finalizada la educación civil y militar, bajo las órdenes de Francisco Franco Bahamonde, Don Juan Carlos inició una serie de prácticas por algunos ministerios, como por ejemplo el de Exteriores para rodarse en cuestiones diplomáticas, lo que le condujo a viajar por diversas capitales europeas. En uno de estos viajes, concretamente al visitar las islas griegas en un crucero organizado por Federica de Grecia para presentar a su hija Sofía a los jóvenes casaderos de las Casas Reales europeas, conoció Don Juan Carlos a la que estaba previsto fuese su futura esposa, madre de su descendencia dinástica y Reina consorte, Doña Sofía Oldenburg y Guelph, nacida en el mismo año que él (1938), en la capital helénica e hija primogénita de los reyes, Pablo I y Federica de Grecia. Tras su matrimonio, el 14 de mayo de 1962, Doña Sofía de Grecia (apellido que aportó a la dinastía) debió renunciar a su fe cristiano-ortodoxa y convertirse al catolicismo. Los Príncipes consortes fijaron su residencia en España, concretamente en el entonces aún Palacete de la Zarzuela, en la capital madrileña. Tanto este matrimonio como los informes positivos que obraban en poder de Franco en relación a la formación e interés que había mostrado a lo largo de los catorce años en los que había permanecido Don Juan Carlos, bajo el manto protector del dictador, provocaron en éste una enorme satisfacción que no hizo más que confirmar las grandes esperanzas que Franco había depositado en él y que ya tenía previsto de antemano —solo faltaba la decisión final— fuese su sucesor. Solamente una persona tenía reticencias, el padre del delfín franquista, Don Juan de Borbón, que, con profunda preocupación, veía como el mutuo afecto que se profesaban el generalísimo y su hijo iba en aumento y su primogénito se apartaba cada vez más de las «faldas» de la familia real Borbónica y de su control, sobre todo, para sus planes políticos: el distanciamiento entre padre e hijo fue en aumento de manera progresiva mientras duró este periodo lejos de Estoril, en el que el Infante de España estuvo bajo la influencia del «caudillo». No fue hasta transcurrido un largo tiempo, cerca de una década, y con el cadáver del dictador bajo la losa del Valle de los Caídos, cuando Don Juan Carlos y el Conde de Barcelona volvieron a retomar la mutua confianza y el afecto filial.

El 22 de julio de 1969, Don Juan Carlos de Borbón y Borbón Dos-Sicilias, era designado por las Cortes franquistas como sucesor del dictador a la jefatura del Estado en calidad de Rey, con el título provisional de Príncipe de España: la suerte sobre el destino del país y el «continuismo» del «franquismo» estaba echada.

«...Hoy comienza una nueva etapa de la Historia de España...»

Con estas palabras, Juan Carlos I se dirigía a las Cortes y al pueblo español el 22 de noviembre de 1975, dos días después de la muerte del dictador, aún de cuerpo presente, tras ser coronado como flamante Rey «franquista» que no «borbónico». Durante el discurso ante las ya, prácticamente fenecidas Cortes, el entonces convertido en Monarca oficial de España —faltaba el consentimiento dinástico con la imprescindible abdicación del heredero legítimo al trono, Don Juan de Borbón y Battenberg—, dejó entrever cuales eran los planes que tenía pensado para el futuro de este país, ante el disgusto de los sectores más duros del «franquismo», y por supuesto de la Falange Española Tradicionalista y de la JONS, la cual había mostrado desde un principio una dura oposición y rechazo a la decisión sucesoria determinada por Franco. La que poco tiempo después se daría en llamar «Transición Democrática», ya se estaba gestando en la cabeza de este Borbón; unos planes que en cierta medida y salvando las distancias en el tiempo, no se apartaban mucho de los de su padre, Don Juan de Borbón, expresados en los respectivos manifiestos de Lausana y Estoril. Pero vayamos paso a paso.

El ya Rey Juan Carlos I cesó en Julio de 1976 al último presidente del Gobierno de Franco, Carlos Arias Navarro, que fue sustituido por Adolfo Suárez González (Cebreros, Ávila, 25 de Septiembre de 1932) que se convertiría en el artífice, junto a Don Juan Carlos de Borbón, de la mencionada «Transición Democrática». El cese de Carlos Arias lo provocó el rechazo por las Cortes franquistas de su Plan para la reforma política. El Monarca formó entonces un Gobierno presidido por Suárez. Esta decisión fue, sin lugar a dudas, la colocación de la primera piedra en los cimientos para un proceso democrático y constituyente al más puro estilo de la Europa occidental.

El Gobierno de Suárez envió a las Cortes un nuevo proyecto de Ley para la Reforma Política, que era un inicio para enterrar definitivamente el régimen impuesto por Francisco Franco tras la guerra civil. En octubre de 1976 ese proyecto de Ley fue aprobado y sometido a referéndum tal y como exigían las aún vigentes Leyes Fundamentales, concretamente en lo que a la Ley de Sucesión a la Jefatura del Estado se refiere. Esta Reforma Política venía a suponer una notable alteración de las leyes fundamentales del movimiento pero hacía posible la introducción de un sistema democrático no contemplado hasta el momento. El Real Decreto Ley 20/1977, de 18 de marzo, determinó y reguló el sistema para la celebración de elecciones democráticas y con ello la posibilidad de la creación de un Parlamento libre y plural con representación popular. El sistema elegido para esas elecciones fue el D´Hondt, así como el modelo de financiación de los diferentes partidos políticos que acudirían en su momento a ellas. Automáticamente, Juan Carlos I se convertiría en el heredero legítimo de los derechos dinásticos procedentes de Alfonso XIII, y traspasados por la abdicación a su padre Don Juan (III) de Borbón y Battenberg. En abril de ese mismo año tuvo lugar otro acontecimiento histórico y vital tras la muerte del dictador para el futuro democrático: el partido Comunista de España (PCE) era legalizado y la roja bandera con la «hoz y el martillo» volvía a ondear treinta y ocho años después por calles, pueblos y ciudades de toda España, libremente y sin represiones. Todos estos acontecimientos históricos permitieron celebrar unas anheladas elecciones generales, libres y democráticas. El pueblo español empezó entonces a ver con mejores ojos a aquel Borbón, heredero de una, para muchos cuestionable, dinastía regia y, sobre todo,

Delfín del viejo dictador, al que nombró en su día heredero político. Franco seguía revolviéndose en su tumba, arrepentido de su decisión: «...si hubiera hecho caso a Carmen y hubiera cambiado aquella decisión y nombrado sucesor al marido de Carmencita, aquel apuesto Duque de Cádiz, ahora mi nieta seria Reina y mi legado seguiría vivo...», quizá debió pensar el Caudillo en la soledad de su faraónico mausoleo viendo, desde el otro mundo, los acontecimientos que se estaban produciendo en aquella su ya, en solo algo más de un año, desconocida España. También los incondicionales adictos al Régimen comenzaron a ver al Rey Juan Carlos I como un traidor al Régimen, al Movimiento Nacional y a los que lucharon en aquella «Cruzada» por Dios y por España a las órdenes de su invicto general...

Tras las elecciones democráticas celebradas el 15 de junio de 1977, las primeras, como ya hemos dicho, desde hacia cuarenta y un años (concretamente desde febrero de 1936) llegó la formación del primer Parlamento democrático y por consiguiente unas Cortes constituyentes. La democracia estaba servida.

Los deslices democráticos de un rey demócrata

Pero no todo ha sido un idílico y purísimo reinado de este Monarca moderno. En lo que se refiere al aspecto puramente político, Juan Carlos I tuvo algún que otro «ramalazo» del pasado, salvado magistralmente en el último instante por suerte para la democracia. Entre 1977 y 1982, don Juan Carlos ejerció su reinado sobre dos legislaturas diferentes: la primera y constituyente, en la que el Gobierno de la nación estuvo en manos de un nuevo partido, surgido justo antes de las primeras elecciones democráticas e inventado para tal ocasión, la U.C.D. (Unión de Centro Democrático). Esta nueva formación política de cariz democrático aglutinaba al sector más moderado liberal y aperturista del franquismo. Su fundador y presidente era Adolfo Suárez, un político procedente del Movimiento pero que supo «trabajar» al lado de Juan Carlos de Borbón, a favor de una difícil transición hacia la democracia sin traumas ni violencia, lo que parecía difícil de esperar. La U.C.D. ganó por amplia mayoría aquellas primeras elecciones. El Gobierno surgido de las mismas fue presidido por Suárez. Los españoles no se habían atrevido a dar un vuelco radical a la tortilla, votando de entrada a las izquierdas a pesar de las ganas tras cuarenta años de dictadura: nadie se fiaba de nadie. Todo parecía demasiado bonito para ser verdad. El miedo seguía presente y algunos creían que Franco se levantaría de su tumba y cabalgaría de nuevo, cual Cid Campeador, para reiniciar su particular cruzada en venganza de los que habían «traicionado» al franquismo. Pero este miedo se fue venciendo poco a poco y solo cinco años después, y tras un brevísimo gobierno al frente del cual estuvo el también «*ucedista*», Leopoldo Calvo-Sotelo y Bustelo, las izquierdas volverían a gobernar oficialmente el país, en esta ocasión después de cuarenta y seis años, con el aplastante triunfo en las elecciones generales del 28 de octubre 1982 del Partido Socialista Obrero Español (P.S.O.E.), y un socialista, Felipe González Márquez, alias «Isidoro», ocuparía la presidencia del Gobierno. Pero antes de que este acontecimiento, también histórico, llegara a suceder, el pueblo español debería superar una dura prueba de fuego y un examen democrático, en el que el monarca Borbón tuvo un papel más que relevante: nos referimos al golpe de Estado conocido popularmente como «23-F».

Cuando se realiza un ensayo-estudio sobre la figura de Juan Carlos I aparece un tema que no se puede dejar pasar por alto: el intento de golpe de Estado protagonizado, como ariete de choque y utilizado como cabeza de turco, por el entonces Teniente Coronel de la Guardia Civil, Antonio Tejero Molina, el 23 de febrero de 1981. Ese día la aún joven e inestable democracia se estremeció con la mayor de las amenazas que podía esperar. Los miedos y los fantasmas del pasado volvieron a cobrar un macabro protagonismo: todo sucedió en quince horas escasas que parecieron una eternidad. Desde el asalto al congreso de los Diputados por los miembros de la Benemérita, al mando del mencionado Antonio Tejero, hasta la «rendición» de los golpistas en la mañana del día veinticuatro de ese frío febrero; para el españolito «de a pie» todo fue una pesadilla vivida en despierto. Aquella larga noche, que pasará a la historia como la de «los transistores», el pueblo permaneció en vela ávido de noticias; algunos empezaron a preparar su salida del país como el entonces Lendakari del Gobierno Vasco, Carlos Garaikoetxea Urriza, que, a bordo de una «gabarra», abandonaba Euskadi, surcando el mar Cantábrico rumbo a Biarritz (Francia). Muchas otras destacadas personalidades del mundo político permanecieron al pie del cañón intentando «gobernar» una democracia secuestrada en el interior del Congreso por los «sables» militares. Un honroso ejemplo a destacar fue la actuación serena del President de la Generalitat de Catalunya, Jordi Pujol i Soley, que permaneció en su despacho presidencial en constante comunicación con la Zarzuela. Exteriormente todo volvió a su cauce cuando en la madrugada de aquel trágico día para el olvido, apareció en los televisores de todos los hogares españoles la imagen del Rey vestido con el uniforme de Capitán General, transmitiendo un mensaje de tranquilidad y control de la situación. Esta retrasmisión, realizada desde el interior del Palacio de la Zarzuela, hizo que algunos, no todos, pudieran conciliar algo el sueño. El Borbón, don Juan Carlos, se había vuelto a convertir en el garante de los valores democráticos tras su papel en el «desguace» del franquismo, un gran mérito cara al pueblo y a la clase política democrática: pero, ¿fue ese el pensamiento inicial del Monarca? No solo esta cuestión planea sobre aquel triste acontecimiento que ocupa uno de los lugares destacados de la reciente historia de España. Otras preguntas que podrían plantearse y seguramente se consideran «non gratas» para la actual monarquía, podrían ser: ¿sabía el Rey de antemano lo que iba a suceder aquel día?; ¿estaba enterado de lo que se cocía en los cuarteles?; ¿tenía conocimiento de que el Congreso de los Diputados iba a ser asaltado secuestrando la democracia?; ¿porqué tardó tanto en salir a la palestra para acabar, como hizo más tarde, con el golpe militar?; ¿qué papel tuvieron su padre Don Juan, su mujer la Reina doña Sofía y, sobre todo, el entonces Secretario de la Casa de Su Majestad el Rey, Sabino Fernández Campo?; ¿cómo se vivieron aquellas largas horas en el interior del Palacio de la Zarzuela?; ¿cuál fue el auténtico papel del anterior Secretario de la Casa Real, Alfonso Armada Comyn, destituido del cargo por su enfrentamiento con el Presidente Suárez, y anteriormente instructor militar del entonces Príncipe de España y también asesor personal de éste? Demasiadas cuestiones para poder responder en pocas líneas. La historia tal vez algún día pueda contestar estas preguntas, aunque muchas ya tienen respuesta pero no son «políticamente correctas» a la hora de responderlas. El reconocimiento general por el desenlace del suceso ha hecho que España y los españoles pasen página y den gloria al que puso fin al golpe y salvó nuevamente la democracia de la dictadura militar. A partir de ese desdichado día la monarquía Borbónica salió reforzada y acabó consolidándose. Por aquellos días España estaba viviendo unos momentos difíciles y de gran confusión: ¿tal vez era eso lo que perseguía aquel 23-F?

Una breve cronología de los acontecimientos que antecedieron al golpe y que ayudarían a responder alguna de esas preguntas, por lo menos hipotéticamente, podríamos resumirla así: Adolfo Suárez, el artífice de la transición junto al Rey había dimitido como presidente del Gobierno veinticinco días antes del «tejeretazo». El 11 de febrero don Juan Carlos convocó a los líderes de todos los partidos políticos democráticos para proponer la candidatura de Leopoldo Calvo-Sotelo al frente del Gobierno de la nación, solución esta que no gustó a ninguno de los asistentes a la misma, exceptuando a la UCD, que amenazaron con pedir la convocatoria de elecciones generales anticipadas. Esta cuestión no entraba en los planes del Monarca. A pesar de la oposición tajante a esta propuesta, el 20 de febrero se convocó el pleno del Congreso para someter a votación la investidura del candidato real. En ese primer escrutinio, Calvo-Sotelo no consiguió la mayoría absoluta necesaria. Tres días después, el 23 de febrero de 1981, día del golpe, estaba prevista la segunda votación para la cual bastaba con la mayoría simple, votación que no llegó a su fin al ser interrumpida por los tiros al aire de los miembros de la Benemérita, asaltantes del palacio de las Cortes. Otra pregunta surge de este hecho: ¿tenía el Rey miedo, e incluso los militares, a que la votación y el nombramiento de Leopoldo Calvo-Sotelo no llegara a buen término en esta segunda votación de la Cámara Baja? Esta teoría expuesta por algunos historiadores y estudiosos del tema no tiene ningún fundamento racional. En primer lugar porque, aunque fuera en segunda votación, la investidura de Calvo-Sotelo estaba asegurada por los votos de la propia U.C.D.; en segundo lugar porque un golpe de esta magnitud no se prepara de la noche a la mañana. Las suspicacias que rodean al tema del 23-F van mucho más allá de las mentiras inventadas, las versiones oficiales y las leyendas urbanas. España es proclive a este tipo de «chismes» y su historia pasada y actual está plagada de hechos que podrían recordar situaciones semejantes o incluso considerarse repetidas.

Entre los poderes adquiridos por Don Juan Carlos y heredados del «franquismo», reflejados en el artículo 62 de la Constitución de 1978, está el que señala que al Rey corresponde el mando supremo de las Fuerzas Armadas. La idea de que el ocupante del trono asumiera el mando supremo del Ejército la incorporó al constitucionalismo Antonio Cánovas del Castillo, como contrapunto al poder fáctico que tenían los militares sobre la política. El segundo tercio del siglo XIX fue proclive en golpes de estado y pronunciamientos militares de diversas clases e intromisiones en la vida política del Estado, en los que los Borbones tuvieron un papel relevante. El Ejército que heredó Juan Carlos I estaba formado principalmente por altos mandos que habían combatido y ganado la Guerra Civil española y que contemplaban en aquellos cambios hacia la democracia un grave peligro para la unidad de España e incluso para su bienestar personal[14]. Aquellos militares, aún «franquistas», eran un peligro y una amenaza para la recién estrenada democracia. La legalización, por sorpresa, del Partido Comunista en aquella Semana Santa de 1977, al amparo del éxodo vacacional con el fin de evitar altercados, provocó quizá el más grave disgusto entre los nostálgicos del Régimen y las cenizas aún humeantes del «franquismo», que lo interpretaron como una puñalada trapera. Aquel 9 de Abril pasaría a la historia con el sobrenombre de «Sábado Santo Rojo». A partir de ese momento el ruido de sables empezó a oírse con intensidad en el interior de los cuarteles. El Golpe se estaba gestando. El Servicio de Inteligencia Militar (SIM) conocía los contactos que Juan Carlos de Borbón había mantenido con el líder del comunismo español, Santiago Carrillo, mientras Franco se debatía entre la vida y la muerte, pero aún con un pie en este mundo. Estos contactos se realizaron mediante la intermediación del inefable y gran amigo de Don Juan Carlos, Manuel Prado y Colón de Carvajal y el auspicio del dictador comunista Nicolae Ceaucescu. El desencanto del Ejército crecía imparablemente en lo más profundo del corazón de los militares aún adictos a un régimen creado por Francisco Franco, ya muerto y enterrado pero aún vivo en sus cabezas. Nombres como los de Antonio Tejero Molina, Ricardo Sáenz de Ynestrillas, Luis Torres Rojas, Jaime Miláns del Bosch y, sobre todo, el por entonces gobernador militar de Lleida y preceptor del Rey Juan Carlos I, Alfonso Armada

14. Véase: CLEMENTE, Josep Carles. *El Pecado Original de la Familia Real Española,* Styria, 2007, págs 151-152.

Comyn, empezaron a sonar con insistencia en los mentideros políticos. El Ministro de Defensa, Agustín Rodríguez Sahagún y su posterior sustituto, Gutiérrez Mellado, de los gobiernos de Adolfo Suárez y fieles a la nueva democracia, empezaron a mover ficha. Se sabía que se estaban preparando dos golpes diferentes: el primero claramente partidario de la supresión de la Constitución democrática y de dar un radical giro con regreso al pasado reciente, por supuesto, sin democracia. De este se conocía perfectamente quienes eran sus principales promotores, Ricardo Sáenz de Ynestrillas y Antonio Tejero Molina. El segundo, el menos conocido, era el denominado «golpe constitucional», con el que estarían de acuerdo diversas personalidades civiles y militares, entre las que se podrían encontrar entre otros, el ex Presidente de la Generalitat de Catalunya, Josep Tarradellas; el ex vicepresidente del gobierno de Adolfo Suárez y profundamente dolido con éste, Alfonso Osorio, y quizá la pieza clave del puzle golpista en la versión constitucional, el anteriormente mencionado gobernador militar de Lleida y jefe de la División de Urgell, General de División, Alfonso Armada, además de otro militar golpista, Miláns del Bosch, profundamente monárquico pero anti constitucionalista y nostálgico del anterior Régimen. Alfonso Armada gozaba de la máxima confianza de la Familia Real española; la propia Reina, doña Sofía, lo declaraba a la periodista Pilar Urbano: «Armada hubiese podido estar aquí (refiriéndose a la noche del 23-F) con toda normalidad: hubiese podido venir a tomar café, ¿por qué no?, tenía confianza de sobra»[15]. Más preguntas para la historia: ¿cómo llegaron a converger ambos golpes aquel 23-F?, pero quizá las tres más importantes de todas: ¿quién fue el auténtico cerebro de todo?; ¿quién hizo y deshizo?; ¿influyó en alguien el «ejemplo» Alfonso XIII-Miguel Primo de Rivera?; ¿convergieron ambos golpes en un eje Miláns-Tejero? Las respuestas para la historia. Hasta entonces que cada uno piense lo que quiera.

Amistades peligrosas

Otro de los aspectos grises en la trayectoria de Juan Carlos de Borbón, en lo que al aspecto personal se refiere, son sus «negocios» particulares

15. Véase: Urbano, Pilar: *La Reina,* Plaza & Janés. Barcelona 1996, pág. 293.

llevados a cabo durante el tiempo que lleva ocupando el trono de España. Manuel Medina, conocido abogado madrileño y amigo personal del Monarca, puso en boca de éste una frase lapidaria: «la profesión de Rey es bastante difícil, pero merece la pena entre otras cosas por tener amigos como tú». Si esta reflexión atribuida a Don Juan Carlos fuese tomada al pie de la letra podríamos entender que un Rey necesita amigos en los que confiar sus «asuntos», en este caso de índole económica. Ni que decir tiene que desde ancestros los monarcas han necesitado de «cortesanos» fieles en los que confiar sus secretos más inconfesables. Pero esas puridades y necesidades de fiarse de alguien han ido cambiando a lo largo de los tiempos. Un Rey moderno, como el actual, necesita también de esos «amigos» a los que encargar ciertos temas que se apartan de lo estrictamente oficial. El «oficio» de Rey es sin lugar a dudas difícil, eso es cierto, y aunque en un principio tiene carácter vitalicio por herencia dinástica, nunca se sabe lo que puede llegar a suceder: la historia es testigo de ello. La actuación extra protocolaria y oficial del Monarca puede ser comprensible desde un punto de vista humano. Que cualquier ocupante de un trono regio se busque la vida al margen de su «trabajo» con la corona puesta, aunque a muchos esta dualidad pueda resultarles escandalosa, es una práctica habitual entre personajes de esta índole, ya que no son simplemente políticos elegidos por el pueblo con unas obligaciones hacia él, sino que están en otra galaxia. Esos «amigos», digamos necesarios, pueden convertirse en un momento dado en realmente peligrosos, y eso mismo es lo que le ha pasado, en más de una ocasión, a Juan Carlos I. Una de las obsesiones que se le atribuyen al actual Rey es la imperiosa necesidad de estar siempre preparado para cualquier dificultad de tipo económico que pudiera presentarse y evitar volver a sufrir la carestías económicas que marcaron gran parte de su vida: aquí es donde intervienen esos amigos, casi siempre peligrosos. Esta ansia por asegurar el futuro de una familia real es en cierta medida comprensible. Para los que han nacido en lujosos palacios rodeados de lacayos y sirvientes les puede resultar muy difícil cambiar radicalmente de vida y pasar a residir en un pequeño apartamento de alquiler, conviviendo con todas las incomodidades que ello comporta, como le sucedió a su abuelo Alfonso XIII. Lo que para una familia «de a pie» sería soportable, para una de noble y regia raigambre es un auténtico trauma:

es, aunque la mayoría se escandalice, hasta humano comprenderlo. El espejo más reciente que está gravado en la mente de Juan Carlos I es lo sucedido con Alfonso XIII y toda la Familia Real tras el exilio obligado con la llegada de la II República en 1931. El propio Juan Carlos fue protagonista de ello.

No vamos a entrar en profundidad en la larga lista de «amistades peligrosas» que han convivido y conviven todavía en la vida privada del actual monarca español. Ya que no es este el fin principal de este libro, únicamente haremos un sucinto repaso a algunos de esos temas, podríamos llamar en cierta manera escandalosos, que han salpicado los treinta y cinco años que lleva de reinado este último Borbón.

Durante la estancia de don Juan Carlos en España como estudiante bajo la tutela del general Francisco Franco, el entonces heredero de los derechos dinásticos a la corona tras su padre don Juan de Borbón, no pasó dificultades económicas, aunque tampoco vivía de una manera boyante y rodeada de lujos. Fue a partir de contraer matrimonio con doña Sofía de Grecia y formar una familia cuando los problemas económicos empezaron a aflorar. Sabido es la tacañería del viejo dictador y la austeridad que imponía a su alrededor. Al futuro Rey de España, Franco le asignó un sueldo equivalente al de un oficial de alta graduación del Ejército, a todas luces insuficiente para mantener a una familia con las necesidades de un «próximo» monarca, a pesar de que, además de la asignación económica, el Estado cubría los gastos de la residencia oficial del futuro Rey, instalado en el entonces «palacete» de la Zarzuela. El propio Caudillo supervisaba personalmente todos los gastos que él consideraba superfluos. Cuentan la anécdota que Franco regañó en una ocasión a Doña Sofía por el excesivo consumo de un producto que el dictador consideraba de lujo como es la *Coca-Cola*[16].

Fue a partir de 1962, cuando los «amigos» de la monarquía empezaron a aparecer. Luis Valls Taberner, presidente del Banco Popular en la época y destacado miembro del Opus Dei, organizó una especie de suscripción popular entre fieles monárquicos con el fin de ayudar económicamente a los recién casados, Don Juan Carlos y Doña Sofía. Se

16. Véase: CLEMENTE, Josep Carles, *op. cit*, pág. 226.

recaudaron doce millones de pesetas de la época, equivalentes a unos doce millones de euros de hoy en día, cantidad similar a la que recibió la princesa griega en concepto de dote por su matrimonio con el heredero español. El llamamiento a llenar la hucha real tuvo gran repercusión y acogida. La carta enviada a altas personalidades del mundo económico estaba encabezada por la duquesa de Alba y rubricada por el citado banquero, Valls Taberner. En esta misiva también aparecen las firmas, entre otras, de Socorro Aliño de López; Manuel Benedito; María Cabeza de Rodríguez Salmones; Santiago Corral; Luis Fernández Ardavín; Condesa Viuda de Fontanas; Juan José González; Condesa de Grove; Ignacio Herrero; María Ibarra de Oriol; Trinidad Jiménez Lopera de Fierro; Carlos Martínez Campos; Duque de la Torre; Ramón Menéndez Pidal; María Oriol de Primo de Rivera; Guillermina P. de Royo-Villanova; José María Pemán; Marqués de Tabarra, y Duquesa de Terranova.[17] En la prensa nacional se publicó durante varios días un anuncio en el que podía leerse: «Aparte de los obsequios que particulares o corporaciones están haciendo a S.A.R. el Príncipe Don Juan Carlos con motivo de su próximo enlace con la Princesa Sofía de Grecia, muchísimos españoles han pensado ofrecerle un regalo de ámbito nacional»[18]. A los pocos días de aparecer tal anuncio en la prensa, Franco prohibió su publicación y tuvo que ser retirado.

Una vez coronado Rey, Don Juan Carlos se lanzó a intentar buscar dinero para afianzar la democracia y financiar a los partidos políticos emergentes tales como la UCD de Adolfo Suarez, aunque parece ser que no todos esos fondos llegaron finalmente a su destino. En 1991 el antiguo Jefe de la Casa del Sha de Persia publicó un libro titulado, *The Sha and I. The Confidencial Diary of Iran's Royal Court, 1969-1977*, en el que se recogía una carta que, según este libro, envió Juan Carlos I al Sha y que con el encabezamiento de «Mi querido Hermano» y después de alagarle los oídos y explicarle los difíciles momentos que atravesaba España inmersa en una difícil transición hacia la democracia, continuaba diciendo: «...me tomo la libertad, con todo el respeto, de someter a tu

17. Ídem: pág. 226-227.

18. Véase: García Abad, José, *La Soledad de un Rey*. La Esfera de los Libros. Madrid, 2004, págs. 183-184.

generosa consideración la posibilidad de conceder $10.000.000 como tu contribución personal al fortalecimiento de la monarquía española...» para continuar, a modo de justificación de esa atrevida petición: «... el dinero estaría destinado a apoyar el partido político del Presidente Suárez, en estos críticos momentos». Según explica José García Abad, en su libro *Adolfo Suarez. Una tragedia griega*: «De aquel dinero pedido por Don Juan Carlos y generosamente donado, llegó mucho más al Palacio de la Zarzuela que al de La Moncloa». Deberíamos saber quien fue el «amigo-asesor» de turno en aquella ocasión, aunque es fácil de entrever.

Los rumores sobre los múltiples negocios del Monarca español son muchos y variados. En todos y dependiendo de la época, esos «amigos» han ido cambiando de nombre. Empezando por Manuel Prado y Colón de Carvajal, conocido como el manco de la Zarzuela y auténtico alquimista durante muchos años de los negocios *reales* y el más importante e influyente de todos, hasta Mario Conde, pasando por Javier de la Rosa, Alfonso Fierro e incluso José María Ruiz Mateos, hasta Josep Cusí, su fiel compañero de «regatas» a bordo del Bribón, entre otros muchos que han escrito su nombre en la larga lista de personajes del mundo de los negocios, que han participado, de una u otra manera, en los asuntos económicos privados del Rey Don Juan Carlos I. Se da la circunstancia de que casi todos han tenido encontronazos con la justicia a causa de temas económicos de una u otra índole. El monarca nunca se ha visto involucrado en ningún «*affaire*» judicial. ¿Quizá por su condición de Rey?

Uno de los últimos rumores-escándalo que ha salpicado a Don Juan Carlos, que involucra a otro de sus «íntimos», el presidente de CEIM (Confederación Empresarial Independiente de Madrid) y propietario del grupo hotelero que lleva su nombre, Arturo Fernández. Según una noticia aparecida en *El Confidencial.com*, el Rey vendió a finales del 2008 al presidente de la patronal madrileña, un automóvil de la marca Maserati modelo Quattroporte GTS, que le había regalado un jeque árabe, valorado en más de 150.000 euros. Este diario digital afirma citando fuentes muy cercanas a Arturo Fernández que éste pagó al monarca la suma de 100.000 euros por el citado vehículo de la lujosa marca italiana. Lo cierto es que cualquiera puede venderse un coche de su propiedad, sea comprado de su propio bolsillo o procedente de un regalo, pero, ¿los obsequios a un mandatario son propiedad de la persona que ostenta la jefatura de ese Estado en ese momento o bien pertenecen al patrimonio de la nación, tal y como ocurre en la mayoría de las naciones democráticas del mundo? Las interpretaciones pueden ser variadas pero la verdad es que en ciertos asuntos el Rey debería hilar más fino. No solamente ha sido este «negocio» de transacción comercial entre el monarca y el presidente de CEIM y vicepresidente de la CEOE, el que ha hecho saltar a la palestra las relaciones entre el Monarca y el empresario hotelero. Los constantes favores que al parecer ha pedido durante los últimos tiempos Juan Carlos I a Arturo Fernández, relacionados con puestos de trabajo para «colocar» a personas cercanas al Rey como, por ejemplo, al antiguo Jefe de su Cuarto Militar, el Almirante Antonio González-Aller, o al periodista Jordi Gutiérrez, antiguo subdirector de comunicación de la Casa Real, son dos ejemplos de ello: ambos trabajan ahora a la órdenes de Arturo Fernández, en alguna de sus múltiples empresas. Esta confianza entre el empresario madrileño y el Rey ha hecho que, el primero, se convierta, por derecho propio, en íntimo amigo de La Zarzuela, a imagen y semejanza de otros que por allí han ido pasando durante estos treinta y cinco años. Muchos han sido los personajes que, aprovechándose de esa obsesión de Don Juan Carlos por el «seguro» económico de su dinastía, han medrado y vendido su alma por entrar en los círculos privados de la Zarzuela. Son los «cortesanos» del siglo XXI.

Un rey espiado por sus espías

Juan Carlos I no se ha librado de ser «seguido» por los propios integrantes de sus servicios secretos. El poder de la información en manos del enemigo es el principio del espionaje y principal recurso para intentar el acoso y derribo de todo ser viviente, pero en manos de los «amigos» es quizá más peligroso que en poder del mismísimo enemigo. Las actuaciones en el campo político y, sobre todo, su relación con el mundo financiero, han llevado a los servicios secretos tanto del propio Estado (CESID), como los interiores de la mismísima Zarzuela, a «espiar» al Rey Juan Carlos I, lógicamente a espaldas del Monarca e incluso de su propio Jefe de la Casa Real, responsable directo de la seguridad del palacio y de la Familia Real. Como muestra de ello podríamos citar un incidente sucedido durante una recepción en el propio Palacio de la Zarzuela, y en el que se puso sobre el tapete el tremendo enfado que Don Juan Carlos sentía por esos espionajes a los que era sometido él y la Familia Real. Los periodistas Fernando Rueda y Consuelo Font, lo explican de la siguiente manera: «El 12 de Enero de 1993 los Reyes ofrecieron en La Zarzuela un almuerzo de despedida a Sabino Fernández Campo, que cesaba como jefe de la Casa del rey tras dieciséis años al servicio de la monarquía. La Familia Real reunió luego a todo el personal del palacio para una despedida y el general fue estrechando la mano de todos y cada uno de los allí presentes. Menos de uno: el coronel de Ingenieros José Sintes, que dirige el Centro de Comunicaciones y Transmisiones de la Zarzuela»[19].

José Sintes es un personaje que, como buen espía, ha permanecido en el anonimato durante los años que permaneció en el servicio de inteligencia y contra-espionaje del interior del palacio de La Zarzuela dependiendo de la propia secretaria de la Casa Real. Sintes siempre, lógicamente por el cargo que desempeñaba, había mantenido muy buenas relaciones con los agentes del CESID (hoy CNI), y en especial con el que entonces era su jefe, Alonso Manglano. En aquel citado acto en La Zarzuela y con el desaire de Sabino Fernández Campo hacia Sintes, el ya ex jefe de la Casa Real, mostraba el rechazo que, él mismo y por supuesto el Monarca, sentían por los diversos espionajes que afectaban a la vida privada del Monarca y que ponían de manifiesto las «relaciones» que el Rey mantenía con diversas personalidades del mundo empresarial español y también extranjero. ¿Con qué motivo y para quien espiaba Sintes?

Este personaje, coronel de Ingenieros y experto en telecomunicaciones, es un «enfermo» de las tecnologías modernas en lo que a las últimas técnicas en materia de «aparatitos» destinados al espionaje se refiere. Sintes, en sus viajes alrededor del mundo, desde Estados Unidos hasta el Japón pasando por Israel, había adquirido los más sofisticados equipos de informática y telecomunicaciones para la seguridad de la Zarzuela, unos «juguetitos» que sirvieron para espiar a los propios ocupantes de la residencia oficial de la Familia Real e incluso en el interior del yate Real

19. Véase: RUEDA, Fernando y FONT, Consuelo: «Así espiaron al Rey», en *Tiempo*, 26 de Junio de 1995, págs. 26-34.

Fortuna: ¿en beneficio de quien? Los antes mencionados periodistas en su reportaje de *Tiempo*, explicaban así una de estas «compras»:

«[...] En 1990 compró en España equipos de secrafonía a ISDS Ibérica, lo que en algunos ambientes resultó llamativo. En primer lugar, porque la empresa matriz, Internacional Security and Defense Systems es de origen israelí y está dirigida, controlada e impulsada por antiguos destacados agentes del Mossad judío, lo que siempre resta garantía. Y en segundo lugar, porque en España la empresa está controlada por Josep Miró, cuñado de Juan José Folchi, a su vez mano derecha de Javier de la Rosa.

[...] Ese mismo año, sin la intermediación de Sintes, Javier de la Rosa se encarga de comprarle al Rey uno de los más modernos equipos de secrafonía del mundo, en los que el monarca estaba interesado para garantizar al máximo sus conversaciones con sus amigos más íntimos, entre ellos Manuel Prado y Colón de Carvajal y el Príncipe georgiano Zourab Tchokotua —los nombres de los dos aparecen junto con el del Rey en la lista filtrada a la prensa de los espiados por el CESID—. El financiero catalán adquirió los equipos, que costaron cerca de sesenta millones de pesetas, en Inglaterra, el país que, junto con Israel, dispone de la mejor tecnología de espionaje»[20]. La presencia en esta historia del Príncipe Zourab Tchokotua forma parte también del entramado de amistades peligrosas del Rey. «Zu» para los amigos, es un aristócrata georgiano que Don Juan Carlos conoció durante su etapa que estuvo en el internado de Friburgo. Al parecer este personaje le debe al Rey numerosos e importantes favores[21].

A lo largo de estos años de reinado de Juan Carlos I, muchos han sido los interesados en poseer información privilegiada sobre él. El tener al Rey «cogido» por las indiscreciones de la corona, por si las circunstancias en torno a la Monarquía cambiaran y esos «datos» sobre el Rey pudieran ser de interés para terceros interesados. Lo más grave es que estos espionajes y filtraciones sobre la vida privada del Monarca seguramente han sido realizados por los propios servicios de inteligencia espa-

20. Ídem.

21. Véase: SVERLO, Patricia: *Un Rey Golpe a Golpe,* págs. 137-138.

ñoles. Desde el propio actual Gobierno socialista —no olvidemos que el actual Presidente, José Luis Rodríguez Zapatero, aunque *acatante* de la Constitución, es un declarado republicano—, hasta poderes fácticos y económicos, están interesados en ello. Fallos en la «profesionalidad» de esos servicios secretos, especialmente en la época del CESID, han propiciado esta situación.

Referente a los «líos» de faldas

No es ningún secreto que Don Juan Carlos de Borbón ha sentido y siente gran pasión por las mujeres, quizá tal vez debido a los genes de los Borbones, un tema que nunca ha ocultado. Desde su juventud, el actual Rey de España ha demostrado su querencia por las faldas. Mucha tinta se ha vertido sobre este «vicio» del Monarca hacia el llamado *sexo débil,* pero por el valor de su testimonio el mejor resumen lo ha hecho su propia hermana, la infanta Pilar de Borbón, que explica con detalle como era su hermano mayor en sus años mozos[22]: «¡Siempre estaba cambiando de novia! Más de una vez hice cosas increíbles por él, como ir a decirles a algunas chicas que mi hermano no podía seguir adelante con la «aventurita». Yo le decía: «Juanito, me obligas a hacer cosas terribles». Y él respondía: «Anoche me declaré a fulanita de tal pero no quiero casarme con ella... ¡Sólo me declaré porque había luna llena!». «Pero qué tontería», le respondía yo. Pero a pesar de todo, hacía lo que me pedía. Tiene una manera de pedirte que hagas algo por él que es imposible decirle que no. Le ves venir, te das cuenta de que te está liando para convencerte, pero aún así es imposible resistirse»[23].

Este carácter enamoradizo del joven Juan Carlos de Borbón, interesaban, a la vez que preocupaban a su entonces tutor Francisco Franco. A pesar del carácter poco liberal del entonces caudillo, éste entendía las correrías y desahogos sexuales de su *delfín*, pero en cuanto a casarse compartía la opinión de los Borbones y la elegida debería ser de estirpe regia, otra cosa eran las aventuras sentimentales y las compañías feme-

22. Véase: CLEMENTE, Josep Carles. *Las alcobas clandestinas*. Styria, Barcelona, 2008.

23. Véase: MATHEOPOPULOS, Helena, *Juan Carlos, el rey de nuestro tiempo,* Javier Vergara, Madrid, 1996.

ninas e incluso las relaciones de tipo sexual, que frecuentaba el futuro Rey. Franco exigía estar al corriente de todas y cada una de ellas, incluso, como explica el periodista experto en temas de la realeza, Jaime Peñafiel: «Incluso llegó a interceptar las cartas que una bellísima joven brasileña, de la que Juan Carlos se había enamorado, le escribía habitualmente». El mencionado periodista explica así esta anécdota: «El propio Rey ha reconocido en más de una ocasión lo de la brasileña, a quien había conocido durante una escala en Río de Janeiro del buque escuela *Juan Sebastián Elcano,* en el que el cadete Borbón realizaba las prácticas de marino. Siguiendo la costumbre se organizó un gran baile en honor de los cadetes españoles. Juan Carlos se enamoró apasionadamente de una bellísima joven con la que estuvo bailando toda la noche. Al despedirse le prometió que le escribiría todos los días. A don Juan Carlos eso de escribir se le daba muy bien».

Como había prometido, el príncipe empezó a escribirle. Pero ante su sorpresa, las cartas no tuvieron respuesta. Hasta que se cansó, disgustado y humillado, de que «alguien que había mostrado tanto interés por mí pudiera haberme olvidado tan repentinamente».

Pasarían varios años hasta conocer la causa. El día que acudió a ver al Generalísimo para comunicarle el compromiso matrimonial con la princesa Sofía, Franco, con un guiño, le entregó un paquete de cartas atadas con un lazo. Al parecer, se las habían interceptado los servicios de seguridad para entregárselas al Caudillo»[24].

Las aventuras amorosas de Juan Carlos de Borbón continuaron a pesar de los controles del Generalísimo. Como ya había sucedido con su abuelo Alfonso XIII, El Pardo y Estoril convergieron en la necesidad de buscarle al futuro Rey una consorte de origen noble que matara «dos pájaros de un tiro»: que por un lado asegurara la estirpe regia, y por otro calmara las «necesidades» íntimas y dejara de ir picoteando de flor en flor. Al parecer la primera elegida fue María Gabriela de Saboya, hija del Rey de Italia Humberto II, íntimos amigos de la monarquía española ya que ambas familias reales compartían exilio en Estoril. Este compromiso no cuajó. El duque de la Torre informó a la Comisión Permanente del

24. Véase: PEÑAFIEL, Jaime. *Juan Carlos y Sofía. Retrato de un matrimonio.* La Esfera de los Libros, Madrid, 2008.

Consejo Privado que: «El Príncipe no siente excesivo enamoramiento por María Gabriela y le pone reparos como posible Reina». A María Gabriela se la conoce como «la novia frustrada».

Pero a pesar del interés de la monarquía y del régimen en calmar las ansias sexuales del joven y fogoso Príncipe, las aventuras no cesaron ni tan siquiera tras su boda con Doña Sofía de Grecia. Antes de esta, era habitual encontrar al «cadete» Juan Carlos de Borbón, acompañado por un reducido y selecto grupo de compañeros de la Academia General Militar de Zaragoza, elegidos por el entonces comandante Alfonso Armada, ayudante del General Martínez Campos, arrasar en todos los locales de «marcha» de la capital maña, en busca del merecido «descanso del guerrero»[25]. Estas salidas de *sábado-sabadete,* acompañado de sus incondicionales, recuerdan las de Alfonso XII y la «banda de palacio». Después de la boda con Doña Sofía de Grecia, las infidelidades continuaron. La primera gran discusión entre los consortes regios se produjo en 1976 y precisamente a causa de las compañías femeninas que seguía frecuentando Don Juan Carlos. La afición por la caza que han profesado históricamente los Borbones y que casi siempre ha sido una excusa para realizar «escapadas» lejos de los lechos conyugales, fue el principal motivo de ese incidente entre Juan Carlos y Sofía y que provocó una separación temporal del matrimonio que pudo acarrear graves consecuencias para el futuro de la Corona. Todo sucedió durante una de esas «*pseudo*» cacerías, la primera que acudía el Rey tras la muerte de Franco. Don Juan Carlos le dijo a su mujer que acudiría a una de esas monterías que se iba a celebrar en una finca cercana a Madrid. A la hora del «taco»[26], la Reina decidió acudir a la finca en cuestión, dada la cercanía, para compartir la comida con su esposo. Cuál fue su sorpresa cuando comprobó que ese día no se celebraba ninguna cacería. Las palabras intentando ganar tiempo del propietario de la finca no evitaron que la esposa del Rey irrumpiera en el interior de la casa con la sospecha de esposa engañada y saliera, al poco tiempo, con la ira de la certeza reflejada en su rostro. Doña Sofía, herida en su orgullo de esposa y madre, abandono a su espo-

25. Véase: MARTÍNEZ INGLÉS, Amadeo. *Juan Carlos I, el último Borbón*. Styria, Barcelona, 2008.

26. Parada que se realiza a media cacería para comer algo, reponer fuerzas y compartir impresiones.

so el Rey y el país del que era reina consorte desde hacía poco tiempo, y junto a sus tres hijos voló hacia Madrás vía Londres para refugiarse en los brazos de su madre, la Reina Federica de Grecia. Al regreso al «hogar», tras la reconciliación conyugal, este viaje se justificó oficialmente por la precaria salud de su madre.[27] Los «líos de cama» del flamante Rey no habían hecho más que empezar. Si Doña Sofía quería mantener el matrimonio sabía que debía «tragar» con lo que se le avecinaba.

La existencia o no de amantes reales de Juan Carlos I ha sido un secreto a voces ocultado en cierta medida por los medios de comunicación argumentado razones de Estado. Todo el mundo cree saber pero nadie o casi nadie da nombres y lugares concretos. Muchos son las situaciones de este tipo atribuidas a Don Juan Carlos. La rumorología popular, una más fiable y otra más «chafarderil» está llena de leyendas acerca de las «escapadas» del Monarca. Nombres como los de Marta Gayá, una mallorquina entrada en años, y las mediáticas Bárbara Rey y Antonia dell´Atte, han sido las últimas conocidas «amigas íntimas» del monarca español, en esta ocasión con argumentos fundados. Las aficiones deportivas del Rey de España como el ski, la náutica y la caza es indudable que es un Monarca deportista, han contribuido a encubrir en cierta medida esos escarceos de Juan Carlos I.

Otro capítulo a sumar en el apartado de las infidelidades de Don Juan Carlos sería el de los hijos bastardos. Otra pregunta a añadir a la larga lista que planea sobre el reinado de este Borbón, relacionada con la cantidad de aventuras amorosas que inundan su vida, sería: ¿Podría ser el Rey demandado actualmente por alguna de sus amantes, reclamándole algún que otro hijo ilegítimo? La respuesta es no. Con el fin de evitar procesos judiciales —largos y costosos— para el reconocimiento de paternidades a causa de los deslices sexuales de los reyes y que pueden influir en las descendencias regias, tal y como ha venido ocurriendo con los ancestros recientes del actual Monarca, Alfonso XII y Alfonso XIII —un ejemplo de ello es el reconocimiento de Leandro Alfonso Ruiz Moragas, hoy Leandro Alfonso de Borbón— el artículo 56.3 de la Constitución de 1978 es contundente al respecto: «La per-

27. CLEMENTE, Josep Carles. *Las alcobas clandestinas*. Styria, Barcelona, 2008.

sona del rey es inviolable y no está sujeta a responsabilidad». Por lo tanto los tribunales nada pueden hacer ahora al respecto, pero sí los medios de comunicación, que dan altavoz mediático a estas cuestiones y ponen de manifiesto los «deslices» reales. Este es el caso de las pretensiones de la Condesa italiana Olghina de Robilant, que conoció al entonces joven Príncipe durante las vacaciones navideñas de 1956 en Estoril. Por aquel entonces Don Juan Carlos contaba dieciocho años y la condesa 24. Aprovechando el tirón como consecuencia de la publicación a principios de 1988 por la revista italiana *Oggi* de unas cartas de amor que se intercambiaron la condesa veneciana y el príncipe español por aquella época, y que motivaron una rocambolesca historia de intrigas periodísticas, en la que se vieron involucrados diferentes profesionales así como medios y revistas de las llamadas del corazón, entre los que se encontraba el máximo exponente de la crónica palaciega, Jaime Peñafiel, la condesa Olghina intentó sacar tajada de las misivas amorosas mostrándolas como prueba de su relación íntima con Don Juan Carlos. Estas cartas se guardan actualmente en el palacio de la Zarzuela, al parecer donadas por Peñafiel, aunque fotocopias de las mismas obran en poder de diferentes periodistas y medios de comunicación. Este «*affaire*» se remonta a mucho tiempo atrás, cuando el entonces Jefe del Estado, Francisco Franco, llamó a capítulo a don Juan Carlos y en el despacho oficial de El Pardo, le espetó: «¡Basta de aventuras!», arrojándole sobre la mesa el fajo de cartas de «amor». En 1991 publicó unas escandalosas memorias bajo el título de *Reina de Corazones* —publicadas en España por Grijalbo en 1993— en las que explicaba con todo lujo de detalles su relación con Don Juan Carlos de Borbón. El punto oscuro de esta historia es la no aclarada paternidad de Paola Robilant, nacida a finales de 1959, mientras la —«amistad» entre ambos estaba en plena ebullición. La revista italiana *Oggi*, publicaba en 1988 un amplio reportaje, foto incluida, donde se atribuía la paternidad al Rey de España. Los rumores sobre que la condesa veneciana recibiera regularmente una cantidad de dinero procedente de la Zarzuela, rumor este avalado por una fotocopia de un cheque bancario firmado por don Juan Carlos, fue justificado por el secretario de la Casa Real, Sabino Fernández Campo, como «un préstamo a una amiga que atraviesa dificultades económicas». Actualmente Paola reside en

EE.UU., es profesora universitaria y esta apartada de la familia, permaneciendo ajena a todos estos rumores.

El escueto repaso realizado sobre las actividades del Monarca español, apartadas de sus deberes de estado —exceptuando lo que al 23-F se refiere— es simplemente un esbozo de la actuación de este, hasta el momento, Rey de la dinastía de los Borbones. Sirve únicamente para comprender lo que, a nuestro entender, este libro pretende: intentar saber qué futuro le espera a la Casa Real española y en definitiva a la corona. Magníficos libros editados tanto en este país como en el extranjero, así como reportajes y artículos periodísticos, aquí citados, son los que realmente profundizan en estos temas, para unos preocupantes y para otros divertidos. Los personajes que a partir de ahora aparecerán son sobre los que está depositado el futuro real. Y, como ya hemos dicho, la figura de Letizia Ortiz Rocasolano, es, sin lugar a dudas, el más importante y en el que, tal vez se encuentre la clave de ese futuro. Por ello es importantísimo «desnudar» al personaje en profundidad.

IV

Linaje de reyes

Tantae molis erat Romana condere gentem.
(Un gran esfuerzo costó fundar la estirpe de Roma).

Virgilio, *Eneida, 1,33*

Sangre, sudor y lágrimas ha costado a los Borbones mantener, más o menos pura, su casta real a lo largo de los últimos tres siglos de historia, pero a pesar de que en más de una ocasión se han visto obligados a recurrir a todo tipo de artimañas, finalmente siempre se han salido con la suya. Como todo el mundo sabe, Juan Carlos I es el actual Jefe de la Casa Real española y, por consiguiente, el guardián de la continuidad de su estirpe de reyes, misión que ha cumplido a rajatabla llenando la piel de toro de pequeños infantes en primera y, sobre todo, en segunda generación (siempre va bien tener un Borbón en la recámara por si las moscas). Criaturas de pañales de seda y armiño predestinados por herencia genética y siempre por riguroso orden sucesorio a ceñirles, si fuese menester, la corona y ocupar algún día el trono del reino —con el permiso de la democracia, la voluntad del pueblo soberano y la siempre acechante República—. Hasta el momento, el Rey Juan Carlos I ha desempeñado su papel de patriarca dinástico casi a la perfección, cumpliendo bien los mandatos de las normas monárquicas para orgullo de sus antepasados regios. Ahora la pelota está en el tejado de su primer sucesor en la línea dinástica, que no es otro que su tercer retoño y, por supuesto varón, predestinado a recoger ese embarazoso testigo de la continuidad borbónica, el actual Príncipe de Asturias, Felipe de Borbón y Grecia. Al referirnos al heredero de este *arduo* cometido, no podemos dejar a un lado el papel protagonista que representa en esta historia su flamante y mediática esposa la ahora Princesa de Asturias, Letizia Ortiz Rocasolano, convertida por derecho propio, real y canónico en, seguramente, futura Reina de España. Mujer de firmes ideales republicanos, atea declarada —ambas doctrinas abandonadas a las puertas del altar para unirse en matrimonio real con el heredero Borbón— y, para añadirle más morbo, divorciada —este equipaje no pudo dejarlo en su viaje hasta las proximidades de Palacio—. A partir de esa unión se ha transformado de plebeya en Alteza Real de la noche a la mañana así, desde lo más alejado de la pura nobleza, ha llegado hasta la mismísima antesala de una corona real: y es que en este peculiar país todo parece un *folletín* digno de serial radiofónico.

La necesidad ancestral de las monarquías por encontrar una frente digna para encajar esa «pesada» carga de la corona a la vez que un trasero digno al que sentar en su trono ha sido a lo largo de los tiempos el caballo de batalla y máxima inquietud de las monarquías: sobre todo la Borbónica, en todas y cada una de las más de diez generaciones que llevan al pie del cañón, desde la fundación de su actual dinastía hace más de tres siglos. Hasta el momento, las mujeres de «sangre azul» han venido siendo las preferidas para engendrar «infantitos» con cabeza y trasero regios merecedores de ese noble destino. Pero cada vez es más difícil encontrar —«princesas y príncipes azules» entre la poca nobleza pura que queda por la Europa moderna, principalmente porque esas «altezas reales» escasean y las pocas que hay, pertenecientes a las monarquías occidentales, y que por consiguiente cumplen los requisitos más o menos exigidos —cada vez el listón es más bajo—, no gustan al heredero/a de turno o incluso simplemente buscan otras «salidas» más actuales y menos «carcas», revelándose a sus destinos prepactados entre familias reales, como ha venido sucediendo a través de los siglos. Lo que sus antepasados buscaban entre el populacho para llevar a cabo sus peculiares «enamoramientos» y, sobre todo, sus inconfesables fantasías sexuales, siempre al amparo del permisivo adulterio real sin reparar que finalmente esas relaciones se convirtieran un problema de estado y una fábrica de bastardos; ahora los meten en las alcobas palaciegas, no por la puerta de servicio, sino por la puerta principal del matrimonio regio, cristiano y oficial, tal y como mandan los cánones de la nobleza bien entendida: ¿Será Juan Carlos I el último monarca Borbón en tener a su lado una Reina consorte de «sangre azul»? Las circunstancias parece que así lo indican. Pero hasta la fecha la Reina que yace junto al Rey español no es, ni más ni menos que, Doña Sofía de Grecia y Dinamarca, una reina *muy profesional*, según palabras de su propio esposo. Después, en la siguiente generación, Dios y las circunstancias dirán. Pero pensando en la situación actual, sin especular aún con el futuro, deberíamos ver como se ha llegado hasta aquí. Todo empezó a finales de los cincuenta y principios de los sesenta.

Adiós de Sofía a Harald

Con el compromiso a finales del verano de 1961, entre Don Juan Carlos y Doña Sofía, que satisfaría finalmente a las familias reales de España y Grecia, así como al mismísimo Francisco Franco, Doña Sofía diría adiós para siempre a su primer y gran romance de juventud, el Príncipe Harald de Noruega, hijo del Rey Olav V y candidato preferido de Pablo I de Grecia, para ser el —«príncipe azul» que llevara hasta el altar a su primogénita. Los monarcas de Noruega y Grecia veían con buenos ojos esta relación y hacía tiempo preparaban un compromiso real. Los dos jóvenes herederos llevaban viéndose regularmente desde hacía dos años. En junio de 1960, los Príncipes Harald y Sofía fueron objeto del seguimiento continuo de la *prensa rosa* de la época, apareciendo regularmente fotografías de ambos en actitudes muy cariñosas. En vista de tal perspectiva halagüeña para los intereses de las dos Casas Reales europeas, y con el fin de llevar a buen término la unión entre los vástagos principescos, el Rey griego tramitó en el Parlamento de su país la petición de cincuenta millones de francos antiguos destinados a la dote de su hija Sofía. Pero las cosas cambiaron en aquel verano de 1960. Harald abandonó Londres sin despedirse de su «novia» y regresó a Oslo donde discutió acaloradamente con su padre, el Rey Olav V, dejándole claro que no pensaba abandonar la relación secreta que mantenía con una plebeya noruega y que se casaría por amor y no por imposición y conveniencia de Estado. Todas las expectativas depositadas en unir ambas familias reales se fueron al garete definitivamente cuando salieron a la luz pública las infidelidades, ya prematrimoniales, de Harald de Noruega, el cual ponía descaradamente los cuernos a Doña Sofía de Grecia con Sonja Haraldsen, hija de una camisera de Oslo proveedora de esas prendas a la Familia Real Noruega. La prepactada pareja se deshizo definitivamente y ocho años después, concretamente el 29 de agosto de 1968, Harald consiguió finalmente casarse con aquella plebeya, no sin el correspondiente disgusto de todas las casas reales europeas, principalmente la griega y la noruega, por supuesto, pero con el beneplácito y la inmensa alegría del pueblo llano —al «populacho» siempre le han encantado estas actitudes rebeldes de la nobleza, son como cuentos de *hadas*—. Estas desagradables circunstancias llevaron a Juan Carlos y Sofía a consolarse mutuamente en vísperas de las Olimpiadas de Roma de 1960. A bordo del barco *Polemistis*, en el que navegaban las familias reales española y griega por aguas mediterráneas, ambos Príncipes estaban desolados, cada uno por motivos diferentes pero convergentes en la cuestión sentimental: Sofía estaba dolida en lo más profundo de su corazón por la ruptura con Harald y, sobre todo, por la manera que se había producido —los *cuernos* no gustan a nadie—. Por su parte, Juan Carlos estaba compungido y profundamente preocupado por el anuncio de la llegada al mundo de una niña de nombre Paola y de padre «desconocido». Del consuelo mutuo a lo demás hay solo un paso. De regreso a casa, el heredero español envió una postal a la primogénita griega, que decía textualmente: «Querida Sofi: Pienso muchas veces en ti. ¡Qué bien lo pasamos! ¿Cuándo volveremos a vernos? Te recuerdo mucho. Besos. Abrazos. Y mucho amor. Juan Carlos». Desde esta postal a una invitación a la familia real española para una estancia en Grecia hubo solo un paso. En esta ocasión la Reina Federica tenía muy claro que no se le iba a escapar la oportunidad de *colocar* a su primogénita en un trono, aunque este trono aún estuviera lejos. Fue tanta la presión ejercida sobre la incipiente pareja por parte de las familias, sobre todo la griega, que la propia Doña Sofía, comentó mucho después: «La familia presionaba tanto que casi se estropea todo». El compromiso oficial estaba al caer.

«¡Sofi, cógelo!»

Con esta exclamación, el 12 de septiembre de 1961, en Lausana (Suiza), Don Juan Carlos de Borbón y Borbón Dos-Sicilias, lanzó un paquete al aire en dirección donde se encontraba Sofía Oldenburg y Guelph, una joven princesa casadera, griega de nacimiento para más señas e hija primogénita de Pablo I de Grecia y Federica de Hanover. El paquetito en cuestión no contenía nada: estaba vacío. «No le regalé nada... No me lo esperaba y no tenía nada preparado... me cogió por sorpresa», afirmó tiempo después Juan Carlos de Borbón. Esta fue la manera curiosa de declararse oficialmente del futuro Rey de España, a la que finalmente sería su esposa y madre de su descendencia regia. Juan Carlos de Borbón siempre ha sido proclive a todo tipo de bromas y actuaciones cómicas, en ocasiones poco protocolarias, incluso rozando lo esperpéntico. La propia Doña Sofía comentaría años después refiriéndose a esa manera peculiar en que se le declaró *Juanito:* «Era muy divertido y bromista... un gamberro...». A su vez, refiriéndose a la declaración de su futuro esposo y mirando a *Juanito*, en presencia de varios testigos, comentó: —«¿Recuerdas que en Suiza, en casa de tu abuela, después de comer, entraste tú, me pusiste la pulsera y me dijiste: «Nos casamos, ¿eh?». Nunca me dijo... "¿quieres casarte conmigo?"». A los pocos días, el futuro Monarca español pidió la mano de Sofía a su padre, el Rey Pablo I de Grecia, que por supuesto le fue concedida de mil amores. La reina Federica lo llevaba tramando desde hacía tiempo: era su candidato preferido.

Hasta llegar a esta petición de mano real, las relaciones entre ambos habían estado rodeadas de especulaciones y rumores que aseguraban un, por aquel entonces, todavía inexistente noviazgo entre ambos Príncipes. Rumores que se remontaban a dos años atrás, concretamente desde la boda de Isabel de Wüttemberg en 1959, donde los mentideros de la época aseguran que surgió el flechazo real. También se insinuó que Cupido había mediado entre ambos durante las Olimpiadas de Roma de 1960: ambas especulaciones son completamente falsas ya que, aunque sí es verdad que ambos coincidieron en dichos acontecimientos, Don Juan Carlos de Borbón acudió en las dos ocasiones del brazo de otra compañía femenina, la que por aquel entonces era su —«novia» más o menos oficial, María Gabriela de Saboya, aunque lo cierto es que no lo hicieron como pareja sino como amigos íntimos, pero a nadie se le escapaba la estrecha relación de futuro que existía entre ambas Altezas Reales.

El primer encuentro, podríamos considerar que definitivo para el futuro enlace entre Juan Carlos y Sofía, tuvo lugar el 8 de junio de 1961 en la Abadía de Yorkminster, con motivo de otra unión regia, la de los duques de Kent, Edward George Nicholas Patrick, hijo del Príncipe George, cuarto vástago del Rey Jorge V, y de la Princesa Marina de Grecia y Dinamarca, hija, a su vez, del Príncipe Nicolás de Grecia. La novia era Katherine Worsley, una joven perteneciente a la alta burguesía británica pero no de «sangre azul»; su padre era el coronel sir William Worsley y su madre Joyce Morgan. Ambas Altezas Reales, el Príncipe español y la Princesa griega, fueron emparejados para entrar del brazo en la Catedral londinense por obra y gracia de la madre de Doña Sofía, la Reina Federica de Grecia. Los invitados al enlace real, que no residían en Londres, se hospedaron durante los días anteriores al evento en el Hotel Claridge. Allí también pernoctaron los herederos de las respectivas Casas Reales de España y Grecia. Conocida es de sobra la afición que tenía la Reina Federica a meterse a casamentera de la nobleza europea. Ya en 1954 organizó un crucero en el que reunió a la flor y nata de la juventud casadera, perteneciente a las mejores familias reales europeas. A ese «paseo» por aguas mediterráneas también asistió el entonces príncipe Juan Carlos de Borbón, pero aquel primer intento de aproximación montado al más puro estilo «celestinesco» por Federica de Grecia no obtuvo los resultados esperados: «en aquella época yo no me fijé en ella», comentaría muchos años después Juan Carlos. Pero volviendo al momento en el que el emparejamiento si fructificó, nos referimos al mencionado enlace de los duques de Kent, desde el primer día de estancia en la capital londinense, Juan Carlos y Sofía no se separaron ni un momento. Acudieron al cine acompañados por el hermano de la joven Princesa, Constantino de Grecia. La película elegida fue *Éxodo*, dirigida por Otto Preminger —curiosa elección para dos familias que han conocido el exilio—. También asistieron a la recepción que la familia de los novios, Edward y Katherine, organizaron en la propiedad familiar de Hovingham Hall, y a la fiesta celebrada en el Hotel Savoy, a modo de despedida de solteros. Finalmente estuvieron juntos en el baile nupcial posterior al enlace. Fue un fin de semana de lo más intenso para los planes de futuro de la

Reina Federica. Según pone en boca de Doña Sofía de Grecia Fernando Rayón en su libro *La boda de Juan Carlos y Sofía* (La Esfera de los Libros), «esta vez el protocolo hizo bien las cosas, pues me asignó a Juan Carlos, como caballero acompañante». Para no dejar ningún cabo suelto, la Reina Federica de Grecia, siguiendo en su afán de madre y *celestina*, poco después del encuentro de Londres, invitó a los Condes de Barcelona, Juan de Borbón y Battenberg y Doña María de las Mercedes de Borbón y Orleáns, a *Mon Repos,* el palacio que la Familia Real griega posee en la isla Corfú en el mar Jónico, y que utiliza como residencia veraniega. Despues de unos breves días de estancia, los Condes de Barcelona abandonaron el archipiélago griego y regresaron a Suiza, pero su hijo Juan Carlos prolongó sus vacaciones durante quince días del mes de agosto: allí decidieron que unirían sus vidas para siempre.

Tres bodas en una

Las bodas, lo decimos en plural porque en verdad fueron tres bodas seguidas en pocas horas, entre los herederos de las respectivas monarquías española y griega, se celebraron el 14 de mayo de 1962 en Atenas. Ambos tenían 24 años. A las nueve y cuarto de la mañana de aquel día de primavera dos mil invitados a *las ceremonias*, entre los que se encontraban nada más y nada menos que ciento treinta y siete personajes entre reyes y reinas, príncipes y princesas, esperaban la entrada de la pareja de Altezas en la Catedral de San Dionisio de la capital helena. Cuarenta Casas Reales, reinantes y no reinantes, se encontraban representadas en aquella pomposa boda, toda una reunión de la más alta nobleza europea organizada bajo la batuta de la Reina Federica de Grecia que no reparó en gastos para la ocasión. En las calles de Atenas más de medio millón de personas aguardaban el paso del cortejo real. El primero en hacer entrada en la Catedral fue el embajador extraordinario español, el Almirante Felipe José Abárzuza y Oliva, que representaba al entonces Jefe del Estado español, Francisco Franco, que declinó la asistencia —a nadie se le escapa el miedo que Franco tenía a los aviones, ¿quizá por qué esos aparatos le recordaban a Sanjurjo y a su hermano Ramón?—. Al hacer entrada en la Catedral el representante del Caudillo sonó la marcha real, himno oficial de la España monárquica. Lo mismo sucedió dos horas más tarde, en esta ocasión en la Basílica de Santa María, para celebrar allí la ceremonia ortodoxa, cuando igualmente hizo su entrada el enviado franquista. A las diez menos diez de aquel día, una carroza, por cierto reciclada de la frustrada coronación de Enrique V, Conde de Chambord, y fabricada en 1875 para tal ocasión, sirvió para trasladar a la futura Reina de España junto a su padre el Rey Pablo I hasta la Catedral de San Dionisio. Junto a ellos cabalgaba el hermano de la novia, el Príncipe y futuro Rey destronado, Constantino de Grecia, vestido con uniforme de gala y montando un precioso semental de color pardo. Veintiséis granaderos de la guardia real griega rodeaban el transporte regio a modo de escolta. Al llegar a las puertas de la Catedral católica la banda de música del crucero español *Canarias* interpretó nuevamente el himno español para a continuación hacerlo con el griego. La misa se celebró en francés, latín y español. Cuando pasaban doce minutos de las doce del medio día, Doña Sofía, pronunció el «sí» litúrgico en griego (*ne thélo*), ante la pregunta, también en griego, del Arzobispo Benedicto Printesi, a quien asistió en la ceremonia Monseñor Brindisi, Arzobispo de Greence. Solo un error de protocolo, como sucedería años después —ya hemos comentado que la historia se repite—, concretamente en la boda de su hija primogénita Elena con Jaime de Marichalar, la princesa griega olvidó, antes del «sí quiero», pedir el pertinente permiso a su padre el Rey, tal como marcan los cánones de la nobleza. Todo un fallo que provocó el llanto desconsolado de la novia y el consuelo, vía pañuelo, del novio. Juan Carlos, que estaba en todo, no olvidó ese requisito y, en español, se lo solicitó a su padre, el Conde de Barcelona —el de Franco lo tenía de antemano—. Cuarenta y cinco minutos duró la primera ceremonia. Tras ella pasaron novios, padrinos y testigos a la sacristía de la propia Catedral donde firmaron las actas canónigas y los papeles civiles (segunda boda). De allí, traslado de todo el cortejo, invitados incluidos, a la Basílica de Santa María, donde tuvo lugar la ceremonia ortodoxa (tercera boda) oficiada en esta ocasión por el Arzobispo griego Crisóstomo. Finalmente, un «sencillito» menú consistente en un coctel de bogavante, suprema de ave a la manera del *cheff*, legumbres, patés, ensaladas, helado de moka y frutas varias, sin olvidar el correspondiente pastel nupcial, todo ello regado con vinos españoles y griegos y *champagnes* franceses. El ágape sirvió para reponer fuerzas después de la ajetreada jornada nupcial. El brindis por los recién casados entre Don Juan de Borbón y el Rey Pablo I de Grecia sirvió para dar por concluido este acontecimiento para la historia, sobre todo la de España.

Luego siguió el correspondiente viaje de novios. En un coche deportivo rojo, debidamente guarnido de latas y una naranja insertada en la antena del automóvil, conducido personalmente por el Príncipe de España, trasladó a los recién casados hasta el puerto de Torcolimanos, a unos treinta kilómetros de Atenas, donde les esperaba el *Eros,* un yate de lujo fletado por el armador griego Stavros Niarchos, para que la feliz pareja iniciara la primera etapa de su luna de miel. Después la imprescindible vuelta al mundo. De regreso a Madrid los príncipes se instalaron en el Palacio de la Zarzuela, para comenzar la vida nueva familiar y preparar el futuro en común: la dinastía no podía esperar.

Vamos por faena

Una vez instalados en la capital del reino, Don Juan Carlos volvió a las órdenes del *generalísimo* para proseguir su formación al servicio del Régimen. Por aquel entonces, Franco lo tenía atado corto y la prueba de ello es que hasta la muerte del caudillo, el futuro Monarca español no hizo ningún desmadre destacable, comportándose en todo momento como un buen esposo y fiel *delfín,* tal y como se esperaba de él. Mientras, Doña Sofía empezaba a tomar las riendas de Palacio, su madre Federica le había aleccionado bien, ejercía a la perfección la función de esposa de Rey y futura madre de *altezitas*. Esta forma de actuar, desde un principio, de la reina provocaría el comentario de «una reina muy profesional» en boca del propio Monarca.

Enseguida, la pareja de Altezas Reales fueron por *faena* y producto de ello, el 20 de diciembre de 1963, nació su primer hijo, en este caso hija —empezaba mal la descendencia... ¿por qué se le ocurriría al primer Borbón de esta dinastía, Felipe V, instaurar la Ley Sálica?—, Elena María Isabel Dominica de Silos de Borbón y Grecia, Doña Elena para los amigos. La infanta fue bautizada en la capilla privada del Palacio de la Zarzuela siete días después de su nacimiento, por el nuncio de Su Santidad el Papa, Monseñor Ribery, siendo apadrinada por su abuela paterna, Doña María de la Mercedes, condesa de Barcelona y por Alfonso de Orleáns y Borbón, nieto de Isabel II. La llegada al mundo de la primogénita de los entonces Príncipes de España tuvo una alegría añadida, posterior al primer «susto» por el sexo de la neófita: treinta y tres años después de su forzado exilio, los condes de Barcelona pudieron pisar la capital del reino, aunque fuera por unas horas y con la excusa de tener entre sus brazos a su primera nieta. Don Juan diría posteriormente: «... he dado gracias a Dios porque, en medio de tan largas horas de dolorosa ausencia, se haya servido conservarme el ánimo para que ni mi familia ni yo olvidemos las responsabilidades históricas de nuestras vidas...». Doña Elena de Borbón y Grecia ocupa en la actualidad el cuarto lugar en la línea de sucesión de la Corona española, tras su hermano, el Príncipe Felipe y sus sobrinas, las infantas Leonor y Sofía, por este orden, hijas del Príncipe de Asturias y Letizia Ortiz Rocasolano.

Pero la pareja, después del primer fracaso en engendrar un heredero válido para su Ley Sálica, no desfallecía y siguieron poniendo toda la carne en el asador para traer al mundo ese anhelado hijo varón a quien endosar el cetro real cuando correspondiera. Año y medio más tarde nacería el segundo de sus hijos. En esta ocasión tampoco hubo suerte con la elección del sexo: otra niña. La bautizaron con el nombre de Cristina Federica Victoria Antonia de la Santísima Trinidad de Borbón y Grecia —otro *nombrecito* para poner en un compromiso a los que inventaron las casillas para rellenar con su nombre cualquier impreso—. También la capilla del Palacio de la Zarzuela acogió el bautizo de la segunda hija de Juan Carlos y Sofía. La pila bautismal fue la misma que la de sus hermanos, que había sido traída para tales ocasiones desde el convento de Santo Domingo de Guzmán, una pila medieval recubierta de metales preciosos y en la que fue bautizado el mismísimo santo dominico. En esta ocasión la ceremonia corrió a cargo del Arzobispo de Madrid, monseñor Morcillo, y los padrinos fueron María Cristina de Borbón, condesa de Maroe, tía de Don Juan Carlos, y Alfonso de Borbón Dampierre, primo del mismo. En esta ocasión, ni Don Juan ni la Reina Victoria Eugenia acudieron a la ceremonia, aunque sí lo hizo la abuela paterna María de las Mercedes de Borbón, para conocer a su segunda nieta. La infanta Cristina ocupa hoy por hoy un lugar más lejano que su hermana Elena, en lo que a la mencionada línea sucesoria se refiere, concretamente el séptimo, detrás de su hermano el Príncipe Felipe, las infantas Leonor y Sofía de Borbón Ortiz, su hermana la Infanta Elena, y los hijos de ésta Felipe Juan Froilán y Victoria, fruto del matrimonio de la primogénita con Jaime de Marichalar y Sáenz de Tejada.

Dicen que no hay dos sin tres y también que a la tercera va la vencida. Pues eso: diana, y la misma clínica privada en la que llegaron al mundo sus hermanas, Elena y Cristina —la Clínica Loreto de Madrid, el 30 de enero de 1968— nacería el tercer vástago regio de Don Juan Carlos y Doña Sofía, que esta ocasión por fin sí fue varón. Al recién nacido se le bautizó con los nombres de Felipe Juan Pablo Alfonso de Todos los Santos —para ahorrar en nombres— de Borbón y Grecia, en la misma capilla de la Zarzuela y en la misma pila bautismal y con el mismo oficiante que su hermana Cristina, monseñor Casimiro Morcillo. Otro dato para la historia: la Reina Victoria Eugenia, viuda del último Rey coronado de España, Alfonso XIII, pisó tierra española después de treinta y siete años desde que fueron expulsados por la Segunda República con la excusa de ejercer de madrina del nuevo heredero Borbón. Era suficiente motivo. Su hijo y entonces Jefe de la Casa Real, Don Juan, conde de Barcelona fue el padrino del neófito regio. Por fin Don Juan Carlos de Borbón y Borbón Dos-Sicilias había cumplido con las expectativas que de él esperaban sus antepasados y entregaba a la historia un continuador legítimo de los Borbones, con la ayuda inestimable y necesaria de Doña Sofía, claro está. El futuro Jefe de la Casa Real española y también futuro Rey podía dormir algo más tranquilo, aunque esa tranquilidad sería momentánea. En aquel feliz momento, ¿quién le iba a decir a Don Juan Carlos que después vendría lo que vendría y que se vería obligado también a ocuparse de las descendencias de sus descendientes? Pero eso sería años más tarde. De momento, y mientras durara la infancia y la adolescencia de los infantes, solo debía preocuparse de su formación —sobre todo la de su sucesor, el Príncipe Felipe, al más puro estilo Borbón—, además de dedicar sus esfuerzos en llegar a sentarse algún día en el trono de España, día que solo alcanzaría una vez muerto el caudillo, enterrado el franquismo y la necesaria abdicación de su padre, el Rey sin corona Juan III. Una vez llegado ese momento, todo estaría listo para formar su propia monarquía al más puro estilo *juancarlista,* aunque para que todo ello fuera realidad aún faltaban ocho largos años.

Todo atado, pero... ¿mal atado?

Conseguidas todas las expectativas que esperaba Don Juan Carlos de su futuro soñado y, una vez encarrilado el *juancarlismo*, llegaría la hora de pensar, como siempre, de la continuidad de la dinastía, en esta ocasión en su segunda generación. Había que buscar consortes adecuados para cada uno de sus hijos que le proporcionaran esa tranquilidad sucesoria, más allá del Príncipe de Asturias, Don Felipe de Borbón y Grecia. Como si de una estratégica partida de ajedrez se tratara, el Rey y la Reina empezaron a montar sus piezas sobre las casillas negras del tablero español. De momento contaban con tres de las más importantes figuras del juego, necesarias para iniciar esa partida en la que estaba en juego el futuro de la corona, pero faltaban como mínimo once más. Había que buscarlas sin prisas pero sin pausas, de una manera inteligente y que contentara, dentro de un orden, a todos los espectadores del juego regio. El «estratega» Juan Carlos y la —«profesional» Sofía se pusieron de nuevo manos a la obra, en esta ocasión de manera diferente, pensando más en los futuros lechos de sus hijos que en el suyo propio: el futuro de la Monarquía Borbónica no es una broma. Lo primero era buscar la pareja adecuada a cada circunstancia. Una cosa tenían clara los progenitores reales; debían ser autóctonos a ser posible —las monarquías europeas están muy trilladas y lo que hay para escoger no es de fiar— hay que intentar purificar la sangre lo más posible con «genero» propio.

Por riguroso orden de aparición, empezaron a llegar los matrimonios. Primero la primogénita, claro está. Para la infanta Doña Elena se eligió finalmente a Jaime de Marichalar y Sáenz de Tejada, un navarro de treinta y dos años (Pamplona, 7 de abril de 1963), perteneciente a la aristocracia castellana y vasca y con estrechas vinculaciones de antiguo con la monarquía Borbónica, por algo su abuelo paterno, Luis de Marichalar y Monreal, vizconde de Eza, fue ministro del Ejercito y Marina durante el reinado de Alfonso XIII, senador vitalicio y alcalde de Madrid. Eso pesaba. Don Jaime es noble por los cuatro costados. Es el cuarto hijo del octavo conde de Ripalda, Amalio de Marichalar y Bruguera, comandante de Artillería para más señas. Su madre, Concepción Sáenz de Tejada y Fernández de Bobadilla, es a su vez la condesa viuda de Ripalda, perteneciente al Solar de Tejada, situado en la Sierra de los Cameros (La Rioja), corporación nobiliaria más antigua del Reino de España, del que todos sus hermanos, su madre y sus hijos son por derecho propio Hijosdalgos Diviseros; también pertenece a la rama isabelina de la Casa de Marichalar. Don Jaime era todo un hallazgo entre la nobleza local y además soltero. Con esta jugada se conseguían dos cosas de entrada: al casar a la primogénita Borbón con la aristocracia vasco-castellana contentaba a estas dos comunidades, los gallegos lo estarían con la ostentación de la pareja del título de duques de Lugo y al celebrar la boda en Sevilla, Andalucía lo estaría de propina. Cuatro comunidades españolas satisfechas con el reparto de gracias reales. Doña Elena ya tenía marido adjudicado y la partida ajedrecística de los Reyes tenía una nueva pieza en el tablero, aunque luego le saliese rana.

Efectivamente, la primera boda real de un descendiente directo de los Reyes, Don Juan Carlos y Doña Sofía, se celebró el 18 de marzo de 1995 en la Catedral de la capital Hispalense y dio motivo a otra de esas reuniones de la realeza mundial con su lujo, *glamour* y pomposidad, que tanto gusta al pueblo llano —ya que pagamos monarquía, luzcámosla—. Treinta y ocho casas reales y más de 1300 invitados estuvieron presentes en el evento. Con el matrimonio los recién casados estrenaron, además de muchas cosas materiales, como se presupone, el antes mencionado título de Duques de Lugo. El enlace dio sus frutos y el 17 de julio de 1998 la Casa del Rey anunció el nacimiento del primer hijo de la pareja y primer nieto de Don Juan Carlos y Doña Sofía, Felipe Juan Froilán de Todos los Santos, Grande de España por la gracia de la Monarquía. El 9 de septiembre de 2000, la primogénita y el noble, trajeron al mundo a su segundo vástago, en este caso una niña de nombre, Victoria Federica. Dos nuevos peones para el juego monárquico.

En martes y trece, concretamente el del mes de noviembre de 2007, la Casa Real anunció el «cese temporal de su convivencia matrimonial» —bonito eufemismo para decir que Doña Elena puso de patitas en la calle al Marichalar—. Era el primer paso para el primer divorcio real de la dinastía Borbónica: este llegó, oficialmente, dos años después, concretamente el 25 de noviembre de 2009, cuando los abogados de la pareja anunciaron que ambos habían firmado los papeles para un divorcio de «mutuo acuerdo». El 15 de diciembre de 2009, ante el Juzgado de Familia número 22 de Madrid, los duques de Lugo se ratificaron: el divorcio real se había consumado. El expediente del mismo se guarda en una Caja de Seguridad de grado IV de ese Juzgado, para que no haya filtraciones sobre su contenido: innecesario a todas luces, ya que todo el mundo sabe los principales motivos: los presuntos excesos con la cocaína —lo que pudo provocarle la isquemia cerebral que sufrió en el 2001—, los insistentes rumores sobre la homosexualidad del marido y las continuas salidas de tono del duque debido a su *supuesta inmadurez*, fueron las causas del divorcio. A la cuarta en la línea sucesoria de la corona española no le queda otra que obtener la nulidad matrimonial a través del Tribunal de la Rota, si quiere rehacer su vida por la vía legal católica, pero, en la actualidad, con la llegada de otra divorciada a la Casa Real, parece que esto no debe ser tan importante.

Luego le tocó a la infanta Cristina, segunda hija de los reyes españoles. Con ella las cosas fueron más fáciles y menos conflictivas *a priori*. Doña Cristina, tal vez la más «normal», sencilla, inteligente y preparada intelectualmente de todos, además de gran deportista —especialmente la vela es su máxima afición», se había enamorado de Iñaki Urdangarin, un jugador de balonmano del Barça y de la selección española. Precisamente esa actividad llevó a que la Infanta y el deportista se conocieran e intimaran, con motivo de la Olimpiada de Atlanta de 1996 y llegara el amor que les llevaría al altar. Iñaki Urdangarin Liebaert, *Txiki* para los amigos, nació el 15 de enero de 1968 en Zumárraga (Guipúzcoa) y es el sexto de siete hermanos de una acomodada familia vasca. Su padre es Juan María Urdangarin Berriochoa, un militante histórico del Partido Nacionalista Vasco (PNV), que a su vez fue presidente de la Caja de Ahorros de Vitoria y Álava; y la madre es Claire Liabaert Courtain, de origen belga. También podríamos añadir que está emparentado con San Valentín de Berriochoa, patrón de Vizcaya. Alto, rubio y zurdo para más señas —dicho sin acritud—, este joven deportista satisfizo desde el primer momento a los Reyes de España, principalmente a Doña Sofía. Vasco de familia nacionalista, catalán de adopción por residencia y *culerismo*, católico con antepasado Santo y todo, además de tener un futuro prometedor fuera de las canchas de juego —es licenciado en ESADE y Ciencias Empresariales—, era el candidato ideal para ser la sexta figura del ajedrez. Con esta decisión se afianzaba el —«guiño» a Euskadi, y se incluía en el reparto de gracias a Catalunya y una guinda para la

Comunidad Balear —«les daremos el título de duques de Palma», debieron pensar: todo un acierto y de paso otra comunidad autónoma en el saco—. Siempre se ha tenido a la Infanta Cristina por la más *catalana* de la Familia Real y esta unión con un «ídolo» *culé* apuntalaba esta jugada. Barcelona será la elegida para celebrar la unión matrimonial regia y, por qué no, la Abadía de Montserrat, santuario del catalanismo el escenario preferido para el evento real, pero iba a ser que no. Al Abad parece que no le hizo mucha gracia la idea. A falta de Santuario buena es una Basílica y finalmente, el 4 de octubre de 1997, la Catedral Gótica de la Ciudad Condal acogía esta unión. Otra vez cuarenta casas reales, mil quinientos invitados, paseo callejero del cortejo y banquete nupcial en el Palacio Real de Pedralbes, nada nuevo en estos *sencillos* acontecimientos para la historia, fueron los imprescindibles ingredientes de esta segunda boda de uno de los descendientes de Don Juan Carlos y Doña Sofía, que aportó cuatro nuevos vástagos a la dinastía Borbón, todos catalanes de nacimiento. Juan Valentín de Todos los Santos (29 de septiembre de 1999); Pablo Nicolás de Todos los Santos, el primer Borbón del siglo XXI (6 de diciembre de 2000); Miguel de Todos los Santos (30 de abril de 2002); y, finalmente, hasta el momento, Irene de Todos los Santos (5 de junio de 2005). Todos ellos, al igual que sus primos, Marichalar-Borbón, son por nacimiento Grandes de España y ocupan los lugares del octavo al undécimo en la línea sucesoria. Con estas nuevas incorporaciones reales, el tablero monárquico ya tenía doce figuras.

Pero no todo ha sido un camino de rosas en este nuevo enlace dentro de la Familia Real española. Las relaciones entre el rey Juan Carlos I se fueron degradando poco a poco. Primero con las infructuosas gestiones de éste para que el marido de la Infanta Cristina llegara a ocupar la presidencia del COI (Comité Olímpico Internacional), dejada vacante por Juan Antonio Samaranch y, al parecer, por la oposición de este último —Iñaki Urdangarín fue el único miembro de la Familia Real española que no acudió al entierro del presidente de honor del COI—, este pudo ser el origen del distanciamiento entre suegro y yerno. Por otro, las presuntas implicaciones en los casos Palma Arena y Gürtel así como otros casos turbios de cariz empresarial del duque de Palma pudo empeorar las relaciones familiares. Los rumores surgidos últimamente sobre un posible divorcio de los duques de Palma, acrecentados por la no presencia de Iñaki Urdangarín en el Hospital Clínico de Barcelona tras la delicada operación quirúrgica a la que fue sometido el Monarca, no han hecho más que multiplicar la preocupación del entorno monárquico: no se puede permitir otro divorcio de Estado... quizá es mejor llevarlo puesto. Lo cierto es que desde el 18 agosto de 2009 el matrimonio Urdangarín-Borbón junto a sus cuatro hijos residen en Washington donde el duque de Palma desempeña el cargo de presidente de la Comisión de Asuntos Públicos de Telefónica en Latinoamérica y Estados Unidos. Desde el Nuevo Mundo la sombra de la justicia parece más lejana.

Y llegó el momento de buscar pareja al heredero dinástico, el tercero en llegar al mundo, pero el primero en importancia sucesoria. Ardua tarea para los Reyes que buscaban el resto de piezas para su particular partida de Ajedrez. Este acontecimiento, la elección de la que será futura Reina consorte no ha sido nada fácil. Este «honor» recayó finalmente en la ex periodista televisiva y plebeya de nacimiento, Letizia Ortiz Rocasolano, como ya hemos dicho anteriormente. El análisis y las consecuencias que esta elección final suponen para este país merecen los capítulos siguientes de este libro.

V

Se busca princesa para futuro Rey: Razón, La Zarzuela

«Cuando me case lo haré por amor, con una mujer que me guste y de la que me haya enamorado. No me siento obligado a buscar esposa entre las damas de la nobleza europea porque el amor viene de pronto y cuando viene ya no tiene remedio»

Felipe de Borbón y Grecia,
Príncipe de Asturias

Lo primero que le debió venir a la cabeza a don Juan Carlos de Borbón cuando tuvo por primera vez en sus brazos a su futuro sucesor fue aquel antiguo dicho de «honra merece quien a los suyos parece», o por lo menos ese era su deseo por el bien de la Corona. Aquel hombre, *lleno de orgullo y satisfacción* «frase que en el futuro acuñaría y utilizaría con cierta asiduidad—, estaba complacido con «el producto» que había aportado a los Borbones para asegurar la continuidad de estos en la moderna historia de España. La sensación de inmensa felicidad que sentía en aquel momento, la trasmitió de inmediato a su entonces «jefe», Francisco Franco, a través del teléfono con esta breve conversación, con el fin de comunicar al *caudillo* la buena nueva.

—A sus ordenes mi general. Buenas noticias.

—¿Ha sido machote? —respondió rápidamente Franco.

—Sí mucho, mi general. ¡Igual que su padre! —afirmó con orgullo de progenitor y del deber bien cumplido.

La corona ya tenía heredero más allá de Juan Carlos I y ahora solo quedaba criarlo en un ambiente propicio para los futuros intereses monárquicos de los Borbones. Aquel neófito estaba predestinado a convertirse en Felipe VI y, por supuesto, en el *engendrador* principal de otra generación de Borbones para el trono de España.

Preparando un futuro rey para el trono de España

Ya desde su llegada a este valle de lágrimas el destino de Don Felipe Juan Pablo Alfonso de Todos los Santos de Borbón y Grecia estuvo dirigido a un solo objetivo, el de prepararlo de la manera más eficaz posible para, cuando llegara su hora, convertirse en el principal inquilino del Palacio de la Zarzuela. Al igual que su padre, el Rey Juan Carlos I, esta formación estaba basada en dos aspectos principales: la académica y, por supuesto, la militar —como ya sabemos, el «oficio» de Rey conlleva el cargo añadido de máximo responsable de las Fuerzas Armadas). Solo una «pequeña» diferencia con la que en su día había recibido su padre: la dureza de la misma. Cuando el Príncipe de Asturias inició esta preparación académico-castrense en 1983, y que se prolongó hasta 1993, la democracia en este país ya estaba consolidada y los tiempos habían cambiado ostensiblemente. Felipe era un joven de la época, despreocupado, mal estudiante y con más ganas de diversión que de «poner los codos» y mucho menos de pasarse el día pendiente de su futuro predestinado por herencia genética. El militar José Antonio Alcina del Cubillo[28], que fue la sombra del Príncipe Felipe durante esa década, marcando profundamente la adolescencia y la primera juventud del heredero al trono, afirmó refiriéndose a la actitud frente a los estudios de Don Felipe: «... ha mejorado en impuntualidad y en su pasotismo, propios de aquella

28. José Antonio Alcina del Cubillo, nacido en Cádiz en 1936, pertenece al Cuerpo de Infantería de Marina, al que ingresó previa oposición y alcanzó la graduación de teniente. Estuvo durante cinco años en la Escuela Naval Militar desde donde fue destinado al Grupo Especial Militar en San Fernando. En 1978 fue nombrado Ayudante de Campo de S.M. el Rey, tarea que desempeñó durante seis años. En 1984 Don Juan Carlos le confió la tarea de preceptor de su hijo, Don Felipe de Borbón, en lo que a su educación y formación se refiere. En 1989 fue nombrado Ayudante-Secretario del Príncipe Felipe. Cuando cesó de este cargo pasó a desempeñar el cargo de 2º Jefe del Cuarto Militar del Rey y en 1996, tras dieciocho años de servicio a la Corona, pasó a la situación de reserva.

edad»[29]. Aquel talante negativo del Príncipe de Asturias, en lo que a los estudios se refiere, y las continuas «malas notas» que acostumbraba llevar a «palacio», cuestión que preocupaba tanto a profesores como a los que estaban al frente de su formación como heredero a la Corona, llevó a que sus tutores aconsejaran a la Familia Real que el «chico» continuara sus estudios lejos de Madrid y, con el pretexto de que estaba a punto de iniciar un nuevo ciclo (C.O.U), sería de lo más conveniente trasladarle a un colegio extranjero. El centro educativo elegido fue el Lakefield College School, en Canadá. Con esta decisión se consiguieron dos objetivos: el primero apartar al joven Príncipe del ambiente juvenil de la capital del reino y por otro lado mantenerlo alejado de la presión mediática de los medios de comunicación españoles ansiosos de carne fresca para su papel *cauché* empeñados, desde nada más iniciada la pubertad del heredero Borbón, en adjudicarle «amiguitas» de adolescencia candidatas a futura consorte. Esta decisión paterno-institucional, dio sus frutos y durante ese periodo, Don Felipe, mejoró ostensiblemente. Ganó en autosuficiencia y confianza en si mismo al tener que enfrentarse solo a situaciones cotidianas lejos del protector ambiente que rodea a la Familia Real. También mejoró en el interés por los estudios, mejoró en sus calificaciones académicas y consolidó ostensiblemente sus conocimientos de inglés, idioma que habla habitualmente con su madre la Reina Sofía.

Al regresar a España, Don Felipe de Borbón y Grecia, había madurado y estaba ya preparado para acceder a la Universidad, cuestión esta que lo hizo estudiando Económicas y Derecho en la Universidad Autónoma de Madrid, para posteriormente trasladarse de nuevo al extranjero, en esta ocasión a Washington, en concreto a la Universidad de Georgetown, donde realizó un máster en Relaciones Internacionales. De regreso de nuevo a «su casa», ya estaba relativamente preparado a nivel académico, pero faltaba la imprescindible formación castrense, la cual inició acto seguido en las tres Academias Militares de Tierra, Mar y Aire. Curiosamente el orden en los estudios fue al revés que su padre —este primero se formó militarmente y luego fue a la universidad:

29. ALCINA, José Antonio: *Felipe VI,* La Esfera de los Libros, Madrid, 2004.

Francisco Franco le daba mayor importancia, claro está, a la primera que a la segunda—. Tras conseguir los galones iniciales de las tres Armas —de los ascensos no había que preocuparse—, el futuro Felipe VI estaba listo para afrontar la «triste» vida de heredero a un trono regio, aunque, según parece, el Príncipe de Asturias nunca ha sido partidario de esta «costumbre» monárquica. Según señala el periodista José García Abad: «el príncipe Felipe ha creado una imagen un tanto frívola con un punto de prepotencia». A pesar que la formación del, más que posible, futuro Rey de España tras Juan Carlos I, había sido consensuada por todas la fuerzas sociales y políticas del país, además de la monarquía Borbónica, la sociedad española no consideraba al heredero de los Borbones como una garantía para el futuro de España[30], en palabras del mencionado periodista Gómez Abad, «el Príncipe Felipe no pareció comulgar con la tradición monárquica, ni en la elección de sus novias ni de sus amigos, entre los que predominarían los «ociosos hijos de papá», hecho que pudo estar influido por la misma Constitución, pues la «ley suprema» no le atribuye función alguna»[31]. Cierto es que la juventud de Felipe de Borbón y Grecia ha estado rodeada de esos «hijos de papá», herederos de grandes fortunas empresariales y jóvenes adinerados que se arriman al poder que representa la Corona y que, en muchos casos, han influido negativamente en el Príncipe Felipe. Según ahonda García Abad en su citado libro, muchos de estos jóvenes «generarían un subcorte de gente, que utiliza su relevancia para prosperar en los negocios a costa de la imagen de la Corona, planteando incertidumbres institucionales poco deseables»[32]. Esas «amistades peligrosas» del heredero español son algo diferentes, en el fondo pero no en la forma, a las que ha frecuentado su progenitor el Rey Juan Carlos I, en el transcurso de todos estos años. El Príncipe ha escogido a sus amigos por motivos diferentes —Don Felipe no ha sufrido los «agobios» económicos de algunos de sus ancestros y que provocaron la anteriormente explicada necesidad de su padre en

30. Clemente, Josep Carles: *El Pecado Original de la Familia Real Española,* Styria, 2007, págs. 364-365.

31. García Abad, José: *La Soledad del Rey,* La Esfera de los Libros, 2004.

32. Ídem.

buscar ese tipo de amistades—, en él ha primado la diversión a los negocios, aunque alguno de esos amigos o, tal vez de los padres de estos, sí han buscado con ese aproximamiento a Palacio otros fines nada recomendables para un heredero monárquico. La periodista Marta Alfajeme explica que «durante años —¿décadas tal vez?—, Felipe ha sido un heredero de papel couché. Un príncipe abonado a los devaneos sentimentales y a las regatas. Donjuanesco y esponsorizado. Mucha escapada a esquiar y poco acto institucional. Mucha camarilla de la jet y escasas renuncias por razón de Estado. Porque la monarquía viene aburguesándose a golpe de amistades peligrosas y matrimonios inadecuados»[33].

Pero lo realmente que interesa a muchos es quien sería la mujer ideal capaz de encarrilar la vida del «soltero de oro» de la monarquía europea junto a Alberto de Mónaco. Finalmente Felipe de Borbón encontró a su «princesa», en la persona de Letizia Ortiz Rocasolano, cuando este entraba ya en la segunda parte de la treintena. El Príncipe Alberto de Mónaco está a punto de abandonar su «soltería» siete años más tarde que el Príncipe español y con un hijo secreto reconocido posteriormente en su haber dejando atrás su nunca aclarada homosexualidad[34]. El camino *sentimental* del de Asturias ha sido largo y rodeado de rumores frívolos, aunque los auténticamente preocupantes para el futuro de la Corona llegarían tras su boda con la ex periodista asturiana. Pero antes deberíamos repasar ese largo camino sentimental en busca de la esposa adecuada.

Buscando princesa por sufragio popular

A pesar de los muchos rumores malintencionados y chistes facilones que han rodeado las tendencias sexuales de don Felipe de Borbón, lo cierto es que con el paso de los años y la actitud del heredero en

33. ALFAJEME, Maite: 10 de octubre de 2005 en *El submarino de Época*.

34. Mientras en 1993 la revista *People* había elegido a Felipe de Borbón como uno de los diez hombres más atractivos del planeta su soltería provocaba las mofas de varios medios de comunicación españoles como la caricatura publicada en el diario *El Mundo* firmada por los humoristas Ricardo y Nacho que obligó Pedro J. Ramírez, su director, a escribir al Rey pidiéndole disculpas por el atrevimiento. En el dibujo aparecía Don Felipe conversando con su padre. «Papá: Ahora que está a punto de casarse Cristina, quiero darte dos noticias, una buena y una mala... La buena es que he encontrado pareja... Y la mala es que es Alberto de Mónaco».

materia de faldas, hacen pensar que aquel 30 de enero de 1968, Juan Carlos no mintió del todo a Franco y realmente el hijo parece ser tan *machote* como el padre, o por lo menos eso intenta aparentar, e incluso, en la actualidad ya le ha salido un presunto hijo bastardo como explicaremos más adelante. Este Borbón no podía ser menos que sus reales antepasados —¡¡qué pensarían de él!!—. Pero volviendo donde lo habíamos dejado en el capítulo anterior, lo importante era que el Príncipe de Asturias encontrara esa *pieza* necesaria para la Corona, otra de las figuras más importantes del tablero español en la estratégica partida que habían ideado el Rey y la Reina para la preservación de la estirpe Borbónica. El camino para «casar» adecuadamente al heredero español y acabar así de una manera casi definitiva con las especulaciones sobre sus tendencias sexuales y sus peculiares gustos en lo que en materia femenina se refiere, además, y de paso, dejar a Alberto de Mónaco, con el que tanto se había comparado a Don Felipe, como líder en solitario de la soltería principesca europea y centro de chismorreos sibilinos, fue una ardua tarea casi, podríamos decir que de Estado. En lo que se refiere a la cansina comparación con el Príncipe monegasco parece que finalmente toca a su fin, tras el anuncio hace pocas fechas del compromiso de este con Charlene Wittstock a la edad de... ¡¡52 años!!... todo un record, aunque está por ver si finalmente es del todo cierto este anuncio o es una nueva cortina de humo. Pero centrémonos en lo que realmente interesa.

Emulando una iniciativa del diario *ABC*, llevada a cabo en 1905, cuando se buscaba esposa para el bisabuelo de Don Felipe, Alfonso XIII, el semanario *Época* organizó en 1997 una encuesta-concurso a nivel popular para buscar a la candidata idónea a ejercer de futura esposa del Príncipe de Asturias. En aquella ocasión a principios del siglo pasado, el mencionado periódico monárquico, seleccionó ocho princesas para optar a candidatas a futura Reina de España, entre las que se encontraba Victoria Eugenia de Batemberg, que ganó la votación por mayoría absoluta, que casualmente acabó convirtiéndose en la flamante esposa de Alfonso XIII y, por lo tanto, en bisabuela del Príncipe de Asturias Felipe de Borbón y Grecia, como se puede comprobar los lectores de ese diario eran entendidos monárquicos. Pero casi un siglo después, la citada revista *Época* no lo tuvo tan fácil a la hora de publicar le encuesta, por dos motivos principales: en primer lugar porque encontrar ocho candidatas aparentes entre el «mercado» europeo de princesas casaderas fue complicado; y en segundo lugar porque Don Felipe no estaba por la labor y prefería disfrutar de las ventajas de la soltería privilegiada que le proporcionaba ser el heredero de un trono, cuestión esta última que preocupaba profundamente al entorno monárquico de los Borbones. El hecho de que tardara tanto en decidirse ponía de los nervios a toda la Familia Real, empezando por sus padres y acabando por su hermana mayor, la infanta Elena, que no tenía ningunas ganas de ceñirse la corona ante cualquier eventualidad de la vida. Su padre Don Juan Carlos se había casado con veinticuatro años, su abuelo Don Juan, con veintidós y su bisabuelo Alfonso XIII, con solo veinte; *el niño* sobrepasaba con creces la treintena, todo un record realmente preocupante para la dinastía, además a este Borbón no se le conocía, en aquel momento, ningún bastardo, otra inquietud para la institución: —*¡¡uff!! ¿qué pasa aquí?...*— algo había que hacer al respecto.

Finalmente, no sin mucha dificultad, *Época* consiguió reunir a las ocho candidatas más idóneas a simple vista para «exponerlas» en su papel *couché,* elegidas entre la nobleza *solteril* del momento, algo así como el *Top eight* de la realeza casadera y poder formar un cartel digno de un Príncipe y del gusto de la mayoría de los lectores de la mencionada revista. Las ocho candidatas elegidas finalmente fueron: Carolina de Waldburg, Marta Luisa de Noruega, Catalina de Austria, Flor de Wüttemberg, María Carolina de Borbón-Parma, Tatiana de Liechtenstein, Victoria de Borbón Dos-Sicilias, y finalmente, Victoria de Suecia. El éxito de participación fue más que aceptable. En total cerca de treinta y cuatro mil votos se recibieron en la redacción del semanario. Más de once mil se decantaron por Carolina de Waldburg, una archiduquesa alemana que lleva en sus genes sangre Borbónica, además del de otras diferentes dinastías regias europeas; la segunda clasificada fue Victoria de Borbón Dos-Sicilias, prima segunda del Príncipe de Asturias, por línea paterna —más consanguineidad no convenía—; y la medalla de bronce en el pódium de preferidas del pueblo —más o menos monárquico— fue Victoria de Suecia, heredera al trono de su país, del que hubiera tenido que abdicar en el caso de un matrimonio con el heredero español. Realmente, esta encuesta no tuvo el acierto de aquella su predecesora y que publicó el diario *ABC*, ya que solo coincidió a medias con los gustos de Don Felipe. Después de este curioso *casting*, *Época* publicó «su» inusitada portada: Tatiana, la elegida, (¿...?). Nada más lejos de la pura realidad. La de Liechtenstein solo compartía amigos, fiestas, reuniones y ciudad (Madrid) con el Príncipe Felipe, pero nada más. Ante el resultado de esta «elección» popular que satisfacía a ambas familias, fuentes próximas a la Casa Real afirmaron que: «a los Reyes, especialmente a la Reina Sofía, le complace la candidatura de Tatiana de Linchtentein, y así se lo han hecho llegar discretamente a su hijo el Príncipe», es decir: ¡cógela ya! Pero el heredero ni caso. Cansada del menosprecio de Don Felipe, la Princesa Tatiana abandonó toda esperanza y con cierto aire de despechada, declaró a la prensa francesa: «No es cierto que exista nada entre el Príncipe Felipe y yo, además... no me gusta». A continuación abandonó la capital del reino y se trasladó a Paris para finalizar sus estudios. La candidata elegida por sufragio popular resultó un fracaso.

Pasada la barrera de la treintena, el Príncipe Felipe empezaba a sentir la presión mediática de los medios, principalmente de la agobiante prensa del corazón empeñada en casar como fuere al *principito*. Durante el otoño de 1997, este tipo de prensa acaparaba sus portadas con la supuesta e íntima relación entre el heredero Borbón y Catalina de Augsburgo, descendiente de la mítica Sissí. Mientras tanto el Príncipe Felipe se lo montaba con la archiduquesa alemana, Carolina de Waldburg. Catalina y Carolina de Borbón-Parma, eran íntimas amigas e incluso compartían apartamento además de Príncipe, en Madrid y alrededores: mientras la primera lo hacía en las portadas de las revistas, con la segunda quemaba la adrenalina en el gimnasio, en los descensos de *ski* por las pistas de Sierra Nevada, en otras pistas, en este caso de baile de Pachá y Boom y en la cama del pisito madrileño, que como hemos dicho, compartían ambas princesas europeas. Durante mucho tiempo se dijo que Catalina fue la *carabina* de ambos.

La encarnizada guerra, de la llamada prensa del corazón, por hacerse con la ansiada exclusiva del noviazgo oficial del Príncipe Felipe de Borbón llevó a estas a idear todo tipo de especulaciones referente a supuestas «elegidas» a futura Reina de España, sin escrúpulos a la hora de inventar nombres diferentes, semana tras semana: Victoria de Borbón

Dos-Sicilias, Adelaida de Orleáns, Flor de Wüttemberg, Vanessa von Bismarck, Kalina de Bulgaria, Marta Luisa de Noruega, y otras muchas se convirtieron en material revistero que llevar al *kiosco* sin haber hecho ningún tipo de mérito para ello. A Don Felipe, parecía que hasta incluso le hacía gracia este mercado semanal de *novias* que se le atribuían. Entre todo aquel ramillete de princesas que por aquel entonces lucían el cartelito de libres, en una, y solo hasta cierto punto, acertaron; se trataba de Carolina de Waldburg. A pesar de la insistencia de los medios rosas por encontrar una prometida de sangre azul digna de un heredero a la Corona española, el Príncipe tenía claro desde un principio cual sería el destino final de su real corazón: y este estaba muy lejos de la nobleza, por mucho que se emperrara la monarquía Borbónica.

Don Felipe de Borbón y Grecia, Príncipe de Asturias y heredero al trono de España tras su padre, Juan Carlos I, dicho todo esto de carrerilla, ha estado siempre rodeado de mujeres de una belleza digna de la portada de cualquier revista que se precie. Todas altas, rubias, de ojos claros y casi siempre de pechos protuberantes —buen gusto tiene el *muchacho* en materia de hembras— y que han sido siempre foco de especulaciones sobre la mayor o menor importancia de esas *amistades* femeninas, haber si con suerte una de ellas conseguía acabar con la soltería del futuro Monarca.

Trío de corazones

De entre la gran cantidad de féminas que han rodeado la soltería del Príncipe de Asturias solo tres han marcado de forma importante su vida amorosa. Isabel Sartorius, Giselle (Gigi) Howard y Eva Sannum son las que realmente han formado su trío de corazones hasta la llegada de Letizia Ortiz. Ninguna de ellas pertenece a la realeza pero todas cumplen el patrón de gustos del Príncipe Felipe. La primera, Isabel Sartorius Zarroquin, es la que más cerca esta de esa nobleza deseada para los monárquicos más ortodoxos. Esta hija del malogrado marqués de Mariño, Vicente Sartorius Cabeza de Vaca, y de la argentina Isabel Zarroquin del Corral, divorciados durante la adolescencia de Isabel, era además descendiente del médico de cabecera de Isabel II, por este lado cumplía parte de los requisitos, pero era sobrina de un comunista histórico, el abogado Nicolás Sartorius[35]. Este romance pasará a la historia de la monarquía borbónica como el amor inacabado de Don Felipe de Borbón y Grecia, porque ella fue su primera gran pasión de juventud. Llegó a la vida del Príncipe, cuando éste contaba solo con veintiún años de edad y aún estaba en la Universidad estudiando Derecho. Isabel, en cambio, era tres años mayor (24), estaba licenciada en Ciencias Políticas, había viajado por todo el mundo y se había independizado nada más alcanzada la mayoría de edad. La primera noticia de su relación amorosa saltó a la prensa cuando un *paparazzi* los pilló besándose y untándose mutuamente de crema, sobre la cubierta de un yate en aguas mediterráneas próximas a la isla balear de Cabrera. A partir de ese momento la pareja fue sometida al marcaje implacable de los medios de comunicación del corazón. Allí donde iban, una legión de fotógrafos y cámaras les seguía constantemente, para dejar constancia gráfica de sus devaneos. La vida privada de Isabel Sartorius y de su familia se aireó a los cuatro vientos sin ningún tipo de escrúpulos. Se veían hasta cinco veces por semana. Eran habituales las estancias de fin de semana del Príncipe Felipe en la finca que la familia Sartorius tiene en Perelada de Mata, localidad extremeña lindante con la provincia de Toledo, y, por su parte, las visitas de Isabel al Palacio de la Zarzuela eran continuas. La presión mediática hacia la pareja era asfixiante. Los *trapos sucios* de la joven fueron sacados a la luz sin ningún respeto, e incluso se llegó a destapar una vieja causa judicial, sobreseída en su momento, que relacionaba a los Sartorius con el tráfico de drogas. De hecho el 7 de agosto de 1992 Sabino Fernández Campo había tenido que negociar con el diario sensacionalista *Claro* que censurasen un reportaje —firmado por José Ayala con el título de «Drogas, la razón por la que Isabel Sartorius nunca será reina de España»— que iba a publicarse debidamente ilustrado en el que se hablaba del consumo de drogas de Isabel y su hermano, caso que Carlos Bueren,

35. El tío Nicolás había manifestado inicialmente un rechazo a la figura de Juan Carlos como heredero al trono de España pero con el advenimiento de la democracia la figura de Don Juan Carlos comenzó a ser aceptada por varios dirigentes de izquierdas muchos de los cuales, como Antonio Gutiérrez y Diego López Garrido —hoy en la órbita del Partido Socialista donde ocupan cargos de responsabilidad institucional— participaron en unas cenas que organizaba en su casa a mediados de los años ochenta y principios de los noventa el embajador Manuel Bermúdez de Castro a las que asistían los reyes y *monárquicos convencidos*.

juez de la Audiencia Nacional, investigaba en ese momento. Ese fue uno de los motivos que llevaron a la Reina a desmarcarse inmediatamente de aquella familia que podía descomponer los hasta ese momento sólidos cimientos de la institución Borbórnica.

Esta insoportable presión trajo las consecuencias predecibles. Isabel Sartorius dio un ultimátum al Príncipe de Asturias —«Esto no puede seguir así, debes adoptar un decisión»— para que se anunciara oficialmente el compromiso, pero el esperado comunicado de la Casa Real no llegó nunca. De mutuo acuerdo decidieron poner fin a la relación. Isabel se trasladó a vivir a Londres y poco a poco la prensa se olvidó de ella hasta 1996 cuando por sorpresa volvió a la actualidad cuando de *motu proprio* anunció un inexistente matrimonio con Javier Soto, íntimo amigo de Felipe de Borbón. Al poco tiempo, Isabel Sartorius, dio a luz una niña. De nuevo la prensa rosa volvió a la carga con todo tipo de especulaciones respecto a la paternidad de la recién nacida. El supuesto padre y falso marido declaró a la revista *Época* que se enteró del nacimiento de Mencía, la hija de Isabel Sartorius, por la prensa y que antes de reconocerla pediría una prueba de ADN. La prueba no llegó a realizarse y finalmente Javier Soto reconoció a la pequeña dándole sus apellidos en el registro civil, cuando habían transcurridos varios meses desde su nacimiento. A todo esto el Príncipe de Asturias se encontraba en Washington realizando el postgrado, mencionado anteriormente, en teoría ajeno al affaire de la hija de su ex. Allí compartió piso con su primo Pablo de Grecia y cama con la mejicana Viviana Corcuera, hija del empresario Vicente Corcuera, la modela checa que trabajaba en Mallorca de camarera en el restaurante Flanigan de Palma de Mallorca, Alicia Krezjlova o la modelo canadiense de origen franco-paquistaní Yasmin Gahuri. Últimamente Isabel ha vuelto a las portadas al acompañar en tertulia cafetera de media tarde a la mismísima Princesa de Asturias, Letizia Ortiz. En aquel misterioso encuentro en la que Letizia bebía coca-cola light e Isabel tomaba café con sacarina, ambas estuvieron comentando y leyendo un misterioso papel durante bastante rato. Letizia ya había apoyado anteriormente a Isabel cuando lució uno de los bolsos diseñados por la ex de su marido, empresa que fracasó al poco tiempo de iniciarse y que llevó a la Sartorius a sufrir grandes problemas económicos.

En una visita a la exposición de Tápies en el museo Guggenhein de Nueva York Felipe conoció al segundo as de su trío de corazones, Giselle Howard, *Gigi* para los amigos, una modelo norteamericana cortada por el mismo patrón, en lo que al físico se refiere, que la anterior Isabel Sartorius, y como dicen que un clavo saca otro clavo, iniciaron una apasionada relación amorosa que, por supuesto, no pasó desapercibida para la prensa especializada en el tema. La distancia kilométrica que separaba a ambos *tortolitos* —la modelo vivía en Nueva York y el príncipe en Washington—, no era obstáculo para su incipiente relación sentimental. Los lugares de moda y lujosos restaurantes de la Quinta Avenida neoyorkina fueron testigos de los continuos encuentros públicos de la pareja de moda en España. Los implacables *paparazzi* se encargaron de dar fe de la nueva aventura de Felipe de Borbón. Una anécdota que puso en un aprieto a la familia Real fue cuando la revista *Pronto* publicó una exclusiva donde el heredero español y la modelo americana se divertían y se dedicaban todo tipo de arrumacos en unas paradisiacas playas de la isla de Saint Martin, en el Caribe, durante las vacaciones de Semana Santa. Según un comunicado oficial de la Casa Real el príncipe no pasaría junto a ellos aquel periodo vacacional ya que Don Felipe debía permanecer en Washington, *clavando los codos* preparando unos importantes exámenes: pero lo que *clavaba* el Príncipe de Asturias era algo diferente durante aquella Semana Santa, cuyas manos no sostenían un libro sino el cuerpo bronceado de aquella escultural modelo, según atestiguan las fotografías publicadas. A ambos les acompañaba el primo griego con su pareja, además de un grupo de amigos y un no invitado a la fiesta *paparazzi*. Posteriormente este fotógrafo fue encarcelado por unas supuestas escuchas ilegales a Giselle Howard. Este hecho, que no se llegó a probar, provocó los rumores sobre una supuesta y falsa trama para atentar contra el heredero a la Corona española. Queda la duda en el aire de si fue desde la propia Casa Real donde se inició esta campaña, cansada ya de las continuas persecuciones periodísticas y el acoso y derribo al que estaba sometido Don Felipe por parte de los medios de comunicación. Finalizado el posgrado el Príncipe de Asturias regresó a la capital del reino, pero eso no evitó que la relación entre Felipe y *Gigi* cesara. A pesar de los continuos viajes de la modelo a Madrid, donde se alojaba en domicilios de amigos íntimos del Príncipe e incluso acudía con frecuencia a comer al palacio de la Zarzuela, «la cosa» tampoco funcionó y, en el verano de 1996, las omnipresentes portadas de la prensa del corazón publicaron las fotos de la nueva pareja de la modelo norteamericana; esta carta pasaba también a formar parte del álbum de cromos del Príncipe Felipe. Un año más tarde completaría el trío.

El año 1997 fue testigo del inicio del tercer «gran amor» de Don Felipe de Borbón. La también modelo y clon físico de las dos anteriores, la noruega Eva Sannum, que se convirtió en el nuevo centro de atención de la opinión pública. Uno de los amigos del príncipe, Javier Hidalgo, propietario de una conocida agencia de modelos, fue en esta ocasión el encargado de las debidas presentaciones. Pero al igual que con las dos anteriores, la presión mediática se hace insoportable. Las filtraciones respecto a esta nueva relación del heredero salen incluso desde dentro del propio círculo de amistades. Desde el mismo momento en que fueron presentados en un conocido restaurante mejicano de la capital madrileña, salieron a la luz las primeras fotos de la pareja en actitud cariñosa, y al día siguiente se les volvió a fotografiar en el chalet de uno de los amigos íntimos del Príncipe: ¿quién era el *traidor*? o ¿al servicio de quién espiaban? Este panorama obligó a la incipiente pareja a ocultarse y a llevar su relación hasta la clandestinidad. Esta incómoda situación molestó a Eva Sannum —cuyas fotografías en *topless* en la revista *Interviú* de 1999 o como modelo semidesnuda colgaban ya de talleres mecánicos y cabinas de camiones—, de tal manera que igual que apareció desapareció de la noche a la mañana, y la modelo noruega se esfumó de la vida del Príncipe de Asturias, al menos aparentemente, ya que continuaron viéndose a escondidas durante dos largos años. Esta teórica separación alegró al entorno monárquico el cual no veía con buenos ojos la relación de su heredero con la modelo, de confesión luterana, y muy dada a relacionarse con jóvenes adinerados.

Ante la *desaparición* de Eva Sannum de la vida sentimental del futuro Rey —lo cierto es que la pareja había cambiado de táctica—, la prensa rosa volvió a la carga y a relacionarlo con otras candidatas a ocupar un lugar en la Zarzuela. Adelaida de Orleáns, Sofia Ullen, sobrina de los Reyes de Noruega y alguna que otra más, fueron las mujeres casaderas europeas que se barajaron como futura Reina de España, pero nada de nada. Felipe de Borbón, harto de que todo el mundo quisiera casarlo sin contar con él, decidió airear de nuevo su relación con Eva Sannum por medio mundo, dejándose verse en Oslo, Mallorca, Paris, la India, las Islas Barbados y muchos otros lugares, dejándose fotografiar juntos sin ocultar su amor. Muchas de estas fotografías tomadas durante estos viajes fueron portada de revistas y material de videos televisivos en programas del corazón. Esta nueva actitud del Príncipe provocó la desesperación de la Casa Real que veía como esta relación, con una mujer de este tipo, iba en contra de los intereses monárquicos. El propio Rey Juan Carlos I estaba en contra de esta ya demasiado larga aventura de su hijo con Eva Sannum. Pero al Príncipe le importaba un pito y siguió persistiendo en ella. Esta insistencia de Don Felipe obligó a la Casa Real a ceder y no le quedó otro remedio que reconocer que Felipe y Eva eran amigos. Ante la perspectiva, la Casa Real decidió iniciar las obras de la nueva casa de Don Felipe de Borbón, obras que visitó en varias ocasiones la modelo noruega, incluso permitiéndose opinar sobre el desarrollo de las mismas. Con motivo de la boda del Principe noruego Haakon la pareja se mostró por primera vez en público de forma oficial. La cosa cada vez iba más en serio y al Rey se le empezó a torcer el morro: lo que creía que era una nueva aventura de su hijo iba adquiriendo una importancia que si nadie lo remediaba la Sannum se le metía en Palacio como Princesa de Asturias, algo a lo que no estaba dispuesto a aceptar. Finalmente, Don Juan Carlos se plantó porque no estaba dispuesto a la forma atrevida de vestirse de Eva, a aceptar su extracto social, al hecho de que fuera hija de padres divorciados, por la poca categoría personal de la candidata, por su falta de preparación para acceder al cargo de princesa, por la inapropiada vestimenta en la boda de Haakon de Noruega con un descomunal escote el día que tuvo la ocasión de conocer a la Reina Doña Sofía, su fracasada carrera de modelo, su confesión religiosa y muchos otros aspectos relacionados con su pasado que habían provocado que la opinión pública española se pusiera en su contra. Eva Sannum no estaba preparada para ser Reina y una inmensa mayoría de los españoles no la aceptaba como tal. Se decidió poner en marcha una operación para poner fin a aquella inadecuada relación a través del Jefe de la Casa Real, Fernando Almansa, que hizo saber al Príncipe que debía romper su relación con la modelo noruega. En la navidad de

2001[36], aprovechando una de las reuniones con la prensa, el Príncipe Felipe de Borbón les comunicó que él y Eva habían finalizado su relación sentimental de mutuo acuerdo. El Rey se había salido con la suya pero iba a ser la última vez. El Príncipe Felipe jugó fuertes sus cartas y describió a Eva Sannum como una persona «muy querida, admirada y respetada» al tiempo que alababa su «fortaleza, dignidad, sentido de la justicia, determinación, sencillez, sensibilidad, capacidad de superación y excelencia en todo lo que hace». Habló con la frialdad del que prepara una venganza servida en frío.

36. Juan Fornieles cuenta en su crónica de sociedad en *El Mundo* como se produjo aquella ruptura: «A pesar de ser viernes y última hora, desde la Casa Real se había hecho especial hincapié en que era importante asistir a ese encuentro.
Con carácter muy informal, en una pequeña sala del palacio, Almansa había empezado haciendo un balance positivo del año 2001, así como un adelanto de la agenda de los Reyes y del Príncipe de Asturias para 2002. Llegados a este punto, y tras admitir que Don Felipe de Borbón se iba a trasladar a su nueva casa en el primer semestre del año que viene, alguien tocó con sus nudillos en la puerta.
Se abrió lentamente, algunos esperábamos una visita relámpago del Rey Don Juan Carlos y, ante la sorpresa de los presentes, entró Don Felipe vestido con un jersey gris de punto y de cuello vuelto, una chaqueta sport verde claro, un pantalón vaquero y unos zapatos altos de ante.
El heredero saludó afectuosamente a todos los presentes, uno por uno. Después de haber compartido con ellos muchos viajes, de leer sus crónicas escritas, radiofónicas o televisivas, conocía al dedillo a cada uno de ellos. Tras interesarse por detalles tan personales como la mudanza que estaba realizando una redactora de un periódico catalán, el heredero tomó asiento en una butaca.
Ante la creciente expectación de los presentes, y después de decir que se está convirtiendo en un verdadero experto en interiorismo, escogiendo picaportes y remates para la decoración de su residencia aledaña, dijo que tenía algo que decirnos a los allí presentes.
Ante el asombro de unos redactores cuyo corazón se aceleraba a medida que iba hablando, el Príncipe de Asturias empezó a hablar de su relación con la ex modelo y de que, dada la importancia de la noticia, había decidido contarlo así, en primera persona.
«A título personal, y de mutuo acuerdo [con Eva Sannum]», hemos decidido «poner fin a la relación. Simplemente no ha prosperado y punto. No hay más lecturas», reconoció Don Felipe de Borbón.
La decisión conjunta ha sido tomada «con libertad y desde la intimidad», subrayó el heredero de la corona española. «No ha habido compromiso en el pasado y no lo habrá en el futuro. Y por razones estrictamente personales, cada uno seguirá su camino en la vida», matizó.
El futuro Rey de España quiso resaltar que aunque reconocía la enorme presión mediática y social que se había ejercido en torno a su relación con Eva Sannum, «no se han planteado disyuntivas, deber y querer, razón y corazón no están separados, siempre han ido juntos».

Poco después Fernando Almansa —el hombre que había recibido la orden de hacer ver al Príncipe de que debía estar a la altura de su papel institucional— fue relevado de sus responsabilidades. Mientras llegó la siguiente, Felipe de Borbón, sin importarle como su imagen afectaba ante la opinión pública o como rebotaría sobre la institución monárquica, no perdió comba en pasárselo bien; Flor Valero, nieta de un expresidente de Venezuela, Diana Martínez-Bordiú o la actriz de cine inglesa Gwyneth Paltrow, que la prensa calificó como la Grace Kelly española, y que fue le elegida finalmente para entretenerle. Pero el Príncipe de Asturias tenía muy claro cuáles eran sus intenciones en materia de amores. Su as de corazones escondido en la manga, para completar el póker, iba a dejar a todos con la boca abierta, incluidos sus padres, el Rey Juan Carlos I y la Reina Sofía de Grecia, así como al resto de la Familia Real. Una periodista televisiva autóctona por los cuatro costados, plebeya , divorciada, con un pasado más que turbio y, lo más impactante para la monarquía, una activa militante republicana y de izquierdas, dejó con la boca abierta al personal. Toda una joya para la corona.

VI

Letizia Ortiz: la cenicienta roja

Una reina no puede tener pasado
porque el pasado siempre es presente.

Juan de Borbón, Conde de Barcelona

Letizia Ortiz Rocasolano irrumpió de improviso en la vida de Don Felipe de Borbón y Grecia casi sin avisar. Cuando la noticia de que un nuevo amor había invadido el corazón del Príncipe de Asturias, nadie podía sospechar que aquella guapa presentadora televisiva que día tras día se introducía, a través de la pequeña pantalla, en los hogares de los españolitos, sería el *As* de corazones del *póker* principesco. Pero mucho menos que esa locutora, en muy poco tiempo, se convertiría en la Princesa de Asturias y, por consiguiente, en la futura Reina consorte de este país llamado España. Pero lo que ni tan siquiera imaginaba el personal —exceptuando su círculo muy íntimo y familiar— era realmente quien estaba detrás de aquel busto parlante del que hasta entonces se sabía muy poco, y lo poco que se sabía se limitaba a cuatro cosas insulsas y sin trascendencia, porque realmente, y hasta aquel momento, era lo único que podía concernir a algunos pocos. Se sabía que era licenciada en Ciencias de la Información, atractiva, simpática y asturiana. En verdad eso era todo lo que conocían los españoles del personaje en cuestión hasta aquel preciso momento en que se la relacionó con Don Felipe de Borbón. Fue a partir de saltar la *gran* noticia sobre la íntima relación de la periodista y el Príncipe —que suena a cuento de hadas— cuando la máquina del chismorreo popular se puso en marcha y desde ese mismo momento se empezó a saber más y más sobre la vida privada de la periodista, ahondando en quién era en realidad Letizia Ortiz Rocasolano. Pero aún hoy en día, transcurridos más de ocho años desde aquella noticia que asaltó las portadas de los medios de comunicación —sobre todo de la llamada prensa rosa—, el oscurantismo que rodea el pasado de la actual Princesa de Asturias, Princesa de Girona y de Viana, Duquesa de Montblanc, Condesa de Cervera , Señora de Balaguer, y no sé cuantos títulos más —no es de extrañar el *cabreo* de la ortodoxa nobleza y de los más fieles cortesanos, guardianes de la tradición monárquica—, sigue cubierto por un halo de misterio: los grandes secretos —que son muchos— y que envuelven a Letizia Ortiz, están celosamente guardados por los poderes más altos del Estado; cerrados bajo todas las llaves del reino y, por supuesto, vetados a la inmensa mayoría de los mortales de este país. Solo la rumorología y el chismorreo se hacen eco, día tras día de ellos, casi siempre sin ningún tipo de fiabilidad pero crueles. Y es que cuanto más se persiste en almacenar en el cajón del olvido un secreto, más se especula con él y peor es el resultado de ello derivado. Casi siempre el efecto no suele ser precisamente para el bien del interfecto. Pero la institución monárquica es así y desde ancestros ha pretendido esconder sus trapos sucios con la excusa de la preservación de la dinastía al amparo del *bien* de la Corona: finalmente el resultado no les ha sido del todo satisfactorio, porque tarde o temprano todo se acaba sabiendo y a la gente le sabe mejor y prestan más atención al morbo del *chafarderismo* que envuelve el secreto que la realidad trasparente no ocultada sobre el mismo.

Una cenicienta por los pasillos de la *tele*

Erase una vez un apuesto Príncipe, heredero al trono de un idílico país, que observando un buen día los jardines de una fábrica de ilusiones, repleto de primaverales flores, vio de pronto a una bella y lozana muchacha de cabellos de oro y ojos esmeralda, que allí faenaba explicando a todo el que quería escucharla las excelencias de las flores que en aquel jardín se plantaban. El Delfín real quedó al instante prendado, enamorándose perdidamente de la joven plebeya y entonces… El cuento de hadas bien podría haber comenzado así, pero la cruda realidad es bien diferente: ni este es un idílico país, ni TVE es una fábrica de ilusiones —más bien una caja de dramáticas sorpresas—, ni está lleno de flores primaverales, ni tan siquiera tiene jardín.

Felipe de Borbón casi siempre ha esgrimido la misma táctica para acercarse a las mujeres que le han interesado: la de utilizar amigos o terceras personas que han intermediado sin rechistar para provocar un encuentro casual —tarea nada difícil dado el personaje a presentar— y de tal manera, el heredero al trono de España pudiera iniciar un acercamiento más *íntimo* a la fémina de turno en la que había puesto sus reales ojos; del resto se encargarían sus indiscutibles encantos y sus, por supuesto, heredadas dotes Borbónicas en materia de amoríos. En esta ocasión el método no fue diferente y, utilizando la metáfora del cuento, lo que sí es cierto es que el jardín televisivo fue el lugar donde surgió el apasionado interés del Príncipe de Asturias por la que sería su futura esposa y madre de su descendencia regia, Letizia Ortiz Rocasolano.

Oficialmente, y según todas la biografías autorizadas, en lo que se refiere al primer encuentro entre Letizia Ortiz y Felipe de Borbón, afirman que éste se produjo casualmente en el transcurso de una cena celebrada, adentrado ya el mes de octubre de 2002, en casa del periodista Pedro Erquicia, director por aquel entonces de *Documentos TV*, programa producido por la televisión pública española. Realmente así fue, pero ya desde ese primer contacto entre el Príncipe y la cenicienta de la *tele*, las polémicas, que en el futuro se convertirían en el pan nuestro de cada día, empezaron a surgir. Las dudas en la forma —que no en el fondo— entorno a aquel primer encuentro *celestinesco* provocaron una serie de preguntas, las primeras de las muchas que surgirían después de aquel día y que la mayoría de ellas aún están por responder. En efecto, el heredero dinástico de los Borbones se interesó por la periodista de la que quedó prendado de inmediato a consecuencia de verla diariamente en la pequeña pantalla de su Palacio, cuando Letizia Ortiz lucía palmito como co-presentadora del telediario nocturno de TVE. El heredero al trono puso en marcha la maquinaria *amiguil* para poder conocerla personalmente. Corría el otoño del 2002 cuando se produjo el feliz encuentro íntimo entre ambos y que sería transcendental para la futura historia de España. Como hemos dicho, la casa del periodista Pedro Erquicia fue el escenario escogido para el mismo pero al parecer el acontecimiento no fue exactamente cómo se dice ni tampoco fue el periodista antes mencionado quien hizo ese papel de «celestino» que se le atribuye. El propio informador televisivo se jacta públicamente de ello, pretendiendo así apuntarse el tanto de haber presentado a la futura pareja real, y de ese modo pasar a la historia de este país como uno de los, aunque sea minúsculo, protagonistas de la misma.

El encuentro donde surgió el definitivo flechazo entre el Príncipe y Letizia Ortiz efectivamente fue la residencia madrileña de Pedro Erquicia y él ejerció de anfitrión de esa velada en el que participaron además del Príncipe periodistas de prestigio, un empresario y un director de cine, pero no fue el «culpable» del flechazo real: «Erquicia invitó a la cita a uno de sus amigos de TVE, el entonces director adjunto de *Informe Semanal*, Manuel Rubio. Éste no podía acudir con su esposa y Erquicia le pidió que acudiera con «una chica guapa de la tele». Rubio eligió a Letizia Ortiz, con quien mantenía una cierta amistad después que ésta hubiera estado presentando interinamente el programa durante el verano anterior, en sustitución de Baltasar Magro»[37]. Según esto no fue Pedro Enquicia, tal y como se ha hecho creer, quien hiciera de «introductor de embajadores» con los futuros novios reales, sino que fue Manuel Rubio, el auténtico hacedor del acontecimiento. El propio *ECD*, citando fuentes por ellos consultadas, afirma que cuando salió a la luz quien había sido el auténtico protagonista de la historia, Erquicia cogió un «cabreo monumental». Incluso cuenta que ambos almorzaron juntos en un conocido restaurante madrileño en el que tuvo lugar una discusión bastante acalorada entre ambos periodistas.

Al parecer, antes de esa velada en su casa, Pedro Erquicia se había ganado una cierta antipatía por parte de Letizia Ortiz, tras un breve y desafortunado encuentro con la futura Princesa de Asturias, cuando ambos se habían cruzado en uno de los pasillos de TVE y, tal y como relatan algunos testigos, Pedro Erquicia no estrechó la mano de la presentadora de televisión nada más verla sino que se limitó a acariciar su barbilla y a preguntarle: «¿Tú en que programa trabajas?». Tras el suceso, Letizia

37. *El Confidencial Digital*, 23 de julio de 2010.

comentó perpleja a sus allegados: «¡Cómo es este elemento!»[38]. Y es que la futura Princesa ya apuntaba maneras. Lo cierto es que enterada la Casa Real como se había producido el feliz encuentro de la pareja, Manuel Rubio recibió la invitación de la boda Real para la Catedral de la Almudena, antes que el propio Pedro Erquicia.

De toda esta historia surgen las primeras preguntas: ¿por qué se requería la presencia de una *chica guapa* en esa cena? ¿Qué tipo de fiesta era aquella a la que acudía un personaje tan importante como es el Príncipe de Asturias y porque se solicitaba la presencia de mujeres guapas? ¿Qué hacía Felipe de Borbón entre tanto periodista? En fin, preguntas sin *importancia* ya que la suerte estaba echada y lo cierto es que a partir de ese día Felipe y Letizia comenzaron una relación secreta, desconocida incluso por los mejores amigos de la pareja y de los estrechos colaboradores de Letizia Ortiz, en la propia *tele* e incluso, en un primer momento, por la mismísima Casa Real[39]. El servicio de seguridad personal del Príncipe y el saber hacer de una vivaz periodista consiguieron que hasta bien entrado el 2003 la relación no tuviera la repercusión mediática acostumbrada en estos casos y que, finalmente, se consolidara de una manera oficial. Letizia Ortiz tenía muy claro cuál era su meta a perseguir. Esta asturiana nunca se ha detenido ante nadie ni ante nada y mucho menos a prescindir de sus irrenunciables ambiciones.

Sobre toda esta primera etapa de relación de Don Felipe con Doña Letizia, guardada celosamente por ambos, solo una persona podía saber solo algo de ella, Alfredo Urdaci, antiguo director de los servicios

38. Ídem, textualmente.

39. Uno de los testigos de la cena, en la que se sirvió un bufé frío, cuenta que el Príncipe, pese a que Erquicia había invitado a varios jóvenes, habló la mayor parte del tiempo con Letizia Ortiz, intercambiándose miradas y riendo todo el rato. Entre otras cosas de la diferencia de viviendas de uno y otro, la del Príncipe, la por aquel entonces recién estrenada Casa del Príncipe, en el recinto de La Zarzuela, un palacete de de más de 1.700 metros cuadrados, y la de Letizia, un sencillo apartamento de dos habitaciones de no más de 100 metros cuadrados, en el barrio madrileño de Valdebernardo, surgido en el extrarradio de la capital de acuerdo con el Plan 18.000, donde al igual que sus vecinos se quejaba de los ruidos insoportables de las obras de la carretera de circunvalación M-40 y que Letizia iba amueblando cuando las disponibilidades económicas se lo permitían. Debido al origen asturiano de la periodista la próxima entrega de los Premios Príncipe de Asturias fue otro tema de conversación entre los futuros amantes.

informativos de TVE, «ex jefe» de la actual Princesa de Asturias. Un libro, que bajo el título de *Días de ruido y furia. La televisión que me tocó vivir,* escrito por él, dos años después del enlace real de los Príncipes, y publicado por la editorial *Plaza y Janés,* en el 2005, da algún esbozo de cómo fue aquel periodo. En este libro el periodista relata sus años al frente del *Telediario 2* donde tenía como subordinada a Letizia Ortiz Rocasolano. Alfredo Urdaci, en una entrevista concedida al Magazine de *El Mundo*, firmada por Elena Pita, hablaba de la actual Princesa de Asturias, su estrecha colaboradora televisiva por aquel entonces: «No puede parar quieta. Cuando se sentaba en el estudio estaba permanentemente sacando teletipos, escribiendo, moviéndose: a mí me ponía un poquito alterado. No se corrigió hasta que llegó a la Casa Real». El tema principal de este libro no es precisamente Letizia Ortiz, sino descargar su mal estar ante, según él, desagradecimiento y trato que, tras esos años a su servicio, practicó con él la televisión pública española. Lógicamente, al repasar este periodo, es de obligado cumplimiento hablar de la Princesa de Asturias, no siempre se tiene la oportunidad de ser el «jefe» de una futura Reina. Urdaci, revela refiriéndose a Letizia que «cuando llevaba cuatro días en el telediario le di un discurso paternalista al que me sentía obligado. Le dije que al salir en pantalla se iba a convertir en un personaje público y que se cuidara, porque la prensa del corazón podría tomarla con ella. «Aquí somos conocidos pero no famosos», le dije. Y entonces vi que cambiaba de cara: «Oye, ¿tú que sabes de mí?» me dice. Y yo, «nada ni quiero saber nada de tu vida privada». «Tú sabes algo, sabes algo», repetía. Lo único que me han contado de ti, le dije, es que te vieron una noche en un bar con un grupo de gente muy numeroso entre los que estaba el Príncipe. Una anécdota, que yo no relacioné para nada. Ahí dejé el asunto porque entendí que pertenecía a su intimidad. Lo cierto es que pensé que tenía relaciones con un famoso y que no quería que se supiera»[40]. ¿En verdad Urdaci no sabía nada del «noviazgo» real? Según él, se enteró de la buena nueva solo poco antes de que el resto de mortales lo supieran oficialmente. Cuenta la anécdota sobre ese momento concreto y en el contexto de la misma entrevista

40. Pita, Elena. Entrevista a Alfredo Urdaci para «El Magazine» de *El Mundo*, el 16 de Enero de 2005.

que «al día siguiente sábado —regresaban de la entrega de los premios Príncipe de Asturias 2003—, coincidimos en el aeropuerto de regreso a Madrid. Después de tramitar su tarjeta de embarque, Letizia se dirigió a una tienda de productos asturianos y compró varios quesos. «Son para mi cuñada», advirtió. «Ah pero, ¿tú tienes novio?». «Bueno, es una forma de hablar». Se sentó y me anunció que desde hacía meses tenía un compromiso serio con Felipe. «¿Felipe? ¿Qué Felipe?», le pregunté yo que no tenía de idea sobre quien estaba hablando y el por qué de la gravedad en su rostro mientras me comunicaba que se iba a casar. Me dijo que esa tarde se había difundido el rumor por todo Madrid»[41]. Eso sucedía el 23 de octubre de 2003 y solo ocho días después, el 1 de noviembre, la Casa de Su Majestad el Rey anunció el compromiso oficial del Príncipe con la periodista. Conmovedor y literario. Qué bien saben quedar algunos cuando les interesa. Pero estas manifestaciones dichas en el 2005 hace plantear otra de las innumerables preguntas sobre todo lo que rodea a Letizia Ortiz y a su pasado. Sí esta versión de Alfredo Urdaci sobre lo que sabía de la pareja en aquel momento es cierta, ¿por qué cuatro años después, la Princesa de Asturias, vetó la publicación de una biografía del citado periodista sobre su ex subordinada de la *tele*? Este hecho provocó un intenso debate en el programa televisivo de *La Noria*, emitido por *Tele5*, dirigido y presentado por el periodista Jordi González. En ese polémico debate en torno a lo sucedido con el abortado proyecto del libro biográfico de Urdaci, al cual el autor no quiso asistir, algo que lamentó el presentador del programa, se abucheó y atacó con saña al también periodista Jaime Peñafiel, por su actitud en defensa de lo indefendible. En el citado programa televisivo se puso de manifiesto la preocupación que inundaba La Zarzuela en aquellos momentos por la posible aparición de una nueva biografía sobre otro de los miembros de la Familia Real, tras los quebraderos de cabeza que causó el libro de Pilar Urbano sobre la Reina Sofía y que estaba en la comidilla de todos los *mentideros* de la Villa y Corte.

Durante el programa, que merece ser comentado por la trascendencia del mismo y en el que se puso de manifiesto las preocupaciones de

---

41. *Ídem.*

la Casa Real cuando a ella refieren, Paloma Barrientos señaló que tras el libro de Urbano estaban en marcha las biografías de la Infanta Doña Cristina y Doña Letizia, esta última en manos de Urdaci, pero que el periodista recibió «un toque» que le hizo desistir. Isabel Durán aportó más datos por su parte al señalar que Urdaci tenía escritas 80 páginas pero al ver que no recibía «colaboración» paralizó su proyecto. «Alfredo tiene cariño a Doña Letizia pero como periodista independiente no quería hacer una biografía cortesana ni trabajar al dictado», señaló Durán. María Antonia Iglesias, quien acorraló y desarmó a Jaime Peñafiel en el debate, habló con cariño y respeto de Urdaci dejando claro que «no se puede hacer una tortilla sin huevos» en referencia a la falta de colaboración de Doña Letizia en el proyecto. Aseguró que lo que le ha sucedido a Urdaci fue «un ejercicio de ingenuidad sorprendente a sus años».

Pero la bomba informativa de la noche estalló al desgranar Paloma Gómez Borrero todo lo sucedido. Dijo que Urdaci quería hacer este libro pero tuvo que desistir porque Doña Letizia, tras ver lo sucedido con la biografía de la Reina que escribió Pilar Urbano, no quería tropezar con la misma piedra. A la vez anunció que junto a las dificultades le llegó a Urdaci una propuesta espectacular, la de convertirse en jefe de comunicación de Francisco Hernando, *El Pocero*. El resto de la noche-madrugada prosiguió en una toma y daca de María Antonia Iglesias y Jaime Peñafiel, quien no dejó de dar tumbos en el debate y ser abucheado por el público en cada una de sus intervenciones. Sobre su caso, Iglesias fue tajante: «El mayor error de Doña Letizia, dijo, ha sido el de descender a tu nivel para entrar en polémicas contigo»[42].

Así estaban las cosas en aquellos momentos tras el *tsunami* editorial que se avecinaba para la Familia Real, con varias biografías en marcha, principalmente la de la Infanta Elena, escrita por Carmen Duerdo y la mencionada, y la más desagradable para ellos, como era la mencionada de Alfredo Urdaci, sobre Letizia Ortiz. La ayer periodista y mañana Reina tiene verdadero pánico a que se hable de ella, y mucho más si el que lo hace es su ex jefe y además amigo, con el que no solo ha compartido

42. Información extraída de *Elsemanaldigital.com.*

plató televisivo sino comidas familiares en casa de los Urdaci. El poder de la información al que tanto teme una profesional del medio como es la actual Princesa de Asturias, tiene mucho que ver con lo que le sucede a un médico cuando debe someterse a una intervención quirúrgica, o un juez al convertirse en el que ocupe el banquillo de los acusados. Todos saben que son capaces sus colegas, pero la suerte de esta antigua periodista es que tiene el poder, hasta cierto punto, para «incautarse» de esa información e impedir que en muchas ocasiones vean la luz, aquellas que no le interesa.

Pero… ¿quién es realmente esa periodista asturiana?

Desde que se destapó por fin, oficialmente, la noticia de lo que para muchos ya sabían irremediable, todos empezaron a querer saber más sobre quién era realmente aquella mujer que había conseguido acabar con la soltería del heredero de la Corona de España. En aquella época, para el gran público, Letizia Ortiz Rocasolano —amante de la música de Joaquín Sabina, Joan Manuel Serrat, U2, Dire Straits o Pink Floyd— era una popular periodista televisiva que había nacido el 15 de septiembre de 1972 en Oviedo (Asturias), primogénita de una familia de clase media. Su padre era el también periodista, de nombre Jesús Ortiz Álvarez, y su madre una enfermera llamada, Paloma Rocasolano. La biografía oficial, que publica en su página web la Casa de su Majestad el Rey dice también que: «Sus Majestades los Reyes anunciaron el compromiso de Doña Letizia Ortiz Rocasolano con Su Alteza Real, el Príncipe de Asturias el 1 de noviembre de 2003. La ceremonia religiosa se celebró el 22 de mayo de 2004 en la Catedral de Santa María la Real de la Almudena de Madrid. Tienen dos hijas, Leonor, nacida el 31 de octubre de 2005, y Sofía, el 29 de abril de 2007, ambas en Madrid.

Su Alteza Real es la primogénita de tres hermanas. Contrajo matrimonio civil en 1999, divorciándose un año más tarde.

Es licenciada en Ciencias de la Información, rama Periodismo, por la Universidad Complutense de Madrid, y cuenta con un Máster de Periodismo Audiovisual por el Instituto de Estudios de Periodismo Audiovisual.

Empezó sus estudios de Doctorado en México, donde trabajó en el periódico *Siglo 21*.

Trabajó desde muy joven en varios medios de comunicación, entre ellos el diario asturiano *La Nueva España*, el periódico *ABC* y la Agencia EFE, donde realizó su labor en edición de internacional durante el último año de carrera.

Comenzó su trayectoria televisiva en la cadena estadounidense Bloomberg TV, un canal privado especializado en economía, finanzas y mercados, con sede en España bajo la supervisión de la Agencia EFE Televisión, que continuó en CNN+, el canal privado formado por la estadounidense CNN y CANAL+, en calidad de presentadora, redactora y reportera.

Doña Letizia se incorporó el año 2000 a Televisión Española, donde trabajó con el equipo de edición de Telediario Segunda Edición y se hizo cargo de la presentación de *Informe Semanal*[43]. Posteriormente, presentó el Telediario Matinal, los especiales sobre el Euro que se ofrecieron en los Telediarios de TVE y fue enviada especial a diferentes puntos de todo el mundo para cubrir acontecimientos de actualidad. Seguidamente, volvió a formar parte del equipo de edición de Telediario Segunda Edición, del que fue copresentadora. Fue galardonada con el Premio «Larra», otorgado por la Asociación de la Prensa de Madrid, al periodista menor de 30 años que más se haya distinguido durante el año»[44].

Esto es todo, según la monarquía Borbónica, lo que deben conocer sus súbditos, referente a quien es su próxima Soberana, pero el hecho de que la esposa del Príncipe de Asturias no provenga de la realeza e, incluso desde la *simple* nobleza, como ha sucedido con todas sus reinas durante toda la historia de la España de los Borbones, hace más apetecible el gusanillo de la información. Todos, por diferentes caminos,

43. Baltasar Magro, que por aquel entonces era director de Informe Semanal recuerda que Letizia Ortiz iba a sustituirle durante un mes y medio durante el periodo vacacional. Letizia «me pidió que, por favor, no me fuese de vacaciones sin hablar con ella antes. Lo que buscaba en aquella cita era mi autorización para hacer un trabajo periodístico en *Informe semanal* y no limitarse a presentar. Y, efectivamente, sé que leía minuciosamente los reportajes y el resultado fue fantástico. Tanto, que propuse que se quedara en *Informe,* pero para entonces ya tenían otros planes para ella».

44. Enlace: www.casareal.es/sar.../index-ides-idweb. html

desean adentrase en lo más profundo de la vida de la que será su futura Reina. Ello conlleva irremediablemente a la aparición de todo tipo de rumores, chismorreos, leyendas urbanas e *investigaciones* periodísticas sobre el *pasado* de la esposa de su Príncipe heredero; la cual, hasta el 22 de mayo de 2003, era una simple plebeya, que ahora vive en La Zarzuela y se hacer llamar, con derecho y permiso por matrimonio regio, Alteza Real.

La recopilación y el consiguiente intento de contrastar toda esa información procedente de la rumorología que envuelve a Letizia Ortiz Rocasolano son, como ya habíamos dicho anteriormente, lo que vamos a intentar desde las páginas de este libro[45].

¿«Espió» la Casa Real Española a Letizia Ortiz?

Aunque no sea oficial, y hasta sería *políticamente incorrecto* aceptarlo, a nadie le puede extrañar que la mismísima Casa Real, quisiera saber «todo» sobre quien era aquella mujer que pretendía, y al final consiguió, meter en Palacio por la puerta grande al amparo de una Boda Real, su Príncipe heredero; incluso sería admisible, simplemente visto desde el punto de vista de unos padres preocupados por el futuro de su hijo, ante tal panorama que se les avecinaba, y que según los primeros datos no era nada halagüeño. Muchos de los rumores a los que anteriormente nos referíamos han surgido de filtraciones de esos informes «oficiales» que —teóricamente— elaboró el CNI (Centro Nacional de Inteligencia), a través de los Servicios Secretos de la Casa de Su Majestad el Rey, dependientes de la propia Secretaria de la Casa Real. La existencia de estos «informes» nunca ha sido aceptada por La Zarzuela, ni

45. Las dificultades para escudriñar el pasado de Letizia Ortiz choca con todas las personas que han convivido con ella los primeros años. Una cadena internacional de noticias ofreció en su momento miles de dólares por hacerse con el video y las fotografías de la boda de Letizia en Almendralejo sin éxito alguno. Otros periodistas, como Joan Jolis, de la revista *Pronto,* viajó a Asturias con el fin de entrevistar a las antiguas compañeras de la Princesa de Asturias del colegio La Gesta I de Oviedo: «Me encontré con verdaderos problemas para hablar con ellas, y cuando localicé a una que se atrevió a dialogar conmigo, me dijo que habían hecho un pacto de silencio para elevar a «secreto de Estado» todo lo relacionado con la princesa de Asturias. Y que si alguna de ellas hablaba, la sacarían del grupo de ex alumnas que suele reunirse una vez al año en una cena de confraternización».

muchísimo menos hechos públicos. Cuando se realiza cualquier tipo de investigación periodística es habitual encontrar en el camino todo tipo de informaciones a través de fuentes, muchas de ellas dignas de crédito —aunque en la mayoría de los casos pretenden permanecer en el anonimato, por causas obvias— y otras descaradamente mal intencionadas, destinadas únicamente a aprovechar la ocasión, que el altavoz les ofrece, para «intoxicar» e, incluso, desacreditar al personaje en cuestión: lo que vulgarmente se conoce como «colar un gol». Esto es lo que ha sucedido durante la investigación realizada para la elaboración de este libro. En el transcurso de la misma cayó en nuestras manos un documento clasificado como «reservado», presuntamente encargado por la Secretaria de la Casa de S. M. El Rey, fechado el 21 de junio de 2003 y destinado a que Juan Carlos I conociera quién estaba detrás del nuevo amor de su hijo. Este documento que aquí reproducimos, con todas las reservas tanto sobre su autenticidad como sobre la veracidad de su contenido —únicamente lo hacemos como valor de simple información periodística, ni entrando ni saliendo en el fondo de lo que en él se dice, pero dándole poca fiabilidad en cuanto a la forma—. Este *raro* documento contiene una información realmente impactante sobre Letizia Ortiz Rocasolano. Antes de analizar a más a fondo el citado documento, transcribimos el mismo literalmente, tal y como anónimamente llegó a nuestras manos, para someterlo también al criterio del lector —a ser posible de los bien intencionados—.

Bajo el epígrafe de: «CLASIFICACIÓN: Reservado», y seguido de: «ASUNTO: Nombre: Letizia Ortiz Rocasolano. Lugar de Origen: Oviedo nacida el 15 de septiembre de 1972. Padres: Hija Mayor del periodista Jesús Ortiz Álvarez y de la enfermera Paloma Rocasolano Rodríguez. Estudios: Recibe Educación General básica en el Colegio Público la Gesta de Oviedo y continuó sus estudios en el Instituto Alfonso II, hasta la edad de 15 años que por motivos del trabajo paterno se traslado a la localidad de Rivas-Vaciamadrid (Madrid), donde prosiguió su formación en el Instituto Ramiro de Maeztu. Tras finalizar la formación en el instituto, se matriculó en la Universidad Complutense de Madrid, en la que se licenció en Ciencias de la Información. A finales del año 1995 obtuvo un máster en información audiovisual y viajó a Guadalajara (México) para comenzar sus estudios de doctorado (que no finalizó)». Hasta aquí nada que objetar sobre la «veracidad» de la información del *informe* e, incluso, sobre la procedencia del mismo, como se puede deducir, redactado desde el más puro estilo de un rutinario «informe policial». A partir de aquí el informe en cuestión continúa con afirmaciones más fuertes y escandalosas para la imagen de la futura Princesa. Informaciones que al parecer presuntamente recibió directamente el Rey Juan Carlos I. El documento en cuestión sigue diciendo:

«Al principio de 1996 tiene complicaciones, con un embarazo i (con «I» latina, ¿será catalán el autor del presunto informe?), aborta en el hospital Medica sur distrito federal. Donde después de ser intervenida viaja a Estados Unidos (Nueva York)». Como verá el lector los párrafos transcritos están llenos de faltas gramaticales que hemos conservado para poder hacernos mejor la idea de su posible procedencia. El documento sigue con más fuerza y afirmaciones impactantes: «Primera relación sentimental: Durante la etapa del instituto comienza un largo noviazgo con el profesor Alonso Guerrero Pérez, donde —una persona no es un lugar— es detenida por posesión de Hachís —¡*Jesús!*; lo digo en las dos acepciones del nombre, la educada y la exclamativa—. En agosto de 1999, Letizia Ortiz y Alfonso Guerrero contrajeron matrimonio civil en Almendralejo, Badajoz tras un noviazgo de diez años. Pero al cabo de un año se divorciaron». En esta segunda parte del informe-documento se hacen una serie de graves aseveraciones, difíciles de contrastar debido al personaje del que se habla en el mismo, lo que confirma el borrado del pasado *non grato*, que sobre la nueva inquilina de La Zarzuela plena. Otros datos que sí están contrastados en esta parte del informe son los referentes a su divorcio, dato por otro lado más que público y notorio e imposible de esconder. La parte final del «informe» se dedica a hacer un repaso a través de la trayectoria profesional de la Princesa de Asturias, igualmente datos suficientemente conocidos por el gran público y que están al alcance de cualquier ser viviente con un ordenador a mano y una conexión a Internet cerca; ¡Ah! y con interés por saber sobre Letizia Ortiz. Pero para rematar con el «documento clasificado» que nos ocupa, dos sabrosas guindas coronan el pastel impresas en las dos últimas líneas del mismo: «Letizia ya en la «facultad» empieza a trabajar en varios medios de comunicación, entre ellos el periódico ABC, el diario asturiano La Nueva España donde conoce a elementos del partido socialista y se hace militante del propio partido e ingresando también en la UGT». El informe concluye con: «También contacta con grupos antisistema». Esta última información es extraída de diferentes servicios de información» (¿cuántos servicios secretos estuvieron detrás de la futura Princesa de Asturias? Finalmente, y para remate final, un *pseudo* sello de la Secretaria de la Casa de S.M. El Rey, y la fecha 21-06-21 (textual y tachada a mano).

Si analizamos un poco más a fondo este informe podemos fácilmente deducir lo siguiente: en primer lugar, atendiendo a la forma de la estructura «literaria» del mismo, se puede comprobar la distancia en el tiempo a través de la información facilitada en el mismo y que provocan nuevas preguntas: ¿por aquel verano del 2003, preocupaba tanto la relación de la periodista con el Príncipe, para que la Casa Real, «encargara» un informe sobre la «amiga» del heredero?, y por otro lado, la pregunta del millón: en el caso de que todo lo allí relatado fuera cierto ¿porqué la monarquía Borbónica, aceptó la entrada final de Letizia Ortiz en La Zarzuela?, y para acabar con este tema; ¿se cuadró el Príncipe de Asturias Don Felipe de Borbón, y dijo que esta vez ¡no! Se le iba a vetar tu decisión sentimental? Más preguntas para la historia de las interminables que han generado, y sin duda generaran, los Borbones, durante más de tres siglos y que poco a poco algunas se empiezan a desvelar... y las nuevas generaciones no iban a ser menos.

Volviendo al documento aquí aportado deberíamos hacer un profundo acto de contrición dejando a un lado la autenticidad o no del mismo y pensar el por qué del interés en que estos datos se conozcan. Tratándose de la Corona, fácil sería pensar que los «interesados» en desprestigiar a alguno de los miembros de la Familia Real, serían sus antónimos, ideológicamente hablando, o sea los Republicanos más acérrimos y profundos enemigos de la monarquía, pero cada vez que más se profundiza en el personaje de la actual Princesa de Asturias, y más se conoce sobre su pasado, sobre todo el ideológico, más te das cuenta que sus auténticos enemigos están entre los más cercanos en su nuevo mundo, incluso en su íntimo círculo cortesano. Recurriendo nuevamente a un dicho popular que dice «cuando el río suena agua lleva», y adentrándonos en el fondo, cuando no en la forma, el archimencionado informe, vamos a profundizar en el mismo, aunque únicamente sea a modo de guión, sin darle la importancia de cierto ni el descrédito de falso, para bucear en la vida de la Princesa de Asturias, su pasado, presente y en el futuro que le espera a este país, cuando llegue a Reina de España: ¿o tal vez ya ha llegado?

VII

¿Quién no quiere ser reina de España?

El Fausto, la riqueza y el Estado,
no hartan al más templado.

Alonso de Ercilla (Poeta)

«Nunca he pensado en ser otra cosa en la vida que periodista». Esta frase, de la cosecha propia de Letizia Ortiz, extraída de una entrevista que le realizaron cuando estaba en la cresta de la ola del periodismo de trinchera —no solamente su experiencia profesional se limita al interior de las redacciones o al plató de televisión, sino que también ha estado bregada en mil batallas informativas, como el atentado del 11-S en Nueva York, la guerra de Irak o el desastre del *Prestige* en aguas gallegas, entre otras— pero aquellas palabras parece que se las llevó el viento que sopló cuando el compromiso real se hizo oficial. Letizia Ortiz Rocasolano, hija y nieta de periodistas, oficio que según ella misma «llevo en la sangre», no dudó en abandonarlo todo cuando se le presentó la oportunidad de convertirse algún día en Reina —y es que a nadie le amarga un dulce; un trono en lo más alto de un país, es mucho más que una silla delante de la cámara de un plató televisivo—. Siempre ha tenido las ideas claras, la ambición, el análisis racional de la cosas, la mente calculadora y la frialdad ante cualquier avatar de la vida —cualidades o defectos, según se mire, que acompañan a toda mujer Virgo (nos referimos al signo zodiacal por supuesto)—. Letizia no dudó ni un instante en colgar el micrófono y ceñirse la banda azul purísima —dicho el color en *argot* taurino— que corresponde a la

Princesa de Asturias. Atrás quedaron los viajes para cubrir, informativamente hablando, cualquier evento periodístico, los pasillos de la *tele,* los colegas de profesión y las amistades izquierdosas de tendencia anti-sistema; todo lo ha cambiado ahora por los viajes institucionales, los salones palaciegos, los actos oficiales, todo ello alejado de sus «colegas», porque el oficio de Princesa no usa; ahora sus «amistades» pertenecen a la realeza europea. Todo un cambio.

Un rápido atajo en el camino de la tele al trono

Sólo transcurrió poco más de un año, entre aquella *teórica* «cita a ciegas» en el ático madrileño de Pedro Erquicia, el 17 de octubre de 2002, hasta el anuncio oficial del compromiso entre Don Felipe de Borbón y Grecia, Príncipe de Asturias, y Letizia Ortiz Rocasolano, periodista. Eso sucedería el día de Todos los Santos del 2003 —casualmente la onomástica de los Borbones que han sido bautizados con este nombre añadido. Trescientos setenta y nueve días exactos pasó la pareja de idílico noviazgo, desde que el príncipe llamara por teléfono por primera vez a Letizia Ortiz —el número se lo había proporcionado un amigo— al regreso de la periodista de Um Qasr (Irak) donde había acompañado a las tropas españolas a bordo del buque *Galicia* en representación de TVE, sumergidos en la más absoluta clandestinidad; relación sólo conocida por un reducido número de amigos, pertenecientes a su círculo más íntimo. Letizia había pasado la prueba de fuego de las presentaciones a ese círculo privado con éxito y aceptada como una más en la reducida *pandilla* del Príncipe Felipe. El «visto bueno» del «*clan amiguil*» se había producido el verano anterior, mientras navegaban por aguas mediterráneas en el barco de uno de esos «íntimos».

«Jaque al Rey» y «Operación Zilencio»

_Durante ese periodo de «amor clandestino» ambos contaron con la complicidad de aquellos treintañeros de la *jet* e incluso de la mismísima Infanta Cristina, la cual en su momento también «acogió» a Eva Sannun en su hogar barcelonés —como había hecho Dinio cuando vivían en Madrid—, lugar idóneo para que su hermano encontrara la tranquilidad e intimidad *sentimental,* que por su *cargo* le está negada.

Corría el verano de 2003 y al regreso de aquel crucero por aguas baleares, junto a los amigos y cómplices del idilio de Don Felipe y Letizia, la pareja consolidó sus proyectos de futuro y decidieron comunicarlo a la Casa Real —al parecer fue la última en enterarse—. Letizia tuvo que pasar otro examen decisivo, el de conocer a sus futuros suegros. Por si acaso, el Príncipe de Asturias lo dejó claro a sus padres, los Reyes: «*Esto es lo que hay; o esto o lo dejo todo*»[46]. Los Monarcas no tuvieron más remedio que «tragar» con la elección de su heredero.

A partir de ese momento los tortolitos continuaron viéndose dentro del secretismo más implacable. Todos tenían orden de guardar el secreto, como si con ello fuera su propia vida. Había que aguantar hasta que la Casa Real, que ya había dado a regañadientes el beneplácito, decidiese el momento oportuno para hacer público el compromiso de manera oficial. Las citas de la pareja en la capital de España fueron sucediéndose sin cesar, siempre bajo el control invisible de la parafernalia del servicio de seguridad que acompaña permanentemente al heredero de la Corona. Cara a la prensa y al «españolito de a pie», la vida de ambos transcurría con toda normalidad. No podían levantar la liebre antes de tiempo. Don Felipe seguía con la apretada agenda y las obligaciones que conlleva su real cargo; incluso aquel verano, último de su soltería, se permitió el lujo —con el beneplácito de Letizia, por supuesto— de dejarse ver con alguna de aquellas antiguas *amigas* que en su momento habían dado tanto que hablar a la prensa del corazón, como por ejemplo, con la actriz norteamericana ganadora de un Oscar, Gwynelth Paltrow. Esta manera de actuar formaba parte de las cortinas de humo ideadas en la «Operación Zilencio».

Por su parte, la futura Princesa continuaba con toda normalidad con su telediario nocturno como si no pasara nada, manteniendo incluso las relaciones con sus compañeros y «jefes». Como afirma la periodista Lucía Méndez «muchos testimonios coinciden en que Letizia se consideraba «de otra pasta»: «Si no fuera porque es imposible, diría

---

46. URBANO, Pilar:. *La Reina muy de cerca*. Planeta, Barcelona, 2009.

que la han estado preparando para esto durante 5 años». Este rasgo principesco de su carácter, que le puede ser muy útil en su tercera vida palaciega, la hizo algo antipática para algunos de sus compañeros. Ella no hablaba con cualquiera. Técnicos de sonido y cámaras, así como algunos redactores, dan cuenta de que se comportaba como un ser superior.

En los pasillos de RTVE, muchos la apodaron Letizia, *la Ficticia*. Bajo esa majestuosa capa se esconde, de acuerdo con las opiniones recabadas, una inseguridad poco visible en la superficie y una cierta zozobra emocional. «No es una persona tan segura como parece».

Una vez en la cadena pública, donde la destinaron a presentar «Informe Semanal», Letizia entró en un círculo más selecto. Conoció a personas más importantes y siguió estableciendo amistades con todos los profesionales interesantes que le salían al encuentro.

Su vida social era muy intensa. Logró también hacerse un hueco en uno de los trabajos más difíciles que existen en televisión: los llamados directos, que consisten en ir a los lugares donde se producen las noticias más destacadas para entrar en los telediarios»[47]. Aquel telediario de la 1, junto a Urdaci, era un respiro para ella. Letizia ya no tenía que levantarse de su pequeño y sencillo apartamento de dos habitaciones en Rivas Vaciamadrid —localidad en la que ni siquiera había una parada de Metro— a las dos y media de la madrugada en dirección a CNN+ donde la asturiana presentaba el informativo de la mañana. Aunque ya las cosas empezaban a torcerse en casa, su entonces marido, Alonso Guerrero, se levantaba también para darle ánimos y tomar algo con ella. Esta táctica estaba destinada quizá, para llegado el momento pudiera contar con su complicidad y apoyo, ya que como buena periodista era consciente de la repercusión que traería la bomba informativa y también del peligro del morbo de la gente, producto de las habladurías por su origen y por su pasado, y es que Letizia Ortiz Rocasolano, nunca da puntada sin hilo. La futura Princesa de Asturias en esa época siempre llevaba consigo un móvil que le había regalado Don Felipe, destinado únicamente a recibir llamadas suyas. Ni tan siquiera el periodista David Tejera, presentador

47. MÉNDEZ, Lucía: «Las tres vidas de Letizia», en *El Mundo*, 9 de noviembre de 2003.

de CNN+[48], su mejor amigo dentro de la profesión —con quien salía en ese momento— y que fue su máximo apoyo cuando Letizia se divorció de su entonces marido, Alfonso Guerrero Pérez, a finales de 1999, nada supo de la relación principesca. Reinaba «la ley del silencio»: había que impedir a toda costa que la sociedad española iniciara un «juicio mediático» antes de tiempo.

Según el periodista argentino Juan Carlos Algañaraz, corresponsal del diario *Clarín* en Madrid, el Príncipe de Asturias organizó dos operaciones diferentes destinadas a asegurar su futuro sentimental con Letizia Ortiz. Una denominada «Jaque al Rey», dirigida a vencer el «frontal rechazo» de Juan Carlos I y Doña Sofía al noviazgo de su heredero con una mujer divorciada, de otra clase social y que no pertenecía a la nobleza. La segunda, denominada «Operación Zilencio —con «Z» de LetiZia—, tenía como objetivo impedir que la prensa se enterara de la incipiente relación entre él y la periodista pudiendo así destruirla antes de tiempo. Don Felipe estaba profundamente dolido con la prensa, principalmente con la del corazón, a la que le culpaba de que su relación con Eva Sannun no cuajara[49].

Por fin, aquel 1 de noviembre, el polvorín informativo guardado tan celosamente saltó por los aires y la noticia corrió como la pólvora de boca en boca por toda la Villa y Corte y sus aledaños. Esta vez no era un rumor como tantos otros. Esta vez ¡sí! iba en serio, y toda España —la que no estaba de puente por aquellas fechas—, se estremeció con la buena nueva: ¡¡se nos casa el Príncipe Felipe!! Las redacciones de las revistas del corazón se prepararon para hacer su agosto en otoño, afilando sus

---

48. En el mismo artículo de Lucía Méndez se puede leer que los jefes de Letizia «en CNN Plus no intentaron retenerla. Diríase que en el fondo respiraron aliviados. Porque Letizia —ya en el Olimpo— no era una persona de carácter fácil cuando parecía de carne y hueso. «Meticulosa, perfeccionista, pesada, nerviosa, fría, parlanchina, curiosa, inquietante, ordenada, testaruda, coqueta, agobiante, seductora, encantadora, vanidosa, calculadora, arriesgada, elegante, sobrada». Todos estos adjetivos vienen a la mente de sus amigos y conocidos a la hora de definirla. «Sabía dorar la píldora», dice uno. «Siempre caminó tres palmos por encima del suelo», asegura otro. «Se la está presentando como lo que no era. No era una periodista de raza, aunque sí tenía un porte majestuoso», señala un tercero».

49. García Pelayo, Paloma y Portero, Ángela: *Tú serás mi Reina: Operación Letizia.* Espejo de Tinta, Madrid, 2003.

plumas y sus cámaras. Sus más acicalados reporteros *Dolce & Gabana*, vestirían sus últimos modelitos de diseño para lucirlos ante las cámaras en Palacio cuando retrasmitieran para sus incondicionales seguidores ávidos de sangre fresca —azul por supuesto— la gran noticia del año. La cita, el siguiente jueves, 6 de noviembre en el Palacio de La Zarzuela, donde la Familia Real al completo anunciaría la buena nueva a sus súbditos, se intercambiarían los oportunos presentes de compromiso y se fotografiarían para la posteridad todos juntitos. El comunicado oficial de la Casa Real enviada a todas las agencias de noticias y medios de comunicación del país, decía textualmente: «Sus Majestades los Reyes tienen la gran satisfacción de anunciar el compromiso matrimonial de Su Hijo, Su Alteza el Príncipe de Asturias Don Felipe, con Doña Letizia Ortiz Rocasolano. La petición de mano tendrá lugar en el Palacio de la Zarzuela el próximo jueves 6 de noviembre»[50].

Volviendo a aquel 31 de octubre de 2003, antesala del gran día y mientras la noticia estaba a punto de saltar a los teletipos de todas las redacciones, Don Felipe de Borbón se encontraba en Barcelona cenando con su hermana la Infanta Cristina y su marido, Iñaki Urdangarín, en el restaurante japonés y minimalista Shibui, de la Ciudad Condal. Al parecer los duques de Palma se enteraron, con gran sorpresa por su parte, durante el trascurso de esa velada, del inminente anuncio oficial del compromiso, que se iba a comunicar horas más tarde, ¡sólo poco antes que al resto de los mortales! A la mañana siguiente, el Príncipe de Asturias regresó a Madrid para estar en La Zarzuela a tiempo de hacer frente al más que previsible acoso de la prensa ante la trascendental

50. Según Alfredo Urdaci en unas declaraciones en el programa de Jesús Quintero en Canal Sur: «Cuando en noviembre de 2004 se lanza la misiva a los medios de comunicación, Bartolomé [el confesor de Don Juan Carlos] telefonea al Rey varias veces, los días 1, 2 y 3 de noviembre. «Me dicen que el Rey está ausente, en una cacería. Y después recibo un fax con las firmas de los dos dándome las gracias por mis llamadas. Se acaba de anunciar el noviazgo entre el Príncipe Felipe y Letizia Ortiz y el monarca no las tiene todas consigo. Hay un genealogista, Javier Cordero, que está rastreando los orígenes de Doña Letizia por la rama del abuelo paterno, el asturiano Luis Ortiz Velasco, por si encuentra alguna veta noble, algún trazo nobiliario en ese costado del árbol genealógico. En todo caso, interesa saber de dónde procede la que puede ser Reina de España». Con gestos y medias palabras, fraile Bartolomé traslada la impresión de que el Rey, una vez casados el heredero y la periodista, no está muy satisfecho respecto a Doña Letizia, o todavía no ha encajado muy bien esa boda ni el origen y la vida anterior de Letizia».

noticia y no dejar solos a sus magnos progenitores y mucho menos a su ya, ahora sin tapujos, flamante futura esposa. Por su parte la inminente novia real estaba ya «en capilla». A las seis de la mañana de aquel 1 de noviembre abandonaba su domicilio particular en Valdebernardo y tomaba un taxi camino de Palacio. No lo hacía en el Audi A3 —regalado por el Príncipe— y que muchos en Televisión Española pensaban que había adquirido ella tras ascender profesional y salarialmente a locutora en el informativo más influyente y con mayor audiencia de la televisión española.

El portero del inmueble, Gaspar Abascal, extrañado por el madrugón de Letizia, le preguntó al verla salir con un pequeña maleta de viaje:

—¿Cómo es que te vas a trabajar tan temprano?

—Tengo un asunto importante entre manos —contestó sin casi detenerse—. Me voy a otra cosa más complicada —remató con una picarona sonrisa.

Sería la última vez que el bueno de Gaspar tutearía a la que hasta esa fecha había sido una de las inquilinas del inmueble en el que ejerce las funciones de portero y también la última noche que Letizia Ortiz dormía en el mismo; a partir de entonces su «casa», hasta que pasara por la vicaría real y se trasladara a la residencia principesca, sería el ala de invitados del Palacio de La Zarzuela.

El día anterior, viernes por la noche, Letizia Ortiz había presentado junto a Alfredo Urdaci, como cada día, el telediario estrella de la televisión pública española, sin que nadie notara en ella nada especial. Su comportamiento ante los televidentes fue como siempre. Su relación con sus compañeros de trabajo como cualquier otro día. La frialdad, que anteriormente hemos dicho la caracteriza, acompañada de la indudable profesionalidad y destreza que luce ante las cámaras, hicieron de aquel su último informativo un clon de todos los anteriores: sin fallos, como siempre. Al abandonar el plató —que ya no volvería a pisar—, solo un comentario de María Oña, una compañera de redacción, puso sobre la pista del romance real:

—Ya sabemos quién es él.

A lo que la futura Princesa respondió:

—Por favor, decid que se llama Juan y que es diplomático... Hasta el lunes.

Ese lunes nunca llegó, y Letizia Ortiz no volvió a pisar los pasillos de TVE, al menos como trabajadora del ente público: la próxima vez que lo hiciera sería como Alteza Real.

El día que el Rey supo quien era Letizia

La petición de mano entre el Príncipe y la periodista demostró una vez más el carácter de la futura Reina de España. Aquel 6 de noviembre de 2003 los elementos quisieron acompañar a los enamorados en su presentación en sociedad. El sol lucía radiante sobre el Palacio Real del Pardo, el lugar escogido para el primer posado de la pareja. A las doce y media de la mañana se había celebrado una ceremonia íntima e informal en el Palacio de la Zarzuela donde se conocieron por primera vez los Borbón y los Ortiz. Curiosamente, en el Pardo no lucía el Pendón Real que engalana la fachada principal cuando el Rey se encuentra en el palacio utilizado habitualmente como residencia oficial de los Reyes y los Jefes de Estado que se encuentran en España de visita oficial.

El Príncipe —elegantemente vestido con un traje oscuro de raya diplomática, camisa de tonos claros y corbata azul marino— y Letizia Ortiz —vestida con traje pantalón blanco de Armani[51], chaqueta cerrada con tres botones sin cuello y escote chimenea, que le quedaba un poco holgado, pero fiel al estilo de los empleados en su etapa como presentadora de informativos — hicieron su entrada en los jardines del recinto de la antigua residencia de Franco, dando un breve paseo de cinco minutos. Pasaban unos pocos minutos de las doce y media cuando los enamorados se presentaron en el patio cubierto de los Austrias ante los 350 periodistas que se habían acreditado para captar aquel momento histórico en la historia de España, pertenecientes a 150 medios y de

51. La elección de un modisto italiano, Giorgio Armani, para la presentación en sociedad creó un gran malestar en el sector de la moda española que hubiese preferido un vestido realizado por un nacional. El diseñador madrileño Fernando Lemoniez, portavoz de los modistas españoles, señaló que «Ella debe tener mucho cuidado y saber de quién tiene que vestir o no por el papel que ya desempeña» y Paco Flaqué, antiguo director de la Pasarela Gaudí, señaló que «la Casa Real tiene el deber de promocionar la moda del país». Letizia vestía en su etapa televisiva conjuntos de los diseñadores gallegos Adolfo Domínguez y Purificación García. Como le solicitaron los modistas Roberto Torretta y Modesto Lomba Letizia rectificó y su traje de novia y la mayoría de los vestidos que luce en los actos oficiales son de diseñadores españoles.

doce países diferentes, la mayoría de España, Francia, Inglaterra, Italia, Portugal y Alemania.

Desde el primer momento Doña Letizia dejará patente su dominio de la situación. Con una gran seguridad, como sabiendo cuál es su papel en esta historia de amor, se dirige a los reporteros gráficos con gran soltura dando muestras de complicidad con algunos de ellos, a los que conoce personalmente. El Príncipe, sonriente, se muestra encantado con el dominio de la situación de su prometida y en todo momento se muestra pendiente de ella. Doña Letizia, sin embargo, tiene más en la cabeza quedar bien con sus compañeras de la prensa. Ella es periodista y sabe lo que se juega en aquel acto. Pero las miradas de complicidad existen y el Príncipe explica que la boda tiene un claro signo de continuidad, que permite dar la posibilidad de tener un eslabón más en la cadena de la dinastía y nos engarza con la Historia. Aparte, me permite incorporar un activo a mi trabajo por el bien de los intereses de los españoles. Personalmente, supone un tremendo apoyo, porque sus cualidades y su valía van a ser fundamentales y van a dar grandes frutos». Los periodistas quieren saber si Letizia continuará en su profesión como presentadora de los informativos de TVE, pero la futura Princesa de Asturias replica que «desde hoy queda claro que es un punto y aparte en la labor profesional que he ejercido hasta ahora». Mientras explicaba que su desvinculación con TVE se hará de forma gradual con el fin de ir integrándose progresivamente en su papel de futura Reina. el Príncipe la interrumpió para afirmar que: «No le va a faltar trabajo, va a tener el día bien ocupado». En ese momento, Letizia demostró que ella va por libre, que toma sus propias decisiones, que tiene carácter y tiene al Príncipe rendido a sus pies: «Déjame terminar», mandará callar la periodista a Don Felipe, lo que provocara las risas de los reporteros que, incrédulos, no dan crédito a lo que han oído. No será la única ocasión que suceda. A lo largo de la intervención Doña Letizia apostilla varias veces las respuestas del Príncipe, especialmente cuando se refieren a los regalos. En este caso también se rompe una tradición en la familia real española. Mientras en las peticiones de mano de las Infantas Elena y Cristina, las hijas de los Reyes regalaron a sus prometidos un reloj de marca suiza y ellos un anillo de brillante, Letizia había decidido cambiar la tradición. La asturiana había escogido unos gemelos de oro blanco y zafiro talla cabujon de la prestigiosa joyería Suárez —cuya imagen representa Isabel Preysler— y que ella había adquirido directamente en la calle Serrano de la capital. Don Felipe, más tradicional, le había obsequiado con una alianza de oro blanco y diamantes —Letizia la lucía en el dedo central de la mano derecha y cuando la mostró a los cámaras para describir la pieza, dijo que «es de oro blanco y así...»—, un elegido a través de catálogo también de Suárez, pero en esta ocasión de la tienda que la exclusiva joyería tiene en el Paso de Gracia de Barcelona, pues el encargo corrió a cargo de Iñaki Urdangarín ya que en aquellos días su hermana, Cristina, padecía un problema estomacal. Valorado en 3.000 euros. El anillo se conoce como la *Alianza de la Eternidad* y a mediados del siglo pasado en Estados Unidos tuvo gran aceptación entre las grandes estrellas de Hollywood. Aparte de estos regalos, los novios informaron de que en la intimidad, el Príncipe le regalará un collar de perlas y zafiros perteneciente a la familia, utilizado habitualmente por la Reina Victoria Eugenia, y Letizia una joya literaria 1850, *El doncel de Enrique el Doliente*[52] —prohibida por Fernando VII en su tiempo—, obra de Mariano José de Larra, un autor capital para cualquier periodista de raza, una intriga cortesana en el siglo XIV. Enrique III el Doliente, rey de Castilla entre 1390 y 1406, fue llamado *el Doliente* por su frágil salud. En medio de sus padecimientos, tuvo que enfrentarse a la nobleza cuando ésta intentó sacar provecho de la inestabilidad política provocada por la masacre de judíos de 1391. Enrique se enfrentó también a los Trastámara, Alfonso y Fadrique, y finalmente los sometió. La obra tiene como trasfondo histórico algunas de estas peripecias, narradas en una atmósfera de tensión protagonizada por relevantes personajes de la política de entonces. Esta historia presenta la relación adúltera del trovador Macías con Elvira, esposa del hidalgo Fernán Pérez del Vadillo —Larra, que firmaba con el seudónimo de Fígaro, recordaba su

52. En uno de los párrafos, que probablemente complacerá a Don Felipe si ha leído el libro, se puede leer: «Tolerancia y libertad de conciencia; libertad civil; igualdad completa ante la ley e igualdad que abra la puerta a los cargos públicos para los hombres todos, según su idoneidad, y sin necesidad de otra aristocracia que la del talento, la virtud y el mérito; y libertad absoluta de pensamiento escrito». ¿Es éste también el pensamiento de Letizia Ortiz?

historia de amor tormentosa con Dolores Armijo— que concluirá con la muerte del protagonista y la pérdida del juicio de la amada fruto de aquella pasión desgarradora y desmedida.

Mientras Don Felipe admitía que «hubiéramos necesitado más tiempo para preparar todo esto» y afirmaba que aún no se había fijado la fecha concreta del enlace, a diferencia de lo que había sucedido en el caso de las Infantas —¿inseguridad y desconfianza de los Reyes o por temor a que las relaciones de Don Felipe con una periodista impidiera la celebración de la boda como había sucedido en el caso de Eva Sannum?—, al tiempo que algunos periodistas comentaba que aquel acto era demasiado «protocolario», por detrás de la pareja de enamorados Don Juan Carlos y Doña Sofía hicieron su entrada al patio cubierto distribuyéndose en un doble escalón tapizado en moqueta roja sobre una alfombra de sisal de la Real Fábrica. Al fondo, decoraban el ambiente unos maceteros con el escudo de las armas heráldicas del Rey y los bustos de unas diosas clásicas griegas instaladas en el Palacio durante el reinado de Carlos III.

Los Reyes permanecían de pie escuchando a Don Felipe y a Doña Letizia. Él proclamando que había visto en ella, además de su elocuencia y su inteligencia, su espíritu de responsabilidad en el trabajo, su coraje y una rectitud y una ejemplaridad en el trabajo «que siempre me ha impresionado y, desde que la conozco, mucho más». Letizia destacó que el Príncipe «es un ser humano excepcional. Es muy respetuoso, muy sensato, inteligente, es un gran lector, una persona afanada en crecer por dentro y en tener una visión del mundo muy justa y muy comprometida». El periodista José Calabuig se atrevió a preguntar a Don Felipe como se declara un Príncipe. No pudo responder. Letizia lo hizo por él: «Como un hombre que ama a una mujer», dejando claro que además de una buena entrevistadora tiene grandes dotes de entrevistada. Pero cuando se le preguntó al Príncipe por su descendencia la cara de asombro, desconcierto y estupor de Letizia fue evidente. Don Felipe se dio cuenta de ello y respondió intentando lograr su complicidad: «La intención es por encima de dos y por debajo de cinco». «¡Anda!», exclamó ella. ¿Recordaba que en muchas ocasiones había manifestado en su círculo íntimo su intención de no tener hijos?

La paciencia del Rey, que había permanecido de pie junto a la Reina atento a las respuestas de su hijo y su futura nuera con una sonrisa fría y heladora, traspasó los límites de lo aceptable. Para aparentar normalidad, Don Juan Carlos —dolido por las amenazas entre bastidores de su hijo— se había declarado un padre feliz pero con rostro serio, sobre su corbata oscura, preguntó a Juan González Cebrián cuánto tiempo más debían esperar aquella incómoda escena. Aquel comentario era en realidad una orden y Cebrián se acercó a la pareja para dar por concluidas las preguntas.

Don Felipe y Doña Letizia se colocaron junto a los Reyes pero la periodista olvidó saludar a los monarcas con un reverencia. Las formas son las formas que habría que pulir en el futuro pero aquel era *su* acto, no el de su familia política. El Príncipe, cogido de la mano de la asturiana, tomó también la mano de Doña Sofía, a la que apretó con fuerza, como buscando la complicidad y la aprobación de su madre. Don Felipe había lanzado un pulso a la monarquía pero era consciente que sin el apoyo de Doña Sofía su futuro iba a ser muy comprometido. Entonces se unieron a la Familia Real el resto de invitados al acto: los padres de Letizia, que pese a estar separados entraron cogidos de la mano; las infantas Elena y Cristina con sus respectivos maridos; las hermanas de Letizia, Telma y Erika, con su marido Antonio Vigo, y su primo, David Rocasolano con su esposa Patricia Reina; las hermanas del Rey —doña Pilar y doña Margarita— con sus familias y la princesa Irene de Grecia. Faltaban los abuelos de la novia pero el Palacio de la Zarzuela justificó la ausencia —tal vez demasiado impacto para el primer día— con el argumento de que «son mayores para el viaje». Juntos posaron en silencio y sin prácticamente comentarios entre unos y otros para la fotografía oficial del compromiso del heredero a la Corona española, que a decir de los medios de comunicación suponía un paso de modernidad en la monarquía Borbónica. Al concluir el posado oficial, Don Felipe y Doña Sofía celebraron en el Palacio de la Zarzuela un almuerzo íntimo con sus respectivos familiares. Aquel día supuso el primer encuentro entre los Reyes y los padres de Doña Letizia.

La ceremonia se había destacado por la solemnidad, la sencillez y la austeridad —que tanto gusta al Rey de cara a la galería—, por la emoción y el nerviosismo, especialmente en los Ortiz que posaban por primera vez en público. Empezaba una nueva era para el futuro propietario de la Corona española.

Al día siguiente de la petición oficial del compromiso del Príncipe de Asturias con Letizia Ortiz, la Reina celebraba en el Palacio de la Zarzuela —«con enorme alegría»— su 65 cumpleaños. Reina, madre y abuela, una de las últimas soberanas de Europa que nació y fue educada para ser Reina, «una gran profesional» como la definió el Rey —«Ella no se queja pero ser Reina no es cómodo»—, partidaria de la «plebeyización»— de la monarquía como forma de garantizar la institución, vivió aquel 4 de noviembre de 2003 un día triste con sus más allegados. Un comunicado de la Casa Real señalaba que la Reina había celebrado su aniversario en la intimidad acompañada por el Rey, sus hijos, sus nietos y su hermana. La mujer que ha declarado que «quienes critican el matrimonio de un príncipe con una periodista tienen una forma muy antigua de pensar. Es bueno que nos abramos. Casarse con personas de fuera de este círculo es bueno» entendió cuál sería la futura relación con su nuera porque dos fueron las ausencias significativas que los responsables de comunicación se negaron a confirmar por activa y por pasiva: la del Príncipe y Letizia Ortiz. «Vendrá quién pueda», se limitaron a afirmar. Lo cierto es que la misma noche del viernes, Letizia Ortiz se había reunido con Don Felipe en un país extranjero lejos de las miradas de los periodistas y de la compañía de su nueva familia política. Letizia no da puntada sin hilo y había que marcar el territorio desde el comienzo. Sabía que los Reyes estaban disconformes con su matrimonio y que habían aceptado a regañadientes por el pulso lanzado por su hijo. A partir de ese momento en Palacio el pulso de los acontecimientos iba a llevar otra marcha. Don Felipe había afirmado a su abuelo, el conde de Barcelona, que «no me siento obligado a contraer matrimonio con una persona de sangre real». Con arreglo a la Constitución de 1978, Don Felipe podía casarse, siempre que el Rey y las Cortes no se opusieran a la boda, con quien él eligiera. Y no se opusieron. Por lo tanto, Don Felipe había separado la jefatura efectiva del Estado de la jefatura dinástica, ambas encarnadas en la actualidad por su padre, el Rey Don Juan Carlos I. Letizia iba a marcar entonces el futuro de su matrimonio. Cuanto más distancia de la familia, mayor la influencia sobre el que iba a ser su esposo.

Lo cierto es que el heredero dinástico de los Borbones iba a contraer matrimonio y, si nada lo impedía, generar más infantes para el futuro de la Corona española. Todos los monárquicos de pro deberían estar contentos, a no ser por la consorte que, que para tal regia misión, les había tocado en suerte para tal misión regia. En ella solo veían a una plebeya, divorciada y con pasado —y quién sabe si presente— izquierdoso y republicano, la antítesis de sus ideales. Pero, pesara a quién pesara, el amor había triunfado y el heredero la había elegido. A ella. El 22 de mayo de 2004, se darían mutuamente el «sí quiero» en la Catedral de la Almudena, de la capital del reino, no faltaba más, y por fin aquella ambiciosa periodista asturiana habría conseguido entrar en la historia monárquica de España por méritos propios y llegar hasta el umbral del trono como Princesa de Asturias. Todo un logro no exento de méritos.

Dos días después del acto de petición de mano, cuando aún las rotativas y las cámaras sacaban humo y los periodistas no se habían repuesto de la «resaca» informativa, Letizia Ortiz Rocasolano concedió una entrevista ya como futura Reina Consorte de España, en la que daba sus primeras impresiones sobre su nueva situación ante el mundo. En la entrevista publicada por el diario *ABC* el sábado 8 de noviembre de 2003, la flamante prometida del Príncipe de Asturias dejó perlas como: «hasta ahora he sido consciente de todo lo que me está pasando porque ha sido una decisión meditada y fruto del amor que nos profesamos aunque quiero mantenerme al margen de la vorágine», como si no supiera como periodista que es —o ¿tal vez deberíamos decir era?— que eso iba a ser una quimera imposible de alcanzar. O también preguntó al entrevistador: «lo que dicen de mí es bueno, ¿no?» ¿Por qué tanta preocupación? ¿Qué haría ella al otro lado de la mesa? En la misma entrevista, refiriéndose al acto de la petición de mano, dijo: «Fue un día emocionante para toda la familia; fue inolvidable». El mismo diario recogía las impresiones de la madre de la ya prometida regia, la también divorciada Paloma Rocasolano, referente al acontecimiento: «Estoy todo lo feliz que se puede estar después de ver a mi hija feliz». No es de extrañar; ¿quién le hubiera dicho hace solo un año escaso a esta enfermera y sindicalista militante, que estaría en un Palacio Real, no como turista sino compartiendo mesa con la realeza como reina madre consorte por parte de hija? Y es que, para una familia como la de Letizia Ortiz Rocasolano, realmente debe ser impactante el brutal cambio de status en su vida, sobre todo el de pasar de la noche a la mañana del más absoluto anonimato a estar permanentemente en el ojo de huracán.

Capitulaciones matrimoniales

La fecha de la Real boda se fijó para el 22 de mayo de 2004, pero antes habría que salvar algunos escollos: Letizia Ortiz era una mujer divorciada, la primera con este estado civil que, en el transcurso de la historia, se iba a casar por la Iglesia con un futuro Rey de España, y el segundo había que firmar las capitulaciones matrimoniales que la ocasión prevé. Empecemos por esta segunda, porque la primera tiene más miga.

Ambos futuros consortes debían comparecer ante notario para realizar una práctica habitual cuando en un enlace matrimonial uno de los cónyuges posee una fortuna más elevada sustantivamente que el otro y existe la duda de una ruptura, lo que conllevaría a un reparto de bienes. En este caso la diferencia es notoria. Esto obligó a que el Príncipe y Letizia firmaran una capitulación, renunciando al régimen de gananciales, el sistema imperante en el resto del Estado español y según el cual los bienes aportados por ambos miembros de la pareja después de la boda pertenecen por igual a ambos cónyuges. El importante despacho jurídico madrileño Uría & Menéndez elaboró con gran secreto —como es de suponer— el documento, que finalmente fue más amplio y complicado que una simple acta de capitulaciones, dados los firmantes del mismo, ya que contemplaba una serie de clausulas que no existen en cualquier otro.

Normalmente las capitulaciones, que se caracterizan por tener un carácter formal, deben otorgarse ante notario y ser registradas en el Registro Civil correspondiente en la inscripción del matrimonio. Se da la circunstancia de que la Familia Real española tiene un Registro Civil propio que está en el Ministerio de Justicia y en el que figuran los cambios que afectan al Rey, a la Reina y a los ascendientes y descendientes del Rey en primera línea, así como los del Príncipe de Asturias y su esposa y los descendientes de ambos. En este Registro Civil quedó inscrito el 22 de mayo de 2004 el matrimonio de Don Felipe Borbón y Grecia con Doña Leticia Ortiz Rocasolano. El documento recoge una serie de cláusulas completamente inexistentes para cualquier otro *mortal*. A partir del enlace, la esposa del Príncipe de Asturias adquiría el título de Su Alteza Real la Princesa de Asturias, título, tratamiento y honores, que perdería en el caso hipotético de un divorcio —desaparecido el vínculo, perdido el título—. En cuanto a la custodia de los hijos producto de la unión regia, al ser hijos del futuro Monarca, su custodia no sería otorgada a la madre, como sucede en la mayoría de los casos, sino que aquí ya está pre acordado que correspondería al padre sin que ningún juez tenga potestad para decidir lo contrario —ventajas del cargo—, al tratarse de Infantes de España. Además su educación y su formación sería decisión de la Corona.

Por otro lado en este complicado documento de capitulaciones matrimoniales figuran una serie de disposiciones o puntualizaciones voluntarias (estas sí normales por lo común y máxime en este caso—, donde quedan registradas las donaciones *propter nuptias*, es decir, los regalos de la familia, especialmente los relacionados con aportaciones económicas que hayan podido hacerles sus respectivos padres o cualquier otra persona. Con respecto a la vivienda, este caso no plantea problema porque la *mansión* conyugal no pertenece a ninguno de los dos al tratarse de una vivienda del Patrimonio Nacional, pagada a cargo de una partida de los presupuestos generales del Estado, o sea, por los españoles: llegado el improbable caso ya nos imaginamos quien se quedaría con la *casita*. En los pocos divorcios reales que ha habido —en los Borbones únicamente el de la Infanta Elena y Jaime de Marichalar—, siempre ha existido un cierto pacto de discreto alejamiento para el cónyuge menos importante, apartándolo de la familia discretamente para evitar escándalos y problemas, circunstancia ésta que roza la vulneración de los derechos civiles. Algo parecido podría formar parte de este pacto recogido en el documento en cuestión. En fin, las capitulaciones se firmaron y por esta parte ya casi todo estaba listo para la boda real, ahora sólo quedaba convencer a la Iglesia Católica.

Un día para la Historia y los problemas de la Iglesia Católica para casar al príncipe con una divorciada

Faltaban algo menos de dos meses para el esperado enlace real y los preparativos para ese gran día estaban casi listos. Las invitaciones habían sido enviadas a miles de ilustres personajes que asistirían, encantados claro está, a lucir modelito al acontecimiento real del año. El *papeleo* civil se había tramitado sin fallos. Por su parte, la Catedral madrileña de Santa María la Real de la Almudena, *reservada* —más de un infeliz se quedó sin boda aunque la tenían *guardada* mucho antes—. La prensa mundial velando armas. Los miles de agentes de seguridad puliendo los últimos detalles del despliegue policial en salvaguarda de tanta realeza europea, mandatarios del mundo mundial, además de famosos y famosillos de todos los colores, que asistirían al magno evento. En definitiva, la Villa y Corte y España entera vibraba ya con el esperado espectáculo y contaba impaciente las horas que faltaban para que se levantara por fin el telón del *gran evento* de la boda de su Príncipe heredero con aquella cenicienta periodista y plebeya, de nombre Letizia Ortiz Rocasolano. Pero un *pequeño* detalle estaba aún en el aire y que atañía muy directamente al principal oficiante de la ceremonia religiosa, Monseñor Antonio María Rouco Varela, Arzobispo de la Archidiócesis de Madrid, Presidente de la Conferencia Episcopal, y máximo mandatario de la Iglesia Católica en España. El insigne Cardenal tenía ante él un papelón de difícil solución: el de casar como Dios manda —nunca mejor dicho—, a una pareja, por muy real que esta fuere, en la que uno de ellos había estado casado anteriormente, aunque solo por lo civil y estuviera correctamente divorciado. Antes de nada debía solucionar el problema, y para ello, tanto Felipe como Letizia, debían pasar por los trámites eclesiásticos reglamentarios como todo hijo de vecino, debiendo cumplimentar un largo expediente matrimonial común a todas las parejas de novios que eligen ese Santo Sacramento cristiano para casarse y en el que existe un impedimento que afecta a la interpretación del Derecho Canónico. Este expediente, en el que se aceptan los elementos y las propiedades del matrimonio tal y como lo entiende la tradición católica, no llegó a realizarse nunca, porque para ello la Iglesia exige una serie de documentos entre los que se encuentra la Fe de Bautismo y, ante todo, el certificado de soltería de ambos aspirantes a esposos. Aquí empezó el problema y el debate.

Letizia Ortiz había estado casada anteriormente con su profesor de literatura y lengua del Instituto Ramiro de Maeztu de Madrid[53], Alon-

53. En el Instituto, matriculada junto a sus hermanas, realizaría segundo y tercero de BUP y COU en el turno de noche. Las clases comenzaban a las 18:30 h. y terminaban a las 22:30h., cursando la rama mixta de Letras —con latín— y Matemáticas. Su profesora de Filosofía, Justina Martínez Cebrián, recuerda que «Como vivían muy lejos y hasta su barrio no llegaba

so Guerrero Pérez, del cual se había divorciado cuatro años antes, por lo que existía un contrato matrimonial entre dos personas bautizadas, aunque con posterioridad este contrato quedara disuelto pero solo civilmente. La polémica y la interpretación de si el matrimonio era posible o no —visto desde el punto de vista de los católicos— suscitó un debate que perdura aún hoy, transcurridos más de seis años desde que se consumara el enlace real.

Las relaciones de la actual Princesa de Asturias con la Iglesia Católica siempre han sido distantes e, incluso, podríamos afirmar que antagónicas. Desde el día 29 de septiembre de 1972 en que fue bautizada en la Parroquia de San Francisco de Oviedo y la posterior Primera Comunión a la edad de 9 años en el colegio público La Gesta de la capital asturiana, parece que las visitas a la Casa del Señor se terminaron para Letizia. Según el periodista José Infante, que fue compañero de profesión en TVE, en su libro, *¿Reinará Felipe VI?*: «Letizia alardeaba de agnóstica». No debemos confundir *agnóstico* con *ateo*, una cosa es no creer en nada y la otra muy distinta no creer en Dios, pensamiento este que también manifestó la actual esposa de Don Felipe de Borbón, durante su estancia en México, como veremos más adelante. Pero aún se escucharon comentarios, algunos dignos de crédito, mucho más graves para un católico, en cuanto a la Fe de Letizia Ortiz se refiere. Se rumoreó con mucha insistencia que la novia de Don Felipe había llegado incluso a apostatar[54]. Este derecho de todo cristiano, es en la actualidad una práctica habitual entre esnobistas, gentes próximos a ideales políticos de izquierda y laicos en general, aficiones de las que se ha tachado a la actual Princesa de Asturias. Pero aunque en el caso de que hubiera llegado a producirse realmente, sería casi imposible de demostrar dado el secreto *debido* de la Iglesia Católica sea quien sea el apostata, en este caso el hermetismo no corresponde únicamente al que rodea a los miembros de la Familia Real, sino a las leyes vaticanas. El dictamen de la solicitud de apostasía

---

entonces el metro, las tres hermanas se esperaban para coger el transporte público, y, según calcula la profesora, debían llegar a casa en torno a la medianoche».

54. Renuncia oficial a la Fe Católica adquirida mediante el Sacramento del Bautismo y que permite, bajo petición expresa del interesado, apartarse definitivamente de la Santa Madre Iglesia y borrar de sus registros cualquier relación entre ambos, una especie de divorcio divino.

se anota en el Libro de Registro de Bautismo de la Parroquia donde tuvo lugar el Sacramento y el expediente se archiva en el obispado al que corresponde dicha Parroquia, y no es accesible al público, únicamente a petición del propio interesado: es una especie de secreto de confesión. Pero en el caso de que así fuere un apostata que quisiera volver al *redil* de la Iglesia Católica, fuere por el motivo que fuere, —por ejemplo para casarse de blanco y en una Catedral—, con volver a bautizarse va que chuta —donde dije digo, digo diego— y asunto resuelto.

El debate traspasó fronteras, lejos del simple chismorreo callejero. Los más ilustres teólogos se permitieron opinar, e incluso contradecir, las decisiones de la jerarquía eclesiástica. Según Federico Aznar, decano de Derecho Canónico de la Universidad Pontificia de Salamanca, en declaraciones al diario *El Mundo*, Letizia Ortiz «deberá pasar un trámite especial antes de casarse». Es decir, desde el Arzobispado de Madrid, el Cardenal Rouco Varela o alguien en su nombre, debía plantearse cuestiones como: «¿Qué le indujo a contraer matrimonio anteriormente por lo civil?» o «¿Por qué quiere ahora contraer matrimonio canónicamente?» Si estas preguntas y algunas otras las realizó o no el Cardenal Arzobispo de Madrid, o alguien por el designado, es algo que estará en dicho expediente —si es que existe— y en caso afirmativo guardado bajo millones de llaves.

Otro en opinar sobre la validez o no del matrimonio eclesiástico fue el Obispo de la Diócesis Nivariense, Bernardo Álvarez. Este sacerdote se alineó con los detractores a la boda canónica, afirmando que «las uniones de católicos divorciados no son válidas» al tiempo que cuestiona a «todos aquellos que buscan una religión a la carta porque puede llevar a la autodestrucción de la sociedad». Y concluye: «Si una persona busca que la Iglesia se acomode a su situación personal, se equivoca».

Para acabar con el debate, hasta cierto punto comprometedor para la Conferencia Episcopal Española y mucho más para la Familia Real, llevado a cabo entre integristas y liberales dentro del seno de la iglesia y de teólogos especialistas, la propia Conferencia Episcopal salió al paso con la intención de ofrecer una visión legalista dentro del Derecho Canónico, para justificar la decisión tomada. A tal efecto el Asesor Jurídico-Canónico del Arzobispado de Madrid, Roberto Serres López de Guereñu, declaró oficialmente: «La legislación canónica aplicable al caso es la contenida en los cánones 1005 y 1058. El primero de ellos establece un principio básico de la doctrina matrimonial de la Iglesia, según el cual entre bautizados no puede haber contrato matrimonial válido que no sea sacramento. En el caso de un bautizado en la Iglesia Católica, sometido a su ordenamiento canónico (can. 11; can. 1059), ha de contraer matrimonio en forma canónica para que se produzca la realidad matrimonial como contrato y como sacramento (can. 1108). El matrimonio meramente civil de los católicos es un matrimonio celebrado sin forma canónica y, por tanto, inexistente, en su doble dimensión inseparable de contrato matrimonial y sacramento del matrimonio. Por consiguiente, no produce el impedimento de vínculo, que sólo se origina del matrimonio válido (can. 1085), por lo que la persona sigue siendo libre para contraer matrimonio canónico. El canon 1058, por su parte, establece que «pueden contraer matrimonio todos aquellos a quienes el derecho no se lo prohíbe». En el caso presente, no hay ningún impedimento canónico, como acabo de señalar, para contraer matrimonio, por lo que la persona tiene derecho al mismo, siempre que acepte rectamente el matrimonio canónico, de lo que queda constancia en el expediente matrimonial previo que se realiza al efecto. Todo esto es aplicable a cualquier católico, y de hecho se ha aplicado en otros casos idénticos, por lo que no significa privilegio alguno o acepción de personas desde el punto de vista del derecho. Lo que la doctrina de la Iglesia pone de manifiesto es la irrelevancia canónica del matrimonio meramente civil de los católicos, que no les permite acceder al verdadero estado matrimonial, querido por el Creador desde el principio, y al que sólo pueden llegar aceptando el matrimonio canónico, sin que suponga un obstáculo insalvable la ceremonia civil que se realizó, ya que ésta no tiene la eficacia de crear un vínculo matrimonial entre ellos». Los contrarios a esta interpretación del Códice católico siguieron en sus trece, pero la boda en la Catedral madrileña, oficiada por Monseñor Rouco Varela, se celebró tal y como estaba prevista el 22 de mayo de 2004. Aquel día primaveral no lucio el sol y la copiosa lluvia inundó las calles preparadas para el desfile real. El cielo de Madrid vertió lágrimas de agua, mientras que muy pocas se vertieron en el interior de la Almudena. El jueves 28 de junio, un mes y seis días después del enlace regio, el entonces Papa Juan Pablo II, recibió en audiencia privada a Don Felipe de Borbón y Grecia y a su esposa Letizia Ortiz Rocasolano. Él llevaba el toisón de oro que le acredita como heredero a la Corona de España y ella, de riguroso negro y mantilla española, lucía su flamante banda de Princesa de Asturias. La bendición papal apuntaló la decisión de la jerarquía de la Iglesia española y zanjó en parte el debate suscitado sobre la validez o no de aquel matrimonio. No había dudas: Letizia Ortiz era oficialmente católica.

Coincidiendo con la visita al Vaticano, José Manuel Vidal, cronista de temas religiosos de *El Mundo*, escribió: «En época de sequía secularizadora, cuando, en vez de conversiones, lo que abunda es la apostasía o, al menos, la indiferencia religiosa, la conversión de la Princesa de Asturias es una perla para la Iglesia Católica». «La presencia en Roma de Leticia Ortiz es un auténtico spot publicitario planetario para el catolicismo. Don Felipe y Letizia, de negro, arrodillados ante el Papa, que los bendice. Es el broche de oro de la conversión de la princesa» concluyendo que «a Letizia Ortiz la bautizó un cura desconocido en Oviedo, pero la casó el cardenal Rouco en la Almudena ante medio mundo y, previamente, la confirmó en una ceremonia privada en la Zarzuela. Del bautismo a la fe sociológica, pasando por la conversión y el acceso a una fe adulta. Con el sello de la confirmación y la eucaristía. Y con el broche de la bendición papal. El trono y el altar de nuevo hermanados. Sublime capacidad de la Iglesia para seguir convirtiendo a pecadores en santos».

De la boda no vamos a hablar ya que poco podríamos aportar a la historia. Los millones de litros de tinta vertida sobre papel *couché,* ya lo han dicho todo, simplemente y a título anecdótico, reproducir algunas de las palabras del Rey Juan Carlos I durante el brindis de colofón al banquete nupcial, dirigiéndose a los ya Príncipes de Asturias: «Hoy siento una felicidad enorme, siempre difícil de contener, como padre pero también como Rey. Queridísima Letizia, te recibimos con los brazos abiertos y con el mayor cariño en el seno de nuestra Familia. Gracias por la alegría a raudales que Felipe y tú nos habéis aportado al sellar hoy de forma solemne vuestra unión. La Reina y yo os deseamos toda una vida colmada de felicidad y entrega mutua (...). Como Rey estoy convencido de que Felipe y Letizia sabrán cumplir siempre con rectitud, esmero y ejemplaridad sus obligaciones y responsabilidades, primero como Príncipes de Asturias y, llegado el momento, también como Reyes». ¿Seguirá pensando igual Juan Carlos I, seis años después?

VIII

Los secretos mejor guardados de Letizia Ortiz

Que nadie tenga nunca que decir
que se ha acostado con la Reina.

Juan Carlos I
(Palabras a su hijo, el Príncipe de Asturias)

Como era de prever, al minuto siguiente del anuncio del compromiso entre el Príncipe heredero y Letizia Ortiz Rocasolano, la maquinaria del *chismorreo* nacional se puso en marcha implacablemente. ¿Quién es?, ¿Dónde vive?, ¿de dónde viene?, ¿quién es su familia?... etcétera, etcétera, etcétera y más etcéteras; y las informaciones, los rumores —ciertos unos y mal intencionados otros— además de las versiones institucionales sobre quien era aquella mujer que conseguía, por fin, llevar al altar a Don Felipe de Borbón y Grecia, empezaron a surgir como hongos en otoño. El resultado: de lo más apetecible para las afiladas lenguas viperinas de este país; y es que la mujer a la que se había prometido oficialmente el Príncipe de Asturias, que estaba a la vuelta de la esquina en convertirse en su esposa y, por consecuencia, en la futura Reina de España, tenía un pasado de lo más suculento para llevarse a la boca del *chafarderismo* nacional. Desde su condición de mujer divorciada, hasta sus especulaciones sobre su ideología política, antagónica, al parecer, a la manera de pensar —en de la institución monárquica, pasando por su aventura mejicana de «doctorado» en periodismo y desmadre fue, y aún hoy es, caldo de cultivo para todo aquel interesado en ensalzar o destruir a Letizia Ortiz. Ese pasado de la actual Princesa de Asturias sería de lo más normal para cualquier mujer del siglo XXI, pero por su condición de futura Reina Consorte lo hace para algunos intransigentes, prácticamente imperdonable y es que este país es peculiar en todos los aspectos. Mientras unos —los más ortodoxos monárquicos— se rasgan las vestiduras, otros utilizan ese llamémosle «turbio pasado», para llenar páginas y páginas de revistas *colorín* o tertulias en programas, digamos de, «tele-entretenimiento», donde se mide por el mismo rasero una imagen de la *pixelada* cara de la hija de la *pseudo* «princesa» del pueblo y el torero, que un comentario sin respeto de la posible sordomudez de la primogénita *real*[55] —en las dos acepciones de la palabra— de, esta vez

55. El primer periodista en mencionar este hecho fue Javier Ortiz en el artículo «La infanta y el hipotético infante» fechado el 26 de septiembre de 2006 en su blog personal: «Ya se sabe que los mentideros de Madrid se caracterizan por responder al pelo a su nombre: corren las mentiras por ellos como Pedro por su casa. La noticia del embarazo de Letizia Ortiz también tiene su correspondiente capítulo de chismes adjuntos. Uno de ellos me lo ha contado por teléfono mi buen amigo Gervasio Guzmán hace un rato:
—¿Sabes? Es que parece que se han dado prisa en tener otro hijo porque resulta que la infanta Leonor es sordomuda. Ya, ya sé que es la primera vez que oyes hablar de eso. Es un asunto que han venido tratando como secreto de Estado. Antes de hacerlo público querían anunciar el próximo nacimiento de otro descendiente, por el aquel de quitar dramatismo a la situación.
Me deja perplejo.
—Gervasio, ¿de qué hablas? Para empezar, y aunque en este caso sea lo de menos, conviene que sepas que es incorrecto hablar de personas «sordomudas». Salvo casos muy excepcionales, los sordos no son mudos. En segundo lugar, estás dando por hecho que una persona sorda está legalmente incapacitada para ocupar la Jefatura del Estado. Ya sé que hay antecedentes, pero me cuesta creer que hoy en día se mantenga una restricción de ese estilo. Yo, por lo menos, no recuerdo ninguna ley que apunte por ahí. Y ya ves que te estoy haciendo gracia de la mayor, aunque tampoco ésa la doy por buena. Si lo de la sordera de la infanta Leonor fuera cierto, algo habría trascendido. Y tampoco los veo ocultándolo, como si fuera un crimen, o un estigma.
Gervasio lleva fatal mi tendencia a poner en cuarentena las muchas cosas que él dice que sabe «de muy buena tinta».
—Pero ¿no te has fijado que esa niña no responde a ningún estímulo acústico? ¡Eso no es ningún invento! Pero nada, tú. Ya lo verás. ¡Al tiempo! —me ha dicho, y ha colgado.
No; la verdad es que no me había fijado en eso, ni en nada que tenga que ver con esa niña.
Pero es cierto que la «nueva noticia» no llega en el mejor momento. Ya estaba todo suficientemente embarullado sin necesidad de esta fuente de conflictos dinásticos. Éramos pocos...».
La revista argentina *Caras* también se hizo eco de la noticia: «La primera vez que Doña Leonor apareció frente a los medios, los fotógrafos y periodistas notaron que la primogénita del heredero al trono español no volteaba ni hacía gesto alguno cuando sus papás y sus abuelos la llamaban. Desde entonces, los medios han estado especulando sobre la supuesta sordera de la Infanta. Los voceros de la Casa Real han salido mil veces a desmentir todas las notas que se publican al respecto argumentando que son barbaridades, que el Príncipe ya ha explicado que su hija está perfecta, que jamás les

sí auténtica, Princesa de España y un futuro Rey. Pero sin querer caer en esa trampa del chismorreo fácil, es de obligado cumplimiento, porque esa es la finalidad de este libro, repasar lo más rigurosamente que el personaje en cuestión permite, ese casi «infranqueable» pasado de Letizia Ortiz Rocasolano.

La princesa divorciada

Como todo el mundo sabe el matrimonio de Letizia con el heredero al trono de España, Don Felipe de Borbón, no es el primero de la actual Princesa de Asturias. Se casó anteriormente un 8 de octubre de 1998, vestida de los modistas sevillanos Vitorio & Lucchino con el extremeño Alonso Guerrero Pérez (Mérida, 1962), licenciado en Filosofía por la Universidad de Extremadura y que fue profesor de lengua y literatura además de escritor y cuentista —como el mismo se define... ¿por qué será?—. Alonso y Letizia se casaron en el Ayuntamiento de Almendralejo (Badajoz) ante el por aquel entonces alcalde del PP, amigo del novio, Manuel Jesús Morán, y con la asistencia de casi un centenar de invitados entre familiares, los compañeros de trabajo de ella en CNN+ y los amigos de él, entre los que se encontraban el escritor Florián Recio, el poeta Pepe Zambrano y el empresario Pepe Preciados[56]. Fue una boda íntima a años luz de la que el destino le tenía preparada a Letizia, solo seis años después. El ágape se celebró en el Restaurante El Paraíso, un local con

ha dado una mala noche, y que en un año sólo ha sufrido un pequeño resfriado. Sin embargo, los rumores no han parado y cada vez son más los que aseguran que Leonor tiene un problema de salud. El angioma que la bebé tiene en el orificio derecho de la nariz preocupa a muchos españoles que se han dejado influenciar por los medios y que olvidan lo que los especialistas han dicho una y otra vez que es normal en una niña de su edad, y que se le quitará con el tiempo o con una operación muy sencilla. Cuando un miembro de la monarquía de cualquier país sufre un trastorno o accidente, la gente tiende a maximizar las cosas, pero lo único cierto es que mientras la familia Borbón no hable con los medios sobre esto, las especulaciones y rumores seguirán fluyendo. Se sabe con certeza que Felipe y Letizia son padres protectores que no quieren que su hija asista a una guardería hasta los 3 años, que la Infanta Leonor gatea a toda velocidad por los pasillos del Palacio de la Zarzuela, da algunos pasos agarrada de la mano de sus padres, balbucea «papá y mamá", y la palabra más clara que pronuncia es *agua*».

56. Entrevista a Alonso Guerrero en *Crónica* del suplemento de *El Mundo*, firmada por Ana María Ortiz el 9 de noviembre de 2003.

salones para bodas, con terraza de verano, parque infantil y un gran patio donde se celebran bodas, banquetes y la matanza típica extremeña, de interés turístico, y organizado por el restaurante desde hace 25 años. El lugar tiene un típico enfoque extremeño destacando entre sus platos los repápalos, las migas, los asados de cordero y ternera, los cochinillos y los guisos típicos de la zona.

Fernando Campomanes, director de El Paraíso, recuerda que, ante la falta de tiempo de los contrayentes, Letizia le indicó que le enviaría puntualmente todas las instrucciones por fax. Así lo hizo, puntal y taxativamente. Para el banquete dejó al restaurante la elección del menú, tras un fácil acuerdo en el precio, pero le exigió que la comida fuese de primera calidad y que en su plato sólo hubiese gambas de Huelva y un buen jamón de Jabugo. Campomanes cumplió a rajatabla aquella petición. Más difícil de complacer fue una de las exigencias personales de Letizia: que en la entrada del restaurante colocara dos estatuas al natural de dos figuras alegóricas, una representándola a ella y otra a Alonso, su futuro marido. Debían alcanzar una altura de dos metros pero la dificultad añadida era que tenían que ser de hielo.

El profesor y la estudiante, que se llevan diez años de edad, se habían conocido —y supuestamente enamorado— diez años antes, cuando Letizia era alumna del Instituto Ramiro de Maeztu de Madrid: solo contaba dieciséis contra los veintiséis del *maestro.* Cuando la futura Princesa cumplió los veinte unificaron domicilios, o sea que se fueron a vivir juntos; al celebrar los veintidós se casaron, y después de cumplir los veintiséis se divorciaron. Diez años de convivencia repartidos en cuatro de «noviazgo», algo más de otros cuatro de convivencia «en pecado» y menos de dos de matrimonio legal por lo civil. Alonso Guerrero sufría con aquel matrimonio. Letizia —*La Ficticia*, la llamaban muchos compañeros de televisión— comenzó a cambiar y se convirtió en una desconocida para su marido. Como escribe la periodista mexicana Teresa Ferrari en *El peso de la ambición*: « Con el casamiento le llegó una oportunidad única para ascender profesionalmente. En un *casting* realizado por la CNN Plus, la cadena de televisión del Grupo Prisa, fue seleccionada entre centenares de aspirantes aunque el puesto significaba trabajar de madrugada. Su ex marido era solidario con ella. Se levantaba a las dos de la mañana y le servía el pocillo de café negro, lo único que tomaba, y la pasaba a buscar un auto de la producción. Trabajaba a destajo y nunca decía que no a nada. Sus compañeros no tardaron en llamarla la ambición rubia: había aclarado su pelo y no temía pasar por encima de nadie. Cuando terminaba el informativo se quedaba fuera de horario y miraba cientos de veces el video para corregir errores. Con frecuencia sus jefes le decían que se la notaba muy nerviosa en cámaras y que movía demasiado las manos y la cabeza. Fue limando sus presentaciones con una obsesión inigualable.

Lo que más le criticaban era el tiempo que se tomaba para arreglarse. Los que la sabían adicta al trabajo y a la lectura empezaron a verla como una adicta a la imagen. Hacía gimnasia y dietas permanentemente hasta llegar a extremos de delgadez preocupantes que a ella le parecían lo mejor que podía pasarle. Nadie la veía ingerir otra cosa que frutas y agua mineral. En las visualizaciones de sus apariciones también aprendió cuál era el maquillaje que le quedaba mejor y nunca se dejó tocar la cara por las maquilladoras del canal. Mandaba comprar la mejor base teatral a los Estados Unidos y pintarse los labios era su mayor disfrute. Pidió consejos para resaltar sus ojos, su fuerte en la cara, y nunca dejó de ponerse una línea verde brillante en el párpado inferior para que destacara el verde de sus ojos.

El matrimonio de Letizia y Alonso marchaba en sentido inversamente proporcional a su carrera. Como una salida rápida para salvarlo, Guerrero le pidió por favor tener un hijo. Ella estaba muy mal. Muchos sospechan que fue entonces cuando ella decidió, unilateralmente, ligarse las trompas para evitar cualquier método anticonceptivo que alertara a su marido. No quedaba embarazada y no había motivos externos, supuestamente. Esta fue una decisión sabia vista de lejos. Si ella hubiese cumplido con el pedido de su ex marido, el casamiento con Felipe de Borbón no se habría hecho. ¿Cuándo desligó sus trompas de Falopio? ¿Esto ocurrió? Es un misterio. Tal vez el que más preocupe a la corona española, que necesita un heredero urgente.

Tras el divorcio, Leticia inició un rápido operativo para posicionarse en el ambiente intelectual y chic de Madrid. Su profesión siguió dándole réditos inmediatos en popularidad y dinero que ella invirtió, entre otras cosas, en sus entrenadores en la ciudad para estar en forma y en la montaña para perfeccionar sus destrezas como esquiadora. Cada vez que podía iba a las pistas de Candanchú donde la esperaba Eduardo Roldán, uno de los mejores esquiadores de Europa, para darle clases. Ya casada en segundas nupcias repitió esta rutina un par de veces con el Príncipe». El matrimonio se rompió finalmente y Letizia siguió su ascendente carrera profesional.

Alonso Guerrero, un «espíritu bohemio» según sus íntimos, es autor de varios libros con los que ha ganado algunos certámenes literarios. Entre sus obras más conocidas está *El hombre abreviado* (1998) que se centra en la historia de un escritor que debe enfrentarse al divorcio de su mujer —¿premonitorio argumento?—. Es un hombre de profundos ideales culto-liberales, cuestión ésta que podría haber influido en el desarrollo de las ideas, en este sentido, que Letizia Ortiz Rocasolano, traía de *fábrica*. Él se define a sí mismo como un seguidor «impenitente», tanto moral como políticamente hablando, del escritor escocés Robert Louis Stenvenson y afirma no tener ideas políticas que no sean utópicas: «Creo más en la utopía que en cualquier idea política», asegura. Esta manera de pensar le llevó a escribir *Fin de Milenio en Madrid*, en el que se recogen 13 relatos cortos donde el autor ofrece una visión de «un Madrid lleno de miserias».

El mismo año que Alonso Guerrero escribía su más célebre novela, Letizia interpretaba el corto experimental *La mirada del ángel*, dirigido por Norberto López Amado con guión de Violeta Llueca y del propio Norberto que estaba coprotagonizado por José Moreno. El primer y único pinito de Letizia como actriz, financiado por la Agencia EFE, es imposible de encontrar en ningún lugar porque la cinta ha desaparecido de la circulación.

Cuando aquel jueves 6 de noviembre de 2003 el Príncipe de Asturias pedía la mano de la ex esposa de Alonso Guerrero, en la *intimidad...* de Palacio —ante más de trescientos periodistas acreditados—, éste empezaba a impartir su diaria clase de literatura a los alumnos de 3° de ESO de un instituto situado al otro extremo de Madrid, alejado en cuerpo y alma de lo que estaba sucediendo en La Zarzuela. Alonso Guerrero guarda celosamente su intimidad, evitando todo comentario sobre su ex esposa, la actual Princesa de Asturias. Solo en un principio, hace ya siete años al saltar la notica del noviazgo real y se «destapó» el pasado sentimental de la futura Reina de España, el entonces profesor, realizó algún comentario al respecto ante la obligada pregunta de: «¿Qué le parece la boda de su ex mujer con el Príncipe Felipe?». Él se limitaba a responder: «Solo puedo decir que les deseo a los dos mucha felicidad». Cuando se le requería para que explicara intimidades de Letizia Ortiz, respondía con evasivas hasta que un día declaró: «Estoy harto, es terrible, me bombardean noche y día con algo que a mí ni me va ni me viene. No voy hablar ni ahora ni nunca sobre Letizia, ni de mi vida personal. Solo espero que todo esto no interfiera en el futuro de mi obra literaria ni en mi imagen como escritor»[57]. Estas declaraciones suscitaron más de un comentario, nuevamente tal vez mal intencionado y una nueva pregunta que quedará sin respuesta: ¿quizá con esa declaración envió Alonso Guerrero un mensaje encriptado a las más altas esferas del reino? Solo él lo sabe. Lo cierto es que hoy en día Alonso Guerrero Pérez, una vez abandonado el ejercicio de la enseñanza, «vive» del difícil oficio de escritor. Los mal pensados afirman que «subvencionado» por La Zarzuela, pero eso, solo son eso: rumores incontestables.

¿Cuánto podría valer una biografía no autorizada sobre Letizia Ortiz Rocasolano, escrita por su ex marido Alonso Guerrero? No lo sé, se lo preguntaré a mi editor, pero me lo imagino... ¡un pastón! A pesar de ello Alonso Guerrero no las va a escribir nunca: «Solo escribo sobre lo que me apetece. No voy a meterme en este asunto, no por nada, sino porque no me inspira». Alonso Guerrero Pérez, seguirá viviendo de las novelas que le *inspiran*.

El día anterior al compromiso de Don Felipe y Doña Letizia, Alonso Guerrero únicamente se lo comunicó a sus padres residentes en Almendralejo (Badajoz), Juan Francisco Guerrero, agricultor jubilado, y Dolores Pérez, una tranquila ama de casa. El aviso del profesor a sus padres, sobre lo que iban a escuchar insistentemente durante los próximos días e incluso meses, no era simplemente por el impacto que en ellos produciría la noticia, como así fue —no daban crédito a lo que escuchaban a todas horas a través de la radio y la televisión—, sino para que retiraran todas las fotos y videos que había en la casa y que Alonso preveía sería carnaza para la prensa más avispada. Solo por una foto de aquella boda

57. Ídem.

en Almendralejo se han llegado a ofrecer cerca de 60 mil euros, 200 mil por un fragmento del video del enlace y ¡700 mil! por el lote completo, declaraciones incluidas de alguno de los invitados en la ceremonia. Nadie ha dicho «ni pio». Ustedes opinen. Uno de los libros preferidos de Alonso Guerrero —que también ha rehecho su vida con María del Carmen Astero—es, irónicamente, *El hombre que sabía demasiado*, de Gilbert K. Chesterton. Un libro que el escritor británico podría haberle dedicado precisamente a él.

Una cerradura de seis Borjas, otra de tres discos y más de un millón de combinaciones de cuatro números, guardan celosamente el expediente judicial de divorcio de Alonso y Letizia. Unas pocas decenas de folios por los que más de uno venderían su alma al diablo por echarle un simple vistazo. En los juzgados de Arganda del Rey existe una caja fuerte modelo M-201-HO de Zeus 21 homologada con la normativa europea UNE EN 1.143-1 y con un grado de seguridad IV, de más de 600 kilos de peso, que le ha costado a la comunidad de Madrid 1946,40 euros —sin incluir el IVA y el transporte—. Ante la preocupación de la Juez Decana, Inmaculada López Candela, por la seguridad del mencionado expediente de divorcio y aprovechando la visita a sus juzgados del vicepresidente de la comunidad de Madrid y Consejero de Interior y Justicia, Alfredo Prada, le trasmitió su inquietud sobre la seguridad de aquellos *papeles* —no encontraba el lugar adecuado donde custodiar el «jugoso sumario» lejos de los «curiosos»). El consejero no dudó en hacer enviar de inmediato la caja fuerte antes mencionada a la sede judicial: allí dentro «reposan». Algo idéntico sucede con el expediente de divorcio de la Infanta Elena y Jaime de Marichalar, que está bajo la protección de otra caja fuerte gemela; en este caso ubicada en los juzgados de Plaza Castilla de la Capital de España. La Princesa y la Infanta pueden dormir tranquilas, sus «divorcios» están a salvo de «miradas indiscretas»; esperemos que aquellas gemelas no se conviertan en trillizas o incluso en más: que la *cajitas* en cuestión son muy caras y estamos en crisis.

Tras su divorcio, a Letizia Ortiz Rocasolano se la han adjudicado otros *affaires* sentimentales. Se la ha relacionado con un conocido ex presentador de TV3 —la televisión autonómica catalana—, y fiablemente con David Tejera, otro periodista y presentador televisivo, en este caso de CNN+ y Antena3 Televisión. Mientras Doña Letizia salía con «el Príncipe lo hacía todavía con el grupo de amigos a los que frecuentaba de toda la vida, incluido su novio, el periodista David Tejera, con quien cortó en el mes de mayo. La relación con Tejera —con quien Letizia Ortiz convivía desde hacía un tiempo— se encontraba en uno de los momentos más críticos tras dos años de relación. El Príncipe era conocedor de la relación de su nueva novia con el periodista deportivo de los Servicios Informativos de Antena 3. Don Felipe le pidió a Letizia que, si quería oficializar el noviazgo con él y convertirse en Reina de España, tenía que romper con Tejera y explicarle a su novio claramente los motivos. A Letizia no le costará hacerlo pero la noticia causará un gran impacto emocional en David, que tenía la esperanza de recomponer la relación.

Tejera, sin embargo, se comportó como un caballero. No divulgó los detalles del comportamiento de Letizia y se mantuvo fiel a la discrecionalidad que le pidió su antigua pareja. Se limitó a guardar silencio —discreción que ha mantenido hasta el momento— y, para no alimentar más rumores, dejó de acudir a su puesto de trabajo y desconectó su teléfono móvil. Letizia sabía que podía contar con su discreción y silencio como el de todos los amigos que asistieron a su boda, a los que conminó a no divulgar las fotografías de aquel día, que nunca han aparecido en los medios de comunicación»[58].

Parodiando la obra de Francisco de Rojas Zorrilla, podríamos añadir aquello de «Del *futuro* Rey abajo, ninguno».

Letizia Ortiz en su *México Lindo*

Tras licenciarse en Ciencias de la Información en La Universidad Complutense de Madrid, y de realizar un Máster en periodismo Audiovisual, esta hija y nieta de periodistas, se trasladó a Guadalajara (México), con el fin de realizar el Doctorado —estudios que no finalizó—. Allí trabajó en el periódico *El Siglo XXI* la vez que vivió una intensa aventura mejicana. El interés por América Latina lo había demostrado cuando en

58. CLEMENTE, Josep Carles. *El pecado original de la Familia Real Española*. Styria, Barcelona, 2007.

1994 Letizia había viajado en octubre para asistir en Cali (Colombia) al VIII Encuentro Latinoamericano de Facultades de Comunicación Social. Para asistir a esa reunión de estudiantes de periodismo y costearse el trabajo Letizia trabajó durante un año en una pizzería de Madrid.

No vamos a entrar en los motivos que llevaron a Letizia Ortiz a elegir México para realizar el mencionado doctorado, en primer lugar porque la auténtica motivación la desconocemos y únicamente sabemos su versión «oficial», explicada ante las cámaras por ella misma, reproducido en el programa de Antena3 *7 días, 7 noches*: «Soy Letizia Ortiz Rocasolano y voy a la Universidad de Guadalajara a hacer una parte de la maestría en comunicación social. Soy periodista de la Complutense y terminé periodismo este año [...]. Acabo de cumplir 23 años. Es un cambio grande. Me he hecho un plan de vida para los próximos 10 años y me apetece viajar y hacer otras cosas No es sólo una experiencia académica, es una experiencia vital. El objetivo es conocerse a uno mismo, construirse a uno mismo. No es una huida. Quiero ir allí y conocer cosas, conocer gente. Estar sola, sentir el desarraigo, no tener a tu tierra, a tu gente [...] No me gustaría vivir situaciones desagradables: que me roben o que la gente no sea respetuosa Todo el mundo me ha dicho que no me dirija a la policía, pero ni para la hora, que con la policía no tenga ningún tipo de contacto. Además me lo ha dicho gente tan diversa que me fío [...] Voy a conocer, a llenarme, pero para nada con ese sentimiento. No voy con ningún sentimiento conquistador, conquistador de hombres a lo mejor». Quien bien conoce la historia de esta aventura en la patria de Pancho Villa es el periodista Fran Ruiz que fue anfitrión de Letizia Ortiz durante su estancia por esas tierras: «Ella apareció con un *curriculum* en la mano, fue a ver al jefe, no sé cómo sería el acuerdo pero al parecer fue muy rápido», cuenta el periodista referente a la primera vez que entró en contacto con la actual Princesa de Asturias. Realmente el acuerdo fue rápido, y Letizia encajó en la revista *Tentaciones*, una publicación de ocio y cultura editada por ese grupo editorial. El director Jorge Zepeda presentó a la nueva redactora a Fran Ruiz con estas palabras: «Te presento a Fran Ruiz, otro español como tú, trabaja *acá* con nosotros en *Siglo XXI*, él te enseñará el periódico». Y *Leti,* como se la llamaba cariñosamente en México, empezó su nueva andadura periodística a más de nueve mil kilómetros de distancia de la capital de España. El propio Fran Ruiz, en una entrevista concedida a *La Crónica de Hoy,* firmada por Nancy Escobar Cardoso y reproducida por *Xornal.com*, explicaba a fondo, días después del anuncio oficial del compromiso real, sus impresiones sobre Letizia cuando la periodista le preguntó qué opinaba de la futura Reina de España, a lo que él respondió: «Era una persona ambiciosa, muy inteligente que sabe lo que quiere, es una mujer guapísima que ama el periodismo». En la entrevista, el periodista español residente en México, explicaba muy bien como fue aquella primera etapa de estancia de Letizia Ortiz en Guadalajara; entrevista que transcribimos parte de la misma, dado el interés que a nuestro entender tiene, procediendo de alguien que la conoció íntimamente durante aquella época en tierras mexicanas, además de ser de los pocos compañeros de profesión, que en cierta medida, han «osado» hablar públicamente de ella, tal vez por la distancia en el espacio y la prontitud en que se produjo:

—Es una enamorada de la cultura, es una aficionada a la lectura.

—¿Qué tipo de lectura?

—No recuerdo algún título, pero le encantaba leer. Además escribía mucho de libros y de escritores, pero también hacía notas sobre bares, de la vida nocturna de Guadalajara, de hacer la calle, conocer la ciudad y disfrutarla. Salía mucho. Fue una etapa muy interesante, porque estábamos en un periódico muy joven, con gente muy joven. Se respiraba vida y ganas de patear la calle, de conocer la ciudad.

—¿Le enseñaste eso y algo más?

Fuimos muy buenos amigos, muy cercanos. Sobre todo teníamos muchas cosas en común. Inquietudes muy parecidas, nos dedicamos a disfrutar al máximo esa aventura mexicana o americana, es decir venir desde España, de una provincia, y acabar en Guadalajara, era otro mundo, y para colmo haciendo lo que más nos gustaba. Además nos tocó estar en un periódico que en esa época era referencia de frescura, de innovación y de un periódico muy dinámico. Fuimos a caer en el lugar perfecto. Estuvo poco tiempo, nueve meses, pero me consta que lo gozó bastante.

—¿Es una mujer abierta?

—Muy espabilada, inteligente, y excepcionalmente bella, tenía unos ojos bonitos. Creo que supo aprovecharse de esa condición, era bonita y se dejaba querer. Ella llegó en plena juventud, y con las pilas cargadas, muy guapa, llamaba la atención. El momento más claro que tengo de ella es cuando la vi por los pasillos del periódico y todos debimos voltear porque no se podía evitar verla. Nadie pudo imaginar que ella, nuestra Letizia, pudiera ser la futura reina de España.

—Con esto que se está promoviendo para que las reinas puedan acceder al trono, ¿es un buen momento para Letizia?

—Es un debate que quitará la última pieza medieval que queda de la monarquía aunque ella nunca va a gobernar, porque no es hija del rey Juan Carlos. Ella es la mujer del futuro rey.

—¿Por qué crees que se haya interesado por Felipe, si su mundo era otro?

—Visto desde el punto de vista mexicano a lo mejor es más difícil de entender, pero desde la idea española, cualquier mujer de 30 años que se acerque al príncipe, podría dejarlo todo si el príncipe se fija en ella. Es un dulce demasiado atractivo para rechazarlo. Lo que sí me consta es que su pasión era el periodismo y que solamente algo tan importante como comprometerse con el heredero de la corona española ha permitido que abandone su carrera. Es que no puedes combinarlo, va a tener unas responsabilidades completamente diferentes.

—A eso me refiero, ¿dejar por completo su carrera vale la pena?

—Pero ser periodista no se te borra, lo llevas en la sangre, se es periodista hasta la muerte. Lo que yo creo es que ella va a aplicar ese conocimiento que tiene del mundo y de su visión periodística del mundo en su nueva función que es el papel de ser reina. Lo que es seguro que ella a México siempre lo tendrá presente, y ese amor por México, se lo transmitirá a su futuro marido.

—Ella es una plebeya en el estricto sentido de la realeza, eso atrae mucho a los príncipes, pero también influyó su personalidad.

—Me alegra que eso haya cambiado y si Letizia ha contribuido, en cuanto tenga la oportunidad la felicitaré, porque la monarquía se tiene que modernizar.

—¿Te gustaría que se acordara de Fran Ruiz, que dijera cómo quisiera ver a Fran e invitarlo a la boda?

—Mi idea es volverme a encontrar con ella. Nosotros nos separamos porque me invitaron a trabajar a *Crónica* cuando se fundó. Entonces tuve que dejar *Siglo XXI* y empezar una nueva aventura. Era un periódico nuevo, y me atraía muchísimo la idea de trabajar en un diario recién que surgía, era irresistible. Y esa fue nuestra despedida. Ella estuvo un poco de tiempo más en Guadalajara y regresó a España. Ahí fue donde nuestros caminos se separaron. Hasta que años después volví, en el 2002, a España, y una voz familiar en la televisión me hizo voltear a la pantalla y era ella, era Letizia, presentadora de Televisión Española.

—Pero se ha transformado ¿no crees?

—Maduró evidentemente, se ve más fina. Su carrera fue meteórica. Y claro en televisión, porque enamora la pantalla y... va a extrañar la carrera y a México, porque eso deja huella para siempre.

—¿Qué tan amplia es esa huella?

—Te puedo decir que Letizia hizo lo que se espera de una periodista joven española llegada a México, conocer el país, conocer a la gente, integrarse. Además éramos buenos amigos, pero sus intimidades no me las contaba.

—¿Le ves un futuro interesante?

—Apuesto a lo que sea a que el futuro de la monarquía va a ser muy interesante con la aportación de Letizia, porque no aceptará una vida pasiva, porque no forma parte de su personalidad periodística. La futura monarquía de Felipe VI va a dar que hablar con Letizia en ella. Es una mujer moderna, de mundo, eso le da una visión muy amplia.

Realmente esta entrevista a Fran Ruiz, realizada por una periodista de otro país y publicada lejos de España, sobre todo en aquel contexto del tiempo, hacen que esa «otra» visión de Doña Letizia, desde la lejanía kilométrica y cultural, sea, aún hoy, interesante de leer, al dar un punto de vista claro de la personalidad de Letizia Ortiz lejos de España y sobre todo de su actual vida de Princesa de Asturias.

Cuando Letizia Ortiz desembarcó en México, residió en un cuarto alquilado que le facilitó una amiga de nombre Blanca, que a su vez tenía otra habitación alquilada en el mismo piso. La estancia era amplia, completamente enmoquetada y provista de servibar, por la que pagaba una renta de dos mil pesos mensuales. Olimpia Nájera García, una mexicana hija la casera de Letizia, se hizo muy amiga de ésta, con la que compartía muchos ratos de ocio y salidas nocturnas. Olimpia la define así: «Era inquieta, se interesaba por todo. Chocaba su vocabulario poco adecuado para los mexicanos. Le atraía todo lo relacionado con Chiapas y el «Subcomandante Marcos», al que quería entrevistar porque para ella era toda una personalidad». Según afirma la amiga mejicana Olimpia Nájera esa fue la auténtica motivación de que Letizia Ortiz escogiera ese país para realizar su doctorado. Posteriormente, ya de regreso a España, la futura Princesa de Asturias, confirmaría esas «inquietudes» aventurero-periodísticas, con reportajes de trinchera en Irak, 11-S, Prestige y muchos más. Hay quien afirma y no sin fundamento, que con su decisión de abandonar el periodismo activo para cambiarlo por un trono, el periodismo español a perdido una gran profesional.

Letizia Ortiz, musa del pintor Waldo Saavedra y amiga de Fher, cantante de Maná

Letizia Ortiz amplió enseguida su círculo de amigos en el país mexicano. Sus salidas nocturnas, principalmente por motivos de su trabajo como periodista, su carácter abierto e inquieto y el saber hacer como «anfitrión» de Fran Ruiz, hizo que la estancia de la hoy Princesa de Asturias por tierras de los *mariachis,* fuera enriquecedora para ella misma. Mientras la futura Reina de España trabajaba en el periódico mejicano, *Siglo XXI*, este rotativo le encargó, como responsable de la sección de ocio y cultura que era, la cobertura de una exposición del pintor cubano Waldo Saavedra. La conexión entre la periodista española y el pintor cubano fue inmediata y a partir de entonces se convirtieron en grandes amigos. La historia de esa relación entre Waldo y Letizia, queda reflejada en el suplemento de cultura de *El Mundo.*

«Waldo Saavedra la llama cariñosa e insistentemente «Leti», aunque deja bien claro que nunca fueron más allá. Después de aquel primer encuentro, a la vuelta del pintor de un viaje de trabajo en Buenos Aires, volvieron a verse. Aquella vez, Letizia Ortiz acudió a visitar otra muestra del artista y le pidió una entrevista.

En uno de sus múltiples encuentros, el pintor le habló a la futura Reina de España de su idea de rendir homenaje a los artistas que más han influido en su obra y de emplear su imagen en ellos. A Letizia Ortiz «le pareció divertido» que su rostro sirviera para homenajear a Magrit, Goya o Picasso, entre otros.

Letizia Ortiz fue musa de Waldo Saavedra en varias de sus obras. Además de utilizar su imagen en la ilustración de unos poemas, el rostro de Letizia Ortiz aparece en el disco *Sueños líquidos* (Warner, 1997) de Maná. El cuadro que el pintor creó por encargo para este álbum fue incluido en el trabajo pero no como portada. Sus medidas originales son 1,40x1 metros y en el disco se utilizó como póster. En él, una joven aparece en el agua, desnuda y con un avión de papel en llamas.

Pero hay más. Waldo Saavedra guarda en casa su anunciado homenaje a Goya. Se trata también de un lienzo de 1,40x1 metros en el que Letizia se convierte en la figura principal, de unos 80 centímetros. Desnuda de cintura para arriba —«no es ni una maja desnuda ni vestida», dice», el autor describe el cuadro subrayando que la pintura es hiperrealista y que la reproducción del rostro de Letizia Ortiz es fiel. Su figura, en el centro, aparece rodeada de un carrusel con los detalles de la *Tauromaquia*" de Goya y los *Caprichos* del pintor de Fuendetodos al fondo.

Además, está inspirado en un poema que el escritor cubano José Martí dedicó a «La bailarina española». En el mes de mayo se verá en la Feria de Arte de Buenos Aires. De momento, ha recibido varias ofertas por él, todas ellas desde México. Nadie ha mostrado su interés por él en España y, por ahora, no quiere venderlo.

«Desde un punto de vista platónico, me prendió mucho para trabajar con su imagen», dice Saavedra cuando se le pregunta por la «petición» del rostro de Letizia en sus obras. «Leti no es sólo una chica guapa, tiene un carácter del carajo», asegura mientras bromea diciendo que no sabe si el cuadro que cuelga en su casa es ahora más un homenaje a «Leti» que a Goya.

El pintor recibió el encargo del disco de Maná cuando Letizia Ortiz ya había vuelto a España, a finales del año 1996. Waldo Saavedra se puso en contacto en varias ocasiones con el domicilio de la familia Ortiz en Madrid, donde habló con su madre, pero nunca le devolvió la llamada. Quería avisarle de que utilizaría toda la «materia prima» que tenía —incluidas varias fotografías— para plasmar su imagen en el poster y después, en el cuadro.

Volvió a saber de ella a través de la prensa. En el mes de noviembre volvía a Guadalajara desde La Habana cuando leyó la noticia del compromiso del Príncipe Felipe en un periódico mexicano. Al principio ni siquiera cayó en que era su amiga. «No la reconocí —dice—; después me paré en la nota y dije, ¡pero si es *Leti*!

Tras examinarlo con lupa, muchos aseguran que la joven de la imagen del poster del disco de Maná no se parece demasiado a Letizia Ortiz, aunque el estilo —una mujer delgada, de pelo largo, con flequillo— es el mismo. «En ese cuadro, *Leti* aparece como un elemento más, casi un detalle, no le doy tanta importancia como en el que tengo en casa, que es la figura principal», asegura el artista.

Waldo Saavedra dejó de llamar a casa de la familia Ortiz, pero no se olvidó de *Leti*. No ha querido insistir para darle la enhorabuena por su compromiso porque cree que se sentirá agobiada. «Aunque está donde está, yo sigo siendo su amigo», subraya. Él guarda aún fotos de su amiga. Ella, una serigrafía que él le regaló antes de irse»[59].

El escándalo por la aparición del famoso mural que sirvió de base para la caratula de uno de los disco del grupo mexicano Maná, motivó las declaraciones aclarando el tema del grupo musical a través de Jose Fernando Emilio Olvera Sierra, *Fher,* su portavoz, vocalista y amigo de Letizia Ortiz, que reconoce esa amistad y admite que se tomó «unos tequilas» con la periodista española.

«Conocí a Letizia Ortiz en un restaurante en Guadalajara oeste, en mayo de 1996, ahí le concedí una entrevista (...), unas semanas después dimos un concierto en la plaza de toros de Guadalajara y ella asistió. Creo que cambió su percepción respecto a nosotros. Al final fue a los camerinos a saludarnos y, claro, nos tomamos unos tequilas». Respecto a que los senos desnudos que aparecen en la portada del disco *Sueños Líquidos* pudieran ser los de la futura Reina de España, el cantante de Maná aseguró en su día que: «Ahora me entero de que el arte de uno de nuestros discos históricos está inspirado en parte por ella. Me da gusto». El líder del grupo mexicano recuerda a Letizia Ortiz como «una mujer guapa, con presencia e inteligente». Cuenta que en sus entrevistas solía preguntarle sobre «política mexicana, cultura, arte y gastronomía, en aquellos tiempos —añade— no era frecuente que nos preguntaran sobre otros temas que no fueran los del mundo del espectáculo, en cambio ella

---

59. MARCOS, Charo. *«Letizia Ortiz, musa del pintor cubano Waldo Saavedra». El Mundo*, 20 de enero de 2004.

lo hizo desde la primera vez que nos entrevistó. Y lo hizo desde una posición escéptica: no conocía nuestro trabajo musical, nuestra visión del mundo, a profundidad».

Aparte del pequeño escándalo producido por aquella carátula del disco donde se reproduce el cuadro de Waldo Saavedra, y que el pintor cubano niega que Letizia posara desnuda para él —«solo me inspiró su cara y su cuerpo»—, otro más grave ha planeado sobre su estancia en tierras mexicanas. El extendido rumor de que la joven periodista española pudiera haber abortado en México corrió como la pólvora al conocerse el compromiso real. De nuevo los fantasmas del rumor mal intencionado y partidista sobrevolaron sobre la actual Princesa de Asturias. El documento que reproducimos en uno de los capítulos de este libro también habla de ello, incluso va más allá y da incluso el lugar donde tuvo lugar la supuesta interrupción del embarazo: el Hospital Médica Sur del Distrito Federal. La clínica existe y puestos en contacto con la misma, por supuesto, no facilitan ningún tipo de información al respecto. Ni afirman, pero tampoco niegan, que por aquellas fechas ingresara una paciente con ese nombre: «Hace catorce años y los registros de aquella época no están procesados», dan como toda respuesta a la consulta.

En el caso de que aquel aborto se hubiese producido Letizia Ortiz habría cometido en México un delito cuya pena es delito de cárcel oscila entre los 3 y los 5 años. Entre el año 2000 y el año 2009, en México fueron denunciadas, procesadas y sentenciadas por delito de aborto 139 mujeres denunciadas por médicos de hospitales públicos que no quieren dar servicio de aborto legal. México es uno de los países del mundo con las penas más severas en caso de mujeres cuyo embarazo no llegue a término por decisión propia. Sólo el 24 de abril de 2007, la Asamblea Legislativa del Distrito Federal (ALDF) despenalizó el aborto durante las primeras doce semanas de gestación. Un mes más tarde, la Comisión Nacional de Derechos Humanos (CNDH) y la Procuraduría General de la República (PGR), presentaron un recurso de inconstitucionalidad pero el 28 de agosto de 2008, la Suprema Corte decidió que en la Ciudad de México la interrupción del embarazo se podía considerar constitucional.

Letizia, que se ha manifestado en más de una ocasión antes de ser Princesa que el aborto «es un derecho fundamental», ha visto como el tema de la interrupción del embarazo ha sido un tema recurrente en su vida[60]. En numerosos círculos se ha comentado, información nunca contratada, que el aborto que padeció y que implicó un ligadura de trompas fue fruto de su relación con el periodista David Tejera. El 22 de septiembre de 2009 fue su madre, Paloma Rocasolano, quien desmintió la noticia de que su hija Letizia había sufrido un aborto a causa de su supuesta anorexia, información que había publicitado en primera página la revista alemana *Neue Woche*.

La estancia en México de Letizia ha dado mucho de sí. La popular revista *Quien*, una de las más leídas de México, realizó en el número del 30 de abril 2004 un extenso reportaje firmado por Érika Roa, redactora de temas de sociedad y realeza, sobre la vida de la Princesa de Asturias en el país azteca donde reveló que mientras Letizia estudiaba su máster de periodismo en Guadalajara había salido con Luis Miguel González, redactor jefe del diario *Público*, relación que supuso la ruptura del matrimonio del periodista.

En el mismo ejemplar una de sus compañeras de apartamento, Sara Cuéllar, a la que Letizia consideraba una de sus mejores amigas, aseguraba que la futura Princesa de Asturias se manifestaba siempre como gran admiradora de Felipe González, al que consideraba un presidente

60. En un artículo publicado durante su estancia en México en la revista *Comunicación y Sociedad*, del Departamento de Estudios de Comunicación Social de la Universidad de Guadajara, un texto de 25 páginas en el que la periodista analiza el género periodístico de la entrevista Letizia deja algunas perlas sobre sus inquietudes sociales y políticas. En su artículo, Letizia Ortiz analiza una entrevista de Xavier Vidal-Folch, director adjunto de *El País*, cuando siendo corresponsal del diario en Bruselas, que Letizia considera contiene cargas discriminatorias hacia Emma Bonino, en la época que la italiana era comisaria europea de Pesca, Ayuda Humanitaria y Consumo. «Del asunto del continuo trato diferente, y por consiguiente discriminatorio, de la mujer en los medios de comunicación es necesario seguir extrañándose ante estos hechos y no cansarse de anunciarlos y de denunciarlos». Más adelante, habla del trato de los medios de comunicación españoles ante temas como el aborto y para ello también utiliza la entrevista de Vidal-Folch a Bonino: «Emma Bonino no encuentra reparos en contar esta experiencia, que en una sociedad como la española puede aún causar estragos en los estamentos más tradicionales. Mientras que el *Abc* (...) jamás hubiera publicado este dato (no lo permite su código ético y deontológico), *El País Semanal* lo utiliza convenientemente como una pieza más del producto final llamado Emma Bonino».

necesario para España, al tiempo que criticaba al rey Juan Carlos I por «mujeriego» y al Príncipe, del que decía que no era su tipo por su falta de preparación y porque no le atraían nada los hombres de pelo chino.

Todas las personas entrevistas en México sus estudios en el Departamento de Estudios de Comunicación Social de la Universidad de Guadalajara dicen de ella que era muy festera, alegre, desenvuelta, extrovertida, de carácter fuerte, intuitiva y con las ideas muy claras. María Helena Hernández, profesora del departamento de Estudios de la Comunicación Social, contó con Letizia entre los asistentes en su proyecto sobre la profesionalización del periodismo en México. Dice de ella que era una chica de «inteligencia aguda, entusiasta, nada convencional, con muchos proyectos y un temperamento fuerte». Señala, además, que «era muy franca y esa franqueza le traía problemas con algunas personas que la consideraban incluso agresiva».

En Guadalajara le encantaba bailar la salsa en el Salón Veracruz, en la Colonia Centro Histórico, un local de ambiente tropical, un lugar que no estaba muy de moda en aquel momento y que sólo frecuentaban lugareños. Allí pedía tequila —una bebida que le fascinó desde que aterrizó en México— y vino tinto, como lo hacía también en el Bar Barbanegra, el grupo musical La Dosis, con Sara Valenzuela, la voz solista a la cabeza, un grupo de fusión que mezclaba el funk y el rock con la música pop de los años setenta.

A Letizia le encantaba ir de compras al mercado de Guadalajara donde cargaba regalos para su madre y sus hermanas, y cuando el tiempo se lo permitía disfrutaba del clima de Jalisco en la playa hippie de Maloapa, rodeado de jóvenes desinhibidos que al igual que Letizia acampaban al aire libre para gozar de la vida y del ambiente desenfadado de aquel lugar paradisiaco. Tenía una gran facilidad para hacer amigos y su personalidad impresionaba a los mexicanos, muy dados a la conquista de mujeres atractivas. Como Letizia, que llamaba la atención de todos los jóvenes, siempre con sus Levy's ajustados que nunca se quitaba y su pelo largo. A lo que no estaban acostumbrados los mexicanos era a su carácter independiente. Como en cierta ocasión, cuando en un bar un camarero se ofreció a encenderle un cigarrillo y Doña Letizia le apartó la mano, al tiempo que le decía a una compañera de mesa: «¡Tía, coño, cómo me voy a dejar encender un cigarro! ¿Acaso estoy inválida?» o cuando en otra ocasión un joven se ofreció a pagar la cuenta. Letizia saltó inmediatamente y dijo: «¡A mí no me gusta que me paguen nada. No quiero compromisos con nadie!». Uno de los presentes en aquella cena, ha confirmado que a Letizia Ortiz «la excesiva cortesía con las mujeres no le gustaba».

De aquel tiempo son también las constantes broncas con su marido, que la llamaba con frecuencia desde España. Según Teresa González, encargada de documentación en la Universidad de Guadalajara, aquellas llamadas no pasaban desapercibidas, y aunque Letizia admiraba a su «chico» español también se peleaba con él con frecuencia: «En una ocasión le habló por teléfono desde la oficina y los gritos se oían hasta afuera».

Las simpatías por el Subcomandante Marcos

Las simpatías por la izquierda de Letizia Ortiz son lógicas teniendo en cuenta los antecedentes familiares, máxime cuando su madre se ha dedicado gran parte de su vida profesional al sindicalismo de clase. De casta le viene al galgo. El subcomandante Marcos, Rafael Sebastián Guillén Vicente (Tampico, 19 de junio de 1957) es el principal mando militar e ideólogo del grupo armado indígena mexicano Ejército Zapatista de Liberación Nacional (EZLN). Antiguo estudiante de la Facultad de Filosofía y Letras de la Universidad Nacional Autónoma de México (UNAM), abandonó México en 1992 para trasladarse a España donde estuvo trabajando un tiempo en El Corte Inglés de Barcelona. Cuando regresó a su país, se graduó con la tesis *Filosofía y educación: prácticas discursivas y prácticas ideológicas: sujeto y cambio histórico en libros de texto oficiales para la educación primaria en México*.

De ideología maoísta en sus orígenes que fue evolucionando hacia posturas más cercanas al postmarxismo —el marxista italiano Antonio Gramsci influyó decisivamente en su pensamiento—el subcomandante Marcos decidió que era necesario dar un paso hacia adelante en su conquista de los derechos de los indígenas. La primera vez que se tuvo conocimiento de su existencia fue el 1 de enero de 1994 cuando tomaron militarmente seis cabeceras municipales de Chiapas —Las Margaritas, Altamirano, Rancho Nuevo, Comitán, Ocosingo, Oxchuc y San Cristóbal—, el estado sureño que se convirtió en el 19º estado de México el 14 de septiembre de 1824. El EZLN ocupó aquel territorio al grito de «democracia, libertad, tierra, pan y justicia para los indígenas».

Las simpatías por este movimiento radical forma —o deberíamos decir ¿formaba?— parte de su inconformismo político. Cuando Letizia Ortiz llegó a México tenía 23 años y viajaba al país centroamericano «conocer cosas, gente. Quiero probar si puedo estar sola, sentir el desarraigo de no tener tu tierra, a tu gente...» México era parte de su interés por la cultura política. «Es un país que me interesa, que siempre me ha llamado la atención. He leído cosas y he estado al pendiente de lo que se publica en la prensa, de lo que escriben Carlos Fuentes y Jorge Castañeda (...) Me interesan el país, los procesos de comunicación, cómo influye toda la cultura de Estados Unidos... (...). Es un país que está en una situación política que me interesa. Está el tema de Chiapas. Y luego la lucha política (...) están Cárdenas, por un lado, el Cevallos (sic) y Zedillo después del asesinato de Colosio...». Evidentemente, cuando Letizia aterrizó en México ya tenía una formación muy clara sobre la situación política mexicana de la que llegó a cuestionar incluso el régimen político mexicano y los gobiernos del Partido Revolucionario Institucional (PRI), que por aquel entonces llevaba gobernando ininterrumpidamente el país durante 65 años desde que fuera fundado el 4 de marzo de 1929 por Plutarco Elías Calles y otros dirigentes políticos mexicanos. Letizia Ortiz hacía suyas alguna de las reivindicaciones de los zapatistas: «No puede ser cierto, ni legal. No puede ser que un partido esté tanto tiempo en el poder. Ahí hay truco, o como lo quieras llamar. Es injusto y es un problema grave. En un país donde lleva sesenta y tantos años un mismo partido político creo que las cosas no pueden ser iguales que en España, a pesar de que llevamos muchos años con el socialismo». Evidentemente hacía referencia a los gobiernos socialistas de Felipe González que se alzaron con el poder en 1982 y que en 1996 perdieron las elecciones generales tras una serie de escándalos de corrupción política y económica y la desvergüenza de los GAL.

Precisamente uno de los motivos por los cuales cayó el PSOE fue la transparencia y la libertad de expresión que reina en España, gracias a lo cual desde diversos sectores mediáticos se dieron a conocer el chapucero secuestro y asesinato de José Antonio Lasa y José Ignacio Zabala en el que quedaron implicados el general Enrique Rodríguez Galindo, el exgobernador civil de Guipúzcoa Julián Elorriaga y el teniente coronel de la Guardia Civil Ángel Vaquero; la guerra sucia contra ETA; la utilización irregular de los fondos reservados que implicaría a los exminitros José Barrionuevo y José Luis Corcuera y los funcionarios Rafael Vera, José María Rodríguez Colorado y Julián Sancristóbal; la malversación de fondos del director de la Guardia Civil Luis Roldán; el caso del espía Francisco Paesa; el tinglado financiero montado por Juan Guerra, acusado de cohecho, fraude fiscal, tráfico de influencias, prevaricación y usurpación de funciones y los beneficios que tuvieron los otros hermanos del vicepresidente Alfonso Guerra; el caso de Mariano Rubio, el máximo responsable del Banco de España o la red de corrupción de las empresas Filesa, Males y Time-Export cuyo objetivo era la financiación ilegal del PSOE. Tal vez Letizia se sintiese incómoda con aquel panorama que presentaba la realidad española de aquel tiempo. Mucha gente de izquierdas se sintieron traicionadas por una izquierda que se denominaba obrera y que no sólo había acumulado riquezas y prebendas sino que había abandonado por completo el ideario socialista. Pero pudieron conocer lo que sucedía porque en España existía libertad de expresión. A diferencia de México. En este sentido Letizia opinaba que «Quizá esto moleste a los mexicanos, pero en un país donde lleva tantos años un partido en el poder, creo que la comunicación está demasiado atada y esto no debe ser así (...) Yo en España me siento, en ese sentido, segura, puedo hablar de lo que quiera y puedo hacer lo que quiera... Lo siento, yo me construyo esa realidad mexicana a partir de lo que leo aquí. Tengo esas ideas preconcebidas, ese prejuicio, pero voy con la mente muy abierta, a la mejor puedo estar equivocada».

Una futura reina de izquierdas y republicana

En el tiempo en que trabajó en Televisión Española dejó claro a algunos de sus compañeros que ella sentía republicana y de izquierdas. Alguno incluso llegó a escuchar que se refería al príncipe de Asturias como «Felipito» o «El Borbón».

De lo más normal es que una persona tenga la ideología política que le venga en gana, por ello estamos, teóricamente, en democracia y gozamos de libertad. Hoy en día uno pueda votar lo que le dé la real gana, sin que el sable del dictador de turno caiga implacable sobre su cabeza. El problema llega cuando esa persona pertenece a la *familia* más *real* del país, entonces surgen los ortodoxos, sean del color que sean y se rasgan las vestiduras porque, según ellos, una Familia Real, democrática y constitucional, debe estar por encima de cualquier ideología. Lo cierto es que los miembros de la Familia Real no votan, algo lógico por otro lado, pero eso no quiere decir que carezcan de ideales —aparte de las suyas propias, claro— y preferencias políticas. En el caso de Letizia Ortiz, como Princesa de Asturias que es, debería estar sujeta a esta «ley no escrita» de neutralidad política, pero por su origen plebeyo —dicho desde la forma de pensar de la nobleza—, es lícito que no renuncie a esas ideas que llevó consigo en su equipaje a Palacio. Nunca ha negado sus cercanías al PSOE, ni tampoco su afiliación a la UGT ha estado negada de una manera tajante, al igual que su madre, una destacada militante del sindicato progresista de Enfermería SATSE, ni tampoco sus ideales republicanos como modelo de Estado —esto si choca un poco-bastante; sería la negación de la racionalidad intrínseca—, pero parece que al Príncipe de Asturias no le importa e incluso le hace gracia, aunque no a otros miembros de la Familia Real. De los archivos fotográficos de varias agencias ha desaparecido una fotografía en la que una joven Letizia Ortiz —imagen que muchos han afirmado haber visto— está «envuelta» en la bandera tricolor durante el transcurso de una manifestación —¿sería contra la guerra de Irak?—. Tal foto existe pero por razones obvias no está al alcance del público. Con motivo de la Boda Real, el genial poeta y cantautor Joaquín Sabina —gran *conocedor* de la pareja principesca—, creó unas coplas que hablan de ese pasado «rojo» de Letizia Ortiz. La iniciativa del *Ripio* surgió entre un grupo de amigos a propuesta de la escritora Almudena Grandes, para dar una respuesta republicana al enlace real.

A Felipe de Borbón no le ha importado nunca que su matrimonio con Letizia fuese desigual. Ni que su matrimonio con Letizia erosione la monarquía. Ni que Letizia Ortiz sea divorciada, hija de divorciados y nieta de divorciados. Ni que estadísticamente sea casi obligatorio que se pueda volver a divorciar —Un matrimonio equivocado puede abrir los ojos de muchos. Ya lo decía Peñafiel cuando el Príncipe no tenía novia oficial: «si Felipe se equivoca, del armario en lugar de homosexuales van a salir republicanos»—. Ni siquiera que su esposa tuviese simpatías con la izquierda, situación que ha enervado a los monárquicos más recalcitrantes que sí ven con complaciente distancia los juegos de la duquesa de Alba o de otras mujeres de alta alcurnia que coquetean con el Partido Socialista. Letizia es diferente. Juan Carlos y Sofía trataron de hacer ver al Príncipe la inconveniencia de aquel matrimonio pero la respuesta de Felipe fue lanzar un ultimátum. O se aceptaba a su prometida, divorciada e hija de divorciados, o él renunciaría a la corona. Las paredes del vetusto palacio de La Zarzuela se agrietaron porque era la constatación que muchos, fuera y dentro del entorno real, sospechaban, que el Príncipe de Asturias no estaba dispuesto a sacrificarse por una institución por la que no tiene el respeto que se merece, porque no cree en ella. Muchos monárquicos se lo habían advertido al Rey, anunciándole que quien iba a sucederle no le entusiasmaba para nada la institución monárquica. A Felipe no le importaban tampoco los despectivos comentarios de Letizia antes de comenzar los Telediarios: "¿Tenemos hoy más «Felipitos» en las noticias?». Poco tiempo después salieron a la luz dos hechos muy significativos pero que el tiempo ha ido borrando. El primero que el círculo de amistades de Letizia estaba integrado por jóvenes de izquierda y progresistas, algunos cercanos a movimientos anti sistema, caracterizados por su ferocidad en las críticas contra la monarquía Borbónica y por su arraigado republicanismo. Uno de sus amigos, incluso, después del paso de Letizia por el PSOE, sabían que había coqueteado con Izquierda Unida harta de la corrupción que pesaba sobre el partido fundado por Pablo Iglesias y cuyo lema era «Cien años de honradez». Alguien que le conoce muy bien ha dicho de ella que «era de izquierdas, como su madre, sindicalista, pero la política no le interesaba demasiado».

Significativo es el encuentro que Letizia y el Príncipe Felipe mantuvieron con Joaquín Sabina —unos días más tarde de haber cenado con un *monárquico* de toda la vida, Julio Iglesias—, hecho narrado por Javier Menéndez en un libro sobre el cantautor[61] y que dice mucho sobre la personalidad y el arribismo de Letizia Ortiz, hasta el punto que provocó

61. MENENDEZ FLORES, Javier. *Yo también sé jugarme la boca. Sabina en carne viva*. Ediciones B, Barcelona,2006.

un enfado monumental de la Princesa de Asturias, que se vio traicionada por uno de sus ídolos musicales y también en el propio palacio de La Zarzuela, que se ve imposibilitado para frenar noticias que afectan al pasado o el presente de Letizia: «Simoneta Gómez Acebo empezó a decirme que *Leti* quería conocerme. Yo había leído algunas revistas mexicanas en las que antiguas amigas de *Leti* decían una cosa que a mí me gusta mucho: que yo era su cantante de cabecera. El caso es que los *simonetos* me llamaron dos veces para que nos viésemos en su casa con los principitos, y por prejuicios, porque sé lo que le conviene a mi carrera y porque hay fotos en las que no quiero salir, no fui. La tercera vez que me llamó (Simoneta), gritó: «! Si no vienes te mando a la Guardia Civil, cabrón!». Era una cena absolutamente privada. Entonces le dije a Simoneta que parecía que no querían mezclarse con la plebe y que si no era así que aceptaran venir ellos a mi casa. Pero ella me dijo que no, porque deSastrón les había compuesto un vals de boda a los principitos y se lo querían poner. Me pareció un argumento estupendo, así que fuimos nosotros. Estuvimos solos los seis hasta las tres o cuatro de la mañana, que empezaron a llegar cachorros de la aristocracia con modelos. Es decir, Laura Ponte, el hermano de Simoneta, que luego se casó con ella y cuatro o cinco más. Todos de esa índole, muy simpáticos y con cara de haber estado montando a caballo por la tarde. Cuando deSastrón puso el vals, que era un vals dedicado, yo, con un poquito de maldad, en lugar de que fueran los principitos los primeros que bailaran su vals, saqué a *Leti* a bailar. El caso es que estoy bailando con *Leti* y le digo al Príncipe a gritos: «Oye, Felipe, ¡saca a bailar a mi novia que le está dando un tremendo ataque de cuernos!». El Príncipe la sacó porque es un caballero —no por Príncipe, sino por caballero— y bailamos el vals nupcial *Leti* y yo y el Príncipe y Jimena. Luego me contó mi novia que, cuando acabó el vals, el Príncipe le dijo una sola frase: «Bailas de cojones». La Leti me contó, casi de entrada, un chiste de Lepe sobre ella muy divertido: «¿En qué se parece Estefanía de Mónaco a Letizia? En que Estefanía folla con un funambulista y Letizia es una fulana muy lista». Ése es el límite al que puedo llegar sobre esa noche. Leti es una chica lista e inquieta. En fin. Yo la apoyo porque creo que, con un poquito de suerte, puede traernos la Tercera República. Y ya no diré más».

A Letizia Ortiz Rocasolano se le pueden achacar muchas cosas, pero ninguna que no sea la fidelidad a sus orígenes. Unos orígenes que tal vez entienda mejor ella misma que su propia familia plebeya.

IX

La peculiar familia Ortiz-Rocasolano

La familia es un nido de perversiones.

Simone de Beauvoir.

¿Qué precio ha tendido que pagar la familia de Letizia desde que la actual Princesa de Asturias asumió ese título? Cuando una persona, a través de una relación de pareja sea cual sea la forma contractual de la unión, los dos integrantes del nuevo núcleo aporta, en la mayoría de los casos, su equipaje familiar; mejor o peor, más rico o más humilde, de una clase social o de otra; pero en este caso que nos ocupa la diferencia es la máxima que se pudiera uno imaginar. Realmente en todas partes cuecen habas, y por mucho que una *plebeya* llegue a reina, la familia que aporta a ese nuevo estatus *real* no se puede obviar. La *cenicienta* tiene una familia, como su *príncipe azul* tiene la suya, aunque esta última sea completamente *diferente* como es público y notorio, incluso en el cuento de hadas, pero en este caso es solo eso, un cuento. En los primeros capítulos de este libro hemos visto como erán los Borbones, ahora, y salvando las distancias, analizaremos sucintamente a los Ortiz-Rocasolano. La familia de la actual Princesa de Asturias es de lo más corriente, con sus virtudes y defectos, sus desdichas y sus venturas, sus dramas y sus alegrías: como cualquier otra de la España actual (al menos eso era antes del compromiso real). Una familia de clase media trabajadora, con pasados en tonalidades de claro-oscuro, y con las vicisitudes de cualquier otra, el pasado es pasado y el presente es presente. Pero el hecho que un miembro de esa familia, llamémosla corriente, se convierta de la noche al mañana en todo una futura Reina Consorte de España, es una particularidad que no sucede todos los días. De ser anónimos, a que todo el mundo quiera saber lo más posible sobre sus vidas; es triste pero es así.

Los ancestros de Letizia Ortiz Rocasolano

Ante las innumerables voces críticas surgidas por la decisión de Don Felipe de Borbón en casarse con una mujer que no pertenecía a la nobleza, todos los esfuerzos fueron vanos para encontrar un pasado regio a Letizia Ortiz, incluso se llegó a encargar un estudio genealógico en ese sentido destinado a intentar demostrar que por la venas de la actual Princesa de Asturias corre sangre real. El investigador genealogista Javier Cordero Aparicio realizó un estudio en el que se la emparentaba con el rey Fernando II de León —al que creo no se le ha solicitado una prueba de ADN—. Por mucho que se empeñen algunos, por las venas de Doña Letizia sólo corre la sangre roja —nunca mejor dicho—. Javier Cordero, que lleva más de 25 años dedicándose a realizar estudios genealógicos, afirma que la Princesa de Asturias tiene ancestros reales, y para ello aporta una serie de datos que según él lo demuestran. En un voluminoso informe que al parecer obra en poder de Menchu del Valle, abuela paterna de Letizia, el genealogista expone su teoría basada en los siguientes datos, producto de su exhaustiva investigación sobre el tema. Cordero llegó a la conclusión de que por la rama de los Ortiz entroncan con el mencionado Rey Fernando II de León, monarca de ese reino entre 1157 y 1188.

Todo empieza con José Ortiz Pool y Carmen Velasco Gutiérrez, los padres de José Luis Ortiz Velasco, ovetense y abuelo de la princesa. Uno de los abuelos de Ortiz Pool fue Diego Pool Cornforth, natural de Tipton, en el condado de Staffordshire, localidad próxima de Birmingham, así que doña Letizia tiene por aquí un vínculo con el Reino Unido. Como explica Cordero, la villa de Tipton se dedica a la explotación del carbón y los Pool, expertos mineros, se trasladan a España en torno a 1850. La rama Diego Pool se establece en Trubia.

Otro de los abuelos de Ortiz Pool era José Ortiz de Torres-Pardo, que nació en Évora (Portugal), debido a la huida de sus padres allí, posiblemente por su vinculación al régimen liberal, supone Javier Cordero. A su vez, José Ortiz de Torres-Pardo es de la línea de los Torres-Pardo de Estepa (Sevilla), que en 1670 estaban representados por Sebastián de Torres-Pardo y Ana de Baena. Era una familia de cristianos viejos e ilustre linaje de Estepa. Tres generaciones antes, un antepasado de Sebastián, Juan de Torres de Vera y Aragón, fue conquistador y fundador de la ciudad de Corrientes (Argentina) y —asegura Javier Cordero— gobernó como Adelantado la provincia de Río de la Plata, además de ser Oidor de su Real Audiencia.

El genealogista se ha documentado de tal forma que puede contar con mucho detalle la historia de los antepasados de doña Letizia. Así, explica que, cuando el cabildo estepeño celebró, el 27 de octubre de 1680, la defensa de la Inmaculada, con gran magnificencia y derroche en unos actos fastuosos, Sebastián, el hijo mayor del matrimonio Torres-Pardo y Baena, llevaba un año casado con Isabel de Aguilar de Raya, hija de Alonso de Aguilar Saavedra y Catalina de Raya, ambos estepeños y de ilustres linajes. Dice Sebastián en su testamento (redactado en 1748): «Y yo lleve a el Matrimonio hasta quatro mil reales en dinero de que no hize capital».

Pero no fue Sebastián —pues su matrimonio no tuvo descendencia— el antepasado de José Luis Ortiz y de la princesa, sino un sobrino, también llamado Sebastián e hijo de su hermano Francisco. Al ser declarado heredero universal, obtiene la mayor parte del patrimonio familiar. Sebastián es el padre de Tomás de Torres-Pardo, que se va a Espejo (Córdoba) a ejercer como administrador y allí se casa con Agustina de Castro Serrano, que pertenece al linaje de los Castro de Espejo, villa donde nace, en 1727. Y aquí es donde se produce el entronque que conectará a José Luis Ortiz y su nieta la princesa de Asturias con los descendientes directos de Fernando II de León. Agustina desciende de Pay Arias de Castro *El Mozo*, que nació en torno a 1325 y fue el primer señor de Espejo. Su padre fue Ruy Pérez de Castro, nacido en 1300, que fue portero mayor del rey y alcalde de Córdoba, y su abuelo fue Pay Arias de Castro *el Viejo,* que nació en 1275 y tuvo los mismos títulos de su hijo. Ocupó la fortaleza de Espejo, que según explica el genealogista de la princesa, es una antigua villa que descansa sobre el alto de una colina en la comarca cordobesa de la Campiña. «En lo alto, y dominando el escalonado de casas blancas, se emplaza el imponente castillo, propiedad de la actual duquesa de Osuna» explica Cordero.

El padre de Pay *El Viejo* fue Ruy Pérez de Castro, que nació en 1252 y también fue alcalde de Córdoba, y su abuela fue Sancha Alfonso, nacida en 1232. Sancha era, a su vez, hija de Lope Sánchez, señor de Lopera, El Carpio y Jodar, y nieta de Sancho (1186-1218), que falleció como consecuencia del zarpazo de un oso en Cañamero. Era infante de León y señor de Monteagudo y Aguilar. Finalmente el genealogista llega al meollo de la cuestión ya que el infante don Sancho era hijo de Fernando II, un monarca que se casó en primeras nupcias con Urraca, infanta de Portugal. En 1185, tras la muerte de doña Teresa Núñez de Lara —su segunda esposa— se casó en terceras nupcias con doña Urraca López de Haro —que a su vez era hija de López Díaz, señor de Vizcaya, Nájera y Haro—. Sancho es hijo de este tercer matrimonio de Fernando II de León[62]. Realmente este estudio riza el rizo hasta el extremo de considerarlo un auténtico tostón. Si así fuere y el tal Javier Cordero estuviera en lo cierto, los más acérrimos monárquicos, quizá cambiaran de opinión, aunque este tema creo poco importa a la interfecta, Letizia Ortiz.

Las generaciones ancestrales de Letizia Ortiz

Si nos remontamos a la tercera generación anterior a la que pertenece la Princesa de Asturias, nos encontramos con un personaje de lo más peculiar, Plácida del Valle, conocida en la aldea de San Miguel, en Valladolid de donde era originaria, como «La Patatina». Esta mujer era la madre de Menchu del Valle y por consiguiente bisabuela de Doña Leticia Ortiz. Mucho se ha especulado con la «vida alegre» que esta vallisoletana llevaba en su pueblo natal, incluso se ha llegado a afirmar que se dedicaba a la prostitución para sacar adelante a su familia, ya que no tenía marido. La leyenda de esta mujer corre por la zona incluso mucho antes de que se supiera que su biznieta sería algún día Princesa de Asturias y futura Reina de España. El periodista «experto» en temas de la realeza y altavoz de las voces contra Letizia Ortiz, habló largo y tendido en sus

62. FERNÁNDEZ, Georgina. «*Un estudio genealógico revela que doña Leticia tiene sangre real*». *La Voz de Asturias*, 01/03/2009

habituales confidenciales e incluso en programas televisivos del corazón rosa, refiriéndose a una mujer que bailaba con los pechos al aire, sobre las mesas de las tabernas de Oviedo, insinuando que se dedicaba al oficio más viejo del mundo. Realmente Plácida del Valle ha existido y también es cierto que era la madre de Menchu del Valle, y que la abuela de Letizia lleva el apellido Álvarez, además que el Del Valle, ósea que está reconocida, y que esa mujer está enterrada en la Aldea de San Miguel en Valladolid, y que se la conocía por el apodo de «la Patatina», y que Letizia Ortiz ha pasado muchos veranos de su adolescencia allí, y que los Príncipes han visitado juntos el lugar reconociendo los orígenes humildes de la familia, y etcétera, etcétera, etcetera…e n definitiva, blanco y en botella… Total que lo realmente cierto y demostrable es que la tal —«Patatina» es la bisabuela de Letizia Ortiz, pero de eso ha afirmar que esta señora era prostituta hay un trecho. Especulando: señoras y señores estamos hablando de los «felices» años veinte, de una madre con unos hijos que sacar adelante; en el caso de ser cierto el rumor lanzado, tal vez dirigido a bombardear la línea de flotación de la Princesa de Asturias, ¿habría algo que objetar? Sería como llamar lo mismo a otra tatarabuela de la familia, en este caso con la que han entroncado los Ortiz-Rocasolano, como es Isabel II, que de diez hijos que tuvo sólo dos fueron reconocidos.

Siguiendo con bisabuelos cabría mencionar a Miguel Rocasolano Cebrián, un albañil que trabajó duro para sacar adelante a sus once hijos, junto a su mujer, María Camacho Rodríguez. Llegaron a tener un almacén de materiales para la construcción en la calle Luis Cabrera de Madrid. Quien le iba a decir a este hombre y a su esposa María, trabajadores ambos donde los haya, que de sus once hijos, el más famoso sería Francisco Rocasolano Camacho, el cual se convertiría en uno de los abuelos más conocidos de este país al serlo de una futura Reina de España, y eso que entre los hijos del matrimonio Rocasolano-Camacho, destacaban más dos de sus hijos, Miguel y Blas, ambos destacaron como futbolistas; Miguel, el mayor, llegó a jugar en los primeros equipos del F.C. Barcelona y del Sevilla C.F., convirtiéndose en una figura de la época.

Al hablar de los abuelos de Doña Leticia, hay que referirse en primer lugar a los paternos. La abuela Menchu del Valle, la preferida de

Letizia Ortiz y la que la inculcó la pasión por el periodismo. Cuando la Princesa de Asturias salía del Colegio la Gesta I de Oviedo, donde sus profesores recuerdan que era «muy activa, despierta, dinámica y habladora», se dirigía a los estudios de Radio Oviedo donde trabajaba su abuela. Allí solía merendar y hacer los deberes. A los 12 años, su padre logró que presentará en Antena 3 Radio un programa infantil —El Columpio—, del que José Luis se encargaba de redactar los guiones.

Menchu también nació y se crió en la aldea de San Miguel. Después de muchas vicisitudes y dificultades, la familia se trasladó a Oviedo. Allí conoció a José Luis Ortiz y nació su hijo Jesús. Al parecer, el ya fallecido José Luis Ortiz, abuelo de Doña Letizia, agente comercial de Olivetti, no era el padre biológico del hijo de Menchu del Valle, Jesús, aunque éste lo aceptó como suyo al unirse a ella y ejerciendo como tal toda su vida. Se comenta que el verdadero abuelo de la actual princesa de Asturias es un famoso oftalmólogo asturiano, dato este sin confirmar. Por su parte, los abuelos maternos, Francisco Rocasolano Camacho, Paco «el taxista», era originario de Madrid y combatió en la guerra civil del lado republicano y Enriqueta Rodríguez Figarredo, de Alicante, donde nació su hija Paloma. Allí conoció a un Asturiano del mismo Oviedo, de nombre Jesús, con el cual se casaría poco después, según afirman algunos «de penalti».

Como escribe Virginia Miranda en *El Siglo*: «Los padres de Paloma Rocasolano, residentes en Alicante, tardaron más tiempo en conocer al novio de su nieta. Fue en la reciente boda de la prima Abigail. Francisco Rocasolano, taxista jubilado, salió del templo acompañado de Letizia, que le pasaba cariñosa un brazo de la Reina. Sobre los hombros. Mientras, Enriqueta Rodríguez, ama de casa, caminó hacia el coche del brazo del heredero de la Corona. Poco después, en el puente de San José, visitaron a su hija en Madrid y allí pudieron compartir mesa y mantel con el Príncipe de Asturias, que después les llevó de paseo en su coche por las calles de la capital. Jamás se hubieran imaginado que algún día protagonizarían algunos de los momentos más simbólicos del proceso de cambio y normalización que la monarquía española iba a experimentar desde el pasado 1 de noviembre, pero ellos están más pendientes de la felicidad de su nieta ante su próximo enlace —un «secreto de surnario», dice el abuelo Francisco— que del propio papel que les ha tocado jugar».

Los padres de ella

Los padres de Doña Leticia, son, como hemos dicho, Jesús Ortiz Álvarez —*Chus* para los íntimos— y Paloma Rocasolano Rodríguez, el primero periodista de profesión y la segunda enfermera-sindicalista. Jesús y Paloma se casaron el 2 de octubre de 1971, una boda sencilla, nada que ver, por descontado, con la de su hija Letizia. Fue una ceremonia íntima e informal, sin invitaciones, ni flores ni detalles que hicieran presumir lujo ni boato; ella minifaldera con un traje de manga larga de color negro y él con el típico traje del mismo color. Por aquellos tiempos era típico que la nueva pareja contrajera matrimonio en la parroquia donde había sido bautizada la novia y si no fuere posible, en la ciudad donde resida ella. Paloma Rocasolano había nacido en Madrid, pero su familia residía en Oviedo. Enriqueta, su madre, había nacido allí, pero se había trasladado a vivir desde muy joven a Madrid, donde tuvo una hija de nombre Otilia, con su primer esposo, el cual falleció poco después. Paloma es fruto de su segundo matrimonio. Finalmente Jesús Ortiz y Paloma Rocasolano se casaron en la Iglesia del Cristo de las Cadenas de la capital asturiana, el día 2 de octubre de 1971. Paloma tenía 18 años, en aquella época era menor de edad —establecida a los 21 por lo que tuvo que pedir el consentimiento del padre—, y su marido Jesús 21. La pareja, que realmente no eran mucho de misa, pretendieron una ceremonia casi «simbólica», como para cubrir el expediente. El párroco del Cristo de las Cadenas, Óscar de la Roza, ya fallecido, autorizó que la celebración del sacramento matrimonial corriera a cargo del carmelita Fernando Ezquerro, que curiosamente también fue el que bautizó a la pequeña Letizia el 29 de septiembre de 1972, en la parroquia de San Francisco de Asís de Oviedo. Al parecer este sacerdote progresista abandonó años después la Orden y vive lejos del ejercicio del sacerdocio. Entre los pocos invitados a aquel enlace estuvieron presentes los padres del novio José Luis Ortiz y Menchu Álvarez del Valle, por aquel entonces la voz más popular de Radio Asturias, y sus hermanas Cristina y Henar. Por parte de la novia, asistieron su madre Enriqueta Rodríguez, su padre Francisco Rocasolano, además de varios tíos residentes en la capital ovetense. Una de las anécdotas de la boda fue la dispensa de amonestaciones o proclamas, que consiste en publicar en la iglesia durante tres semanas los nombres de las personas que se van a casar para que, si alguien conoce algún impedimento, lo denuncie. Sin embargo, y dado que aparentemente no existía motivo alguno, resultó curioso que solicitasen la dispensa de este anuncio. Para ello, la pareja alegó ciertos motivos privados y personales firmados por dos testigos ante el Obispado ovetense. Según el párroco actual de El Cristo de las Cadenas, Javier Suárez, «no era habitual. Lo hacían en ocasiones algunos hombres viudos o aquellas parejas que, por motivo de embarazo, por ejemplo, no pudieran esperar las tres semanas de rigor de las proclamas». Lo cierto es que a Jesús y a Paloma parecía que les había entrado el gusanillo de casarse y querían hacerlo cuanto antes. El 27 de septiembre, apenas una semana antes de recibir ese sacramento, se les abrió el expediente de solicitud. Dada la premura, apenas había tiempo de grandes preparativos ni menos aún de amonestaciones. Así que la pareja se dio finalmente y sin problemas el sí, quiero. Se divorciaron en 1998.

Jesús Ortiz Álvarez, nacido en Oviedo (Asturias) el 24 de diciembre de 1949, es un hombre discreto. Periodista de profesión, igual que los fue su madre Menchu del Valle, y que su hija Letizia Ortiz, hasta que ésta lo dejó para dedicarse a ser futura Reina de España. Jesús Ortiz fue uno de los fundadores de Antena3 de Radio en Asturias en 1983, emisora de la que fue director hasta 1987, año en el que colgó el micrófono y se trasladó junto a su mujer Paloma y sus tres hijas —Letizia, Telma y Érika—, a Madrid[63] para integrarse en la firma Estudio de Comunicación, empresa dedicada al *looby* periodístico, propiedad del popular periodista Lalo Azcona, de la que es «Consultor Senior»[64]. En la actua-

63. Se instalaron en la localidad madrileña de Rivas Vaciamadrid, en el extrarradio de la capital, en la urbanización Montesport, donde adquirió un chalé adosado de 230 metros cuadrados, repartidos en dos plantas, y con una parcela de 500 metros esquinera en las calles de Río Guadarrama y de Río Jarama por la que pagaron 14 millones de pesetas.

64. La periodista Consuelo Font dice en una crónica en *El Mundo* que «Jesús Ortiz, hoy responsable del departamento de formación en Estudio de Comunicación S.A., prestigioso gabinete cuyo principal accionista es el periodista Lalo Azcona, manejaba una importante cartera de clientes. Sin embargo, tras la boda de doña Letizia con el Príncipe, cada persona con quien

lidad está casado con la también periodista Ana Tagores Guisasola, seis años más joven que él. Ambos periodistas decidieron casarse de manera precipitada poco antes de que saltara la noticia del compromiso de Letizia Ortiz y el Príncipe heredero, con el fin de no crear un problema protocolario cuando el enlace real tuviera lugar. El casamiento entre Jesús Ortiz y Ana Tagores tuvo lugar durante el puente de San José de 2003 en Pozuelo, sin la asistencia, por motivos de seguridad, de Don Felipe de Borbón.

Por su parte, Paloma Rocasolano Rodríguez, nació en Madrid en 1952, es más extrovertida que el padre de la Princesa. Dicen de ella que es culta, amante del arte —faceta que inculcó a su hija Érika— y con mucha personalidad. Una de sus «genialidades» es el de poner a sus hijas nombres originales (Letizia, Telma y Érika), por ello la leyenda de que la «Z» de Letizia es obra de un error tipográfico del encargado del registro madrileño a la hora de la inscripción, ya que este era italiano, es completamente falso, fue la madre quien hizo que el nombre de su primogénita llevara la «Z» en lugar de la «C». lo mismo sucedió con la «K» de Érika. Paloma Rocasolano es enfermera de estudios y profesión, activa sindicalista de convicción. Debutó como enfermera en el ambulatorio ovetense de la Lila. Cuando la familia Ortiz-Rocasolano fijó su residencia en Madrid, Paloma empezó su activa militancia en la UGT, sindicato al que ya pertenecía cuando estaba en Oviedo. En 1991, el sindicato sectorial SATSE la liberó para que inspeccionara los centros sanitarios de la zona sur de Madrid, Vallecas y Moratalaz. Se la

---

trataba le reconocía como el padre de la Princesa, lo que le hacía estar en boca de todos. No faltaban quienes intentaban hacer valer una amistad inexistente para acercarse a él.

«Perdona, pero creo que no nos conocemos de nada», terciaba Ortiz secamente. Incluso comenzaban a circular maledicencias acerca de que podía estarse aprovechando profesionalmente de su nueva condición. Según atestigua a Crónica un amigo suyo, la gota que colmó el vaso fue cuando en las navidades de 2006, los Príncipes y las Infantas fueron al circo con sus hijos, portando bolsas de la cadena de juguetes Imaginarium. Se llegó a decir que era intencionado, porque Jesús Ortiz tenía relaciones con esa firma.

«Era falso. Pero yo creo que eso le decidió a dejar el contacto con clientes, y ejercer una tarea más burocrática, de despacho, en la que además gana menos, porque pierde los pluses», asegura el citado amigo. «Jesús es un hombre serio, introvertido, pero auténtico y ese tipo de correveidiles le espantan. Es una pena porque es buen consultor, y ha caído en cierto ostracismo. Ahora se encierra en su despacho de nueve a tres y de cuatro a ocho. Ser padre de la Princesa le ha perjudicado».

ha llegado a acusar de prepotente y de que se le ha subido a la cabeza el actual título de su hija, contrariamente a lo que ha sucedido con su ex marido. Este «poderío» que se le achaca, la llevó a copiar en un examen de Historia de Grecia (casualidad), en la Universidad Nacional de Educación a Distancia (UNED). La madre de la Princesa de Asturias no debía saberse muy bien la lección porque sacó una «chuleta» en medio de la prueba y la pillaron *in fraganti* por lo que fue expulsada del aula. Al parecer, Paloma Rocasolano, hizo valer su condición de «Madre de», para amedrentar a la presidenta del Tribunal, con aquella famosa frase de «no sabe usted con quien está hablando», a lo que, según cuentan las lenguas viperinas la profesora respondió: «Sí, con una persona que está copiando». Aquí no acabó la cosa pues la alumna prosiguió con su prepotencia: «Soy la madre de Doña Letizia Ortiz Rocasolano», concluyendo la otra parte implicada en la anécdota con: «Y yo la presidenta del Tribunal, salga de la sala». La noticia saltó a los periódicos y confidenciales, a lo que salieron al paso compañeros de la «pillada» en su defensa, afirmando que aunque sí es cierto de que Paloma Rocasolano Álvarez, sacó la «chuleta» en aquel examen, abandonó la sala discretamente acongojada y sin que tuviera lugar aquella conversación. A pesar de ello la «mancha» ahí queda y no es lo mismo que copie un ciudadano de a pie que toda una madre de una futura Reina.

Se la relaciona sentimentalmente con el arquitecto asturiano José Carlos Fernández del Rey, nacido en Oviedo en 1943, que fue presidente de Colegio Oficial de Arquitectos de Asturias y está en posesión de la Gran Cruz al Mérito Humanitario, distinción que se le otorgó en 2005. Precisamente esa relación que Paloma Rocasolano mantiene con el arquitecto en cuestión, fue motivo de que su nombre aparezca en el sumario del 11-M. Cuando la madre de la Princesa de Asturias viaja a Asturias, se aloja en una finca de 12 mil metros cuadrados que José Carlos Fernandez del Rey posee en el concejo de Navia o en la vivienda que el arquitecto tiene en Oviedo. Fue precisamente ahí, cuando poco después de los atentados del 11 de Marzo, unos árabes en un lujoso coche fueron vistos merodeando por los alrededores de la casa. Alarmados los vecinos alertaron a la Guardia Civil, que inmediatamente montó un dispositivo, ya que tenían noticia que en esa dirección se alojaba ocasionalmente la madre de la esposa del Príncipe de Asturias. La vigilancia dio sus frutos y los árabes fueron localizados, al parecer eran unos simples vendedores de alfombras según se dijo en su momento. Paloma Rocasolano Álvarez, reside actualmente en Madrid donde ocupa un lujoso apartamento en el barrio de Salamanca y trabaja como directora del proyecto Vacaciones Solidarias, que lleva a cabo la Fundación para el Desarrollo de la enfermería (FUDEN), una ONG creada en 1988 por el sindicato SATSE, organizando viajes a Latinoamérica para compañeros de la profesión de enfermería lejos del reparto de octavillas sindicales por los ambulatorios de la Comunidad de Madrid, de pegar carteles reivindicativos o de mantener largas reuniones en la sede del sindicato para tratar asuntos de estrategia sindical. El 24 de junio de 2009 recibió en Málaga uno de los premios Cruz de Malta que concede el Hospital Regional Carlos Haya. Paloma recogió el galardón en representación al programa de voluntariado internacional Vacaciones Solidarias. Se la ha bautizado como Reina del Proletariado.

Desde el matrimonio de su hija con Felipe de Borbón Paloma goza de una nueva vida que ha supuesto también un cambio de imagen. Ha abandonado aquella melena rizada al estilo afro que tan progresista la hacía y viste ropa de modistos reconocidos más acorde con el estatus que se le supone como madre de la futura Reina de España.

Las hermanas de Letizia Ortiz: Telma y Érika

Telma —la *hermanísima*— nació en Gijón el 25 de octubre 1973, y es el segundo fruto del matrimonio Ortiz-Rocasolano. Estudió la carrera de Ciencias Económicas en las Universidades de Barcelona y Roma, y se especializó en Economía Internacional y del Desarrollo, además estudió Antropología en la UNED. Habla seis idiomas además del castellano; inglés, francés, portugués, italiano, catalán y algo de árabe. Es una mujer independiente, aventurera aparte de solidaria lo que la llevó a viajar como voluntaria de la Cruz Roja para colaborar en la ayuda humanitaria en el desastre de Vargas en Venezuela, donde murieron más de 60 mil personas. También trabajó en Jerusalén para las víctimas de la Intifada junto a Médicos sin Fronteras. Sudán, Cabo Verde, el Congo, Indonesia y Manila. Precisamente en la capital filipina conocería al abogado toledano Enrique Martín Llop, también interesado en esos temas de ayuda humanitaria y al que se uniría sentimentalmente. Ambos han seguido viajando por todo el mundo realizando ese tipo de labores. En la actualidad trabaja para el Ayuntamiento de Barcelona, puesto que consiguió no sin cierta polémica. La hermana mediana de la Princesa de Asturias, se ha caracterizado por sus luchas contra la prensa en salvaguarda de su intimidad. Esto le llevó en el 2008 a querellarse contra más de cincuenta medios de comunicación tanto audiovisuales, escritos o digitales, entre los que se encuentran TVE, Antena 3 Televisión, el Grupo Z, Sogecable, la televisión Autonómica Valenciana y la Revistas *Hola* y *Semana*, ya que parece que a Telma Ortiz no le gusta el oficio de su abuela, de su padre y el de su ilustre hermana. Las demandas presentadas por la pareja formada por Telma Ortiz Rocasolano y Enrique Martin Llop, por «derecho a la imagen» fueron desestimadas por la Audiencia Provincial de Toledo el 15 de mayo de 2008. Si a la hermana de la Princesa de Asturias no le gusta la popularidad que conlleva ser «hermana de», no se comprende que se lanzara a una aventura judicial de aquel calibre con la repercusión mediática que ello supone. Ser famoso, o simplemente conocido, por algo adquirido de rebote, no es elegible de una manera tan simple como la de poner una equis en la casilla de la declaración de la renta donde quieres que vaya a parar tu porcentaje del IRPF, a la Iglesia o a una ONG, en este caso va con el *cargo*.

La periodista Blanca Cano informó en *Vanitatis* enero de 2008 que Telma había suspendido un importante examen de funcionaria: «No se preparó el temario y no aprobó la oposición para responsable de programas que sacó la Agencia Española de Cooperación Internacional hace pocos meses. Eran 83 plazas las que se convocaban y Telma Ortiz quiso obtener la suya. De haber aprobado, hoy sería funcionaria de la AECI que depende a su vez del Ministerio de Asuntos Exteriores.

Cuando convocaron las oposiciones, en febrero de 2007, Telma estaba trabajando para la Agencia en un programa en Manila. Por entonces ya estaba ennoviada con el delegado de esa zona de Cruz Roja, el abogado Enrique Martín, a quien en esa ONG valoran muy bien por su capacidad de resolver los asuntos de trabajo como demostró durante la catástrofe que sacudió a ese país en 2006 por un deslizamiento de tierra en la isla de Leyte que sepultó a más de 2.000 personas.

Martín se puso al frente de la campaña de ayuda haciendo un llamamiento para recaudar fondos con el único fin de salvar vidas y ayudar a todas las víctimas de ese hundimiento. Por esto y por muchos otros momentos es por lo que hoy en la Cruz Roja española sienten mucho que se haya despedido como delegado de zona, decisión que ha tomado junto con su novia Telma. Ahora que van a ser padres y quieren otro tipo de vida para los primeros años de su hijo.

Según fuentes cercanas, Enrique Martín está preparando montar una consultoría desde donde poder asesorar a empresas, particulares y organismos. El plan hubiera sido perfecto si Telma hubiera aprobado. Con una plaza fija podría pedir estar en las oficinas de Madrid y tendría derecho a su nómina, vacaciones, baja maternal... Pero una vez más, las Rocasolano han suspendido. Primero fue su madre, la dulce Paloma, a quien pillaron con una chuleta en la mano cuando se examinaba en la UNED de Historia de Grecia».

La pequeña de los Ortiz-Rocasolano nació en Oviedo en abril de 1975 y, desgraciadamente, murió en Madrid a los 31 años de edad. Érika era la más artista de la familia, dicen que tenía la creatividad de su madre. Se licenció en Bellas Artes y cuando murió estaba trabajando como Creativa de la productora Globomedia. En mayo de 2006 se separó del escultor madrileño Antonio Vigo, al igual que Érika licenciado en Bellas Artes y que trabajó como barrendero, en el servicio municipal de limpiezas de Madrid. El escultor y la hermana menor de la Princesa de Asturias, mantuvieron una relación de siete años, y tuvieron una hija de nombre Carla. Esta mujer «abierta y confiada» como ella misma se definía en una larga entrevista concedida a la periodista Carmen Duerto y publicada por *elmundo.es.* saltó a las primeras páginas de los periódicos, no por su condición de «hermanísima» sino por su repentino fallecimiento en el invierno de 2007, y el consiguiente misterio que rodeó el suceso. El seis de febrero de 2007, Érika Ortiz Rocasolano apareció muerta en su domicilio de Vicálvaro (Madrid), el mismo en el que residió su hermana Letizia antes de su noviazgo con el Príncipe Felipe. Cuando el cuerpo de la fallecida fue encontrado, por su actual novio, el cámara de televisión Roberto García, hacía más de doce horas que se había producido la muerte. En ese momento se encontraba sola en su domicilio, ya que su hija Carla de seis años con la que convivía habitualmente, se encontraba con su padre, el escultor Antonio Vigo, en el domicilio de éste. Al parecer la niña llevaba varios días allí ya que su madre había estado de baja un mes y medio a causa de una profunda depresión, estrés y ansiedad, tras las vacaciones navideñas. Érika se había reincorporado a su trabajo en Globomedia, el viernes anterior a su muerte pero al despedirse ese día había solicitado dos días libres por «asuntos propios» (lunes y martes siguientes). El miércoles, día en el que fue encontrado el cadáver, Érika debía haber regresado al trabajo, ese hecho y el de que no contestara a las llamadas telefónicas fue lo que hizo saltar las alarmas. A las 14,40 horas de ese día, el juez de guardia del juzgado número 12 de Madrid, realizó el levantamiento del cadáver, que fue trasladado al Instituto Anatómico Forense para que le fuera practicada la correspondiente autopsia en un coche fúnebre ante la gran cantidad cámaras y medios de comunicación, concentrados a las puertas del domicilio de la finada. Dicha autopsia debía realizarse al día siguiente jueves como es habitual, pero la intervención de la Casa Real, hizo que los trámites se aceleraran y finalmente se llevó a cabo esa misma tarde. Según fuentes de la investigación consultadas, la primera impresión *post mortem,* reveló que la causa de la muerte fue la «ingesta masiva de pastillas», concretamente tranquilizantes. Lo curioso del caso es que la policía científica ciertamente halló envases vacíos de este tipo de medicamentos en la basura del domicilio de Érika Ortiz, pero al parecer, no cerca del cadáver. Los agentes de la científica pertenecientes al grupo VI de Homicidios del Cuerpo Superior de Policía, hicieron una exhaustiva inspección ocular del lugar del suceso, realizando fotografías de todos los rincones y desde todos los ángulos. El juez de guardia que se hizo cargo de la instrucción ordenó a dichos agentes que remitieran inmediatamente las fotografías tomadas en el interior de la vivienda así como la tarjeta de memoria de la cámara, con el fin de evitar filtraciones no deseadas dado el personaje de que se trataba. Miembros del servicio de la Casa Real se encargaron personalmente de acelerar el permiso del juzgado para que el cuerpo de Érika Ortiz Rocasolano pudiera ser incinerado en el Parque Cementerio de la Paz, en Alcobendas. Los empleados reales acompañaron en todo momento a los empleados de la funeraria y custodiaron los documentos hasta ser entregados a la Comunidad de Madrid y al Juzgado correspondiente. Tras los primeros estudios realizados al cuerpo de Erika Ortiz, y a falta del definitivo examen toxicológico, la causa oficial de la muerte fue la de suicidio por ingesta masiva de pastillas. Pero ¿qué le había llevado a la hermana pequeña de la Princesa de Asturias a cometer esa barbaridad? Otra pregunta que quedará sin respuesta. Anteriormente Érika Ortiz había pasado por enormes dificultades económicas, noticia ampliamente difundida por la prensa del corazón y había atravesado por los duros momentos de una separación, pero precisamente cuando mejoró su situación económica había podido cambiar a su hija Carla a un colegio bilingüe de más categoría y había rehecho su vida sentimental... todo se fue al traste.

Érika no llegó a conocer a su nueva sobrina y la segunda hija de los Príncipes de Asturias, Sofía de Borbón Ortiz, que nacería solo dos meses más tarde de aquel triste suceso.

Geli del Valle, la prima vagabunda de Letizia Ortiz

Como le sucediera a Máxima de Holanda con su prima Laura Viña, una vagabunda que ganó sus primeros euros gracias a conceder entrevistas en televisión con shows incluidos —tuvo un programa titulado *Máximamente al palo*—, Letizia Ortiz también tiene un familiar vagabundo. Se trata de una prima segunda —su padre es primo hermano de la abuela materna de Letizia, Menchu del Valle— de nombre Geli del Valle que apareció el 13 de noviembre de 2003 en el programa de Telecinco *Está pasando*. En aquel programa, criticado por los familiares de Doña Letizia, solicitó entre lágrimas a la Princesa de Asturias que le ayudara porque «No tengo nada que llevarme a la boca». Sin calefacción, luz y agua, Geli vive sola acompañada de sus perros en una caravana porque tras dos fracasados matrimonios —con maltrato incluido— no recibe ayuda de sus hijos. En aquel programa, Gelia exclamó: «Leti, si quieres puedes ayúdame. Llévame de cocinera, pero échame una mano».

X

Letizia Ortiz, la nuera incómoda o las complicadas relaciones reales

Todo el mundo ve lo que parecéis, pocos conocen a fondo lo que sois,
y este pequeño número no se atreverá a levantar-
se contra la opinión de la mayoría,
sostenida además por la majestad del poder soberano.

Nicolás Maquiavelo, *El príncipe*.

Desde que el 22 de mayo de 2004 Letizia Ortiz diera el «Sí, quiero» al Príncipe de Asturias su vida cambió por completo. Aquel día lluvioso y desapacible parecía anunciar futuras tormentas en la propia Casa Real española. El ultimátum principesco a sus padres los Reyes y la difícil aceptación de éstos de la figura de una joven divorciada, agnóstica, ¡republicana! —aunque ella se empecina ahora a decir que nació en el año 1972 y que creció con la monarquía ya consolidada— y de origen humilde atribulaba especialmente a Don Juan Carlos que no entendía la falta de responsabilidad del heredero a la Corona al casarse con una periodista con la que apenas había mantenido cinco meses de noviazgo[65]. El Rey todavía tiene presente la trágala que vivió aquel 5 de octubre del año anterior con su hijo cuando le puso en bandeja su renuncia al trono

65. La Casa Real admitió en su momento que el noviazgo entre Felipe y Letizia había sido «muy corto», por no decir meteórico, y que en los meses que transcurrieron entre el anuncio del compromiso y la ceremonia de la boda, los príncipes tuvieron poco tiempo para estar solos... ¿Consideraba el Rey una irresponsabilidad que su hijo se casara con una joven sin apenas conocerse, cuando la novia iba a convertirse en heredera al trono?

si no aceptaba a Letizia[66]. Y cómo el Príncipe abandonó ese mismo día Madrid en dirección a Nueva York donde se encontraría con Letizia Ortiz, que se hallaba en la ciudad de los rascacielos por motivos profesionales, donde cenaron con el director de cine Woody Allen. Siete días más tarde, con toda la Casa Real preocupada por la actitud del niño, el Príncipe no se presentó al desfile de la Hispanidad provocando el pánico en el Rey y, sobre todo, en la Reina su máxima defensora en la familia. Cuando Don Felipe regresó unos días más tarde les hizo comprender a sus padres que estaba dispuesto a todo y el Rey no tuvo más remedio que claudicar[67].

Es cierto que Letizia Ortiz ha cambiado desde que en la petición de mano «osara» interrumpir al Príncipe con aquel descarado «¡Déjame hablar a mí!» que dio la vuelta al mundo. Los rumores sobre su vida se han disparado como la pólvora y para ella, tan taxativa y controladora de todo cuanto le rodea, le han producido un gran daño moral y emocional. Tener pasado y tratar de ocultarlo tiene estas cosas y la prensa del corazón ha sabido sacar partido de ello.

Desde su casamiento en la Catedral de La Almudena sus rasgos faciales —hasta la operación estética que la ha convertido en un clon de Ra-

66. Durante un tiempo Letizia tuvo dudas de que Don Felipe se saliera con la suya. Seis semanas antes de prometerse con el Príncipe firmó su adhesión a la Academia de Televisión, el órgano que agrupa a todos los profesionales del sector —se le otorgó el número 783 y firmaron el aval dos reporteros del Grupo Prisa— la demostración de que tenía intención de seguir trabajando en TVE. Además, se había comprometido a presentar la gala de los Premios Talento, que la Academia había organizado para el mes de noviembre de 2004. A su regreso de Irak pidió a sus jefes unos días de descanso. Los encuentros con Don Felipe eran más frecuentes pero ella necesitaba meditar su futuro. Viajó a Costa Rica, donde se llevó un diario donde anotó sus reflexiones más íntimas. Allí encontró a un grupo de periodistas de televisión y pasó algunas horas con ellos. Estuvo un par de días en la selva, sola. Al regresar a España le quedaba una semana de vacaciones. En la tranquilidad de las cálidas playas de la Costa Dorada, en Tarragona, se decidió por continuar la relación. No tenía nada que perder y mucho que ganar. Ya casada con Felipe, Letizia siguió manteniendo un diario donde anotaba sus reflexiones, sus nuevas impresiones, sus preocupaciones, sus ideas para cambiar la sociedad... Cuando se lo confió al Príncipe éste le hizo ver que una Reina no puede dejar escritas este tipo de confidencias y el ese mismo día el diario fue destruido.

67. Aznar dijo en cierta ocasión: «Esta boda a los socialistas les da igual, y a nuestra gente no le gusta».

nia de Jordania—[68], estaban cada vez más marcados y los omoplatos se hacían cada vez más prominentes. Hasta tal punto la delgadez era extrema que se llegó a afirmar que Doña Letizia padecía anorexia. Demasiado sufrimiento, demasiada incapacidad para frenar los rumores que sobre ella se decían. Todo este conjunto de situaciones la ha ido endureciendo. Si ya era inflexible y controladora durante su etapa de periodista[69] ahora se ha convertido en una mujer déspota, dominante y autoritaria, que mantiene una actitud altanera respecto a su familia política y que actúa con autoritarismo con el personal de la Zarzuela, que le han asignado el apodo de «La Jefa».

Letizia sabe que tiene a Don Felipe a sus pies, en una posición de sumisión y servilismo. El Príncipe de Asturias está muy enamorado de su mujer y es un títere en sus manos. La Princesa ha logrado dividir a la Familia Real y mientras el Rey no la soporta —desde el momento mismo en que supo que iba contraer matrimonio con su hijo— la Reina, como «gran profesional que es», en palabras de Don Juan Carlos, trata de mediar en tan conflictivo panorama.

¿Por qué se ha convertido Letizia en la nuera y la cuñada incómoda para los Borbones? ¿Qué hechos han sucedido para que en tan poco tiempo la futura Reina de España genere tanta animadversión entre los miembros de la familia real?

---

68. En la entrevista de *Vanity Fair* se puede leer: «Es una mujer presumida, a la que le gustaría posar para los fotógrafos, elegante y exquisita, como Rania de Jordania. O abrir a los periodistas las puertas de su casa como hace libérrima la primera dama de Francia, Carla Bruni. Pero no puede».

69. Un cargo directivo de CNN+ en declaraciones a *El País* afirma: «Tenía prisas por llegar. Y a mí me parece bien que una chica de 27 años se quiera comer el mundo». «Cuando tuvo la oportunidad de salir durante diez minutos en los informativos en abierto que tenemos en Canal+ los fines de semana, lo aprovechó. No le importó trabajar dos o tres horas más cobrando el mismo sueldo. Digamos que si en una Redacción hay un 90% de gente a la que no le gusta competir, ella pertenece al otro 10%», afirma la citada fuente.
«Es una chica muy nerviosa y lo quería todo a la voz de ya», comenta un camarógrafo que trabajó con ella. «Lo que ella veía con sus ojos en un momento dado quería que yo lo captara con la cámara. Si por ella fuera habría cogido la cámara y habría grabado ella misma. Por eso había gente que no podía trabajar con ella, porque quería controlarlo todo hasta el mínimo detalle». Urdaci define a Letizia como «tozuda, cabezona, persistente. Eso no significa que cuando le razonas las cosas no admita tu razonamiento. Le gusta discutir, plantear polémica. Es una mujer que no tiene grandes defectos. No va por la vida avasallando, nadie le ha regalado nada».

Los Borbones son una familia peculiar que desempeña en el tablero de ajedrez de la vida nacional un papel perfectamente delimitado. Ni el Rey ni la Reina —a pesar de que Don Felipe es su ojo derecho y ella ha manifestado que para ella es fundamental la felicidad de su hijo— comprenden que quien mande en la pareja no sea su hijo sino su nuera a la que consideran una mujer sin educación exquisita, lenguaraz y con exceso de protagonismo. Doña Sofía sabe que cuanto mayor distanciamiento exista entre los miembros de la familia eso repercutirá en el futuro de la monarquía y que, por ahora, Don Felipe tomará partido por Doña Letizia.

El *feeling* de Don Juan Carlos con Letizia Ortiz es inexistente[70]. Los Borbones tienen un carácter extrovertido pero a la vez son muy reservados en lo personal y saben mantener las formas en público. Letizia tiene un carácter muy abierto, le pierde su afán de protagonismo y opina

---

70. Carmen Rigalt en su columna «Testigo impenitente» del sábado 4 de agosto de 2007 en *El Mundo*, fue la primera en constatar esta situación: «Ha leído usted bien, querido lector: ¿por qué el Rey no se habla con Letizia? Respuesta: ya me gustaría a mí saberlo. De momento sólo constato el hecho, que no es nuevo. En las comparecencias públicas de la Familia Real, Su Majestad, que es el principio activo, raramente suele dirigir palabras o gestos a su nuera. A cambio, la Reina lo hace intensamente, como por partida doble.
El comentario está en los pantalanes y la calle, pero no salta a la prensa por temor a herir la sensibilidad de la Casa. Y es que a veces los periodistas nos la cogemos con papel de fumar, aunque pequemos de exagerados. Las claves que rigen las conductas en familia son patrimonio del común de los mortales, porque en todas las casas cuecen piques.
La Familia Real, en este sentido, es la más real de todas las familias. Desde que llegaron los yernos y las nueras (y los nietos: no olvidemos que Froilán pasó a un segundo plano tras el nacimiento de Leonor), el espíritu de la tribu se ha ido diluyendo. Ahora todos se andan con miramientos para evitar agravios comparativos.
En el caso de Felipe de Borbón no hay comparación posible, pero Letizia se ha convertido en Princesa de Asturias y eso tiene mucha tela. Quizás el Rey no ha superado la contrariedad inicial que supuso el matrimonio del heredero con una periodista. Es una conclusión poco o nada rigurosa, pero facilona. Se le puede ocurrir a cualquiera. No existe ningún enfrentamiento entre suegro y nuera. Simplemente, ausencia de *feeling*. Y eso se nota.
A modo de ilustración: busquen ustedes una foto —no oficial— de la familia al completo y tómense la molestia de analizarla. Verán que todos los miembros mantienen su unidad, excepto los Príncipes de Asturias, que forman una unidad en la pareja (con el añadido de la infanta Leonor, si es que la llevan en brazos). Felipe y Letizia están como alojados en una burbuja, una especie de diagrama de Ben con un aura de distinta cualidad (será el amor, será el amor). Parece un mundo dentro de otro. Hay comunicación, pero no ósmosis. Hecha esta pequeña interpretación, debo destacar la labor de la Reina, que constantemente rompe la burbuja y trata de mezclar los fluidos familiares. Tiene mucho mérito, las cosas como son».

siempre que se presta sin importarle si a su lado se encuentran los Reyes o su propio marido. Este afán por convertirse en el centro de atención —¿Cuántas veces habrá pensado el Rey en espetarle el famoso «¿Por qué no te callas?»— choca con la manera que tiene Don Juan Carlos de entender el papel público de los miembros de su familia.

El poder de Letizia no gusta al Rey

No sólo es la actitud pública y dominante de Doña Letizia la que molesta a Su Majestad. Es el poder que ejerce. Letizia se siente poderosa. Ha dado dos hijos a la pareja y cuanto mayor sea su descendencia más acrecentará su poder en la familia. Esta idea la ha dejado caer en alguna ocasión de manera muy sibilina. Otro aspecto que preocupa en la Casa es la capacidad que ha tenido para encerrar al heredero en su propia burbuja y alejarlo de ciertas amistades que no son del agrado de Doña Letizia. Además, la Princesa de Asturias ha conseguido también que Don Felipe abandone ciertas aficiones que a ella le parecen prescindibles[71]. Y el enfado de los amigos íntimos del Príncipe —los que han compartido sus correrías de soltero, han «tapado» sus *affaires* sentimentales y han sido partícipes de su pasado sentimental y humano— es mayúsculo. Alguno de estos amigos prestaban sus fincas infranqueables a las afueras de Madrid para que el Príncipe y Doña Letizia se pudieran encontrar los fines de semana que la agenda de Don Felipe estaba libre y preservar su intimidad. La discreción de estos *amigotes* permitió a los ahora Príncipes de Asturias disfrutar de veladas íntimas en restaurantes madrileños previamente escrutados por los servicios de seguridad de la Casa del Rey o darles cobertura nocturna para que los dos enamorados pudieran vivir su amor. También permitió a Don Felipe visitar furtivamente sin levantar sospechas el sencillo piso de Letizia en Valdebernardo. Letizia ha introducido en el círculo privado del Príncipe gente «más plebeya»

71. Sin embargo, Letizia se ha aficionado a la caza mayor, afición que comparte con su esposo y con el Rey pero la distancia de la Reina Sofía, contraria a los toros y la caza como defensora a ultranza de los animales que es. Letizia cuenta con varias armas de cañones paralelos y verticales, fabricadas en Madrid y Eibar, donde se encuentra una de las principales armerías del país, proveedora de la Casa Real. Doña Letizia recibe también clases de tiro al plato impartidas por Gonzalo Gómez Escudero.

y «más apegada a la realidad del mundo», según testimonian gentes cercanas a la pareja.

Pero las dificultades de relación familiar no se limitan al Rey —en la Pascua Militar de 2008, mientras el Rey se encontraba en un corro con periodistas, el Monarca le espetó: «Ven, que dicen que tú y yo no nos hablamos». La inteligencia de Don Juan Carlos trataba de apaciguar los ánimos de una relación que se va a pique—. Con las Infantas Elena y Cristina la relación tampoco es fácil. Las hijas del Rey no soportan tampoco el carácter de Doña Letizia —consideran que el título y su posición se le ha subido a la cabeza— y han hecho llegar en varias ocasiones a su padre su preocupación por la falta de carácter de su hermano. Elena y Cristina no entienden como Letizia no se mira en el espejo de su madre y se coloca en un discreto segundo plano[72]. ¿Por qué no acepta que como Princesa de Asturias consorte no le corresponde ningún protagonismo? Pero ella quiere más y ha logrado crear su agenda propia, independiente del Príncipe, para dar mayor proyección a su propia figura. El protocolo de la Casa Real está cuidando con esmero su futuro papel de Princesa de Asturias y ya que no existe estatuto ni estamento alguno es necesario ir dotándolo de contenido sobre la marcha. Los que más le costará, sin duda, son los de carácter religioso aunque tenga que asistir todos los años a la tradicional Misa de Pascua en Palma y otros a los que son asiduos la Familia Real, por la frialdad religiosa y católica de la que ha hecho gala.

Uno de los episodios que mejor muestran la falta de sintonía entre cuñadas —la liberal Cristina es quién menos relación tiene con Letizia— se produjo en julio de 2005 cuando los Duques de Palma anunciaron el bautizo de su hija menor, la Infanta Irene. La Princesa de Asturias —que se encontraba en su quinto mes de embarazo y esperaba para noviembre— «se ofreció» para ejercer de madrina. Ante la sorpresa y el estupor de los padres de la por entonces novena en la línea de sucesión al Trono, declinaron con gran diplomacia el ofrecimiento y eligieron a

72. En una Nochebuena en Zarzuela los miembros de la familia discutían sobre la guerra de Irak y el papel que debía desempeñar España en aquel conflicto. En un momento determinado, Letizia Ortiz intervino cortando a los miembros de la Familia y les espetó: «Aquí la única que puede opinar de la situación soy yo, que he estado en Irak y conozco la situación *in situ*».

Rosario Nadal, la esposa del primo de Doña Cristina, Kyril de Bulgaria, con la que sí tenían empatía y verdadera relación de amistad, ejercer tan honroso título.

Cuando Letizia y la Infanta Elena coinciden en algún acto saltan chispas. La Princesa de Asturias no tiene ningún problema en darle la espalda y ésta suele evitarle la mirada aunque Doña Elena se mostrase muy cariñosa con ella tras la muerte de su hermana Érika.

Son varios los periodistas consultados que afirman que, en ocasiones, son las propias cuñadas de Letizia Ortiz las que filtran informaciones sobre su pasado y su vida privada actual. Un ejemplo se produjo con las mini vacaciones que Letizia Ortiz pasó en el castillo de Sao Joao de Arade en Ferragudo, en el Algarve portugués, acompañada de sus hijas en el puente del Corpus de 2010, invitados por el empresario portugués Vasco Pereira y su esposa Patricia Maia. El viaje privado de Letizia, que se reuniría con el Príncipe unos días después, no había sido informado a los medios de comunicación pero los avispados *paparazzis* lograron descubrir el lugar de descanso de la principesca familia. ¿Quién había filtrado aquel viaje secreto?

En julio de 2007 la revista satírica *El Jueves* publicaba en portada una caricatura de los Príncipes de Asturias en una postura sexual explícita firmada por los dibujantes Guillermo Torres y Manel Fondevilla. Don Felipe y Doña Letizia aparecían en la cama comentando las ventajas del cheque de 2.500 que el gobierno Zapatero pagaba por hijo, rompiendo con la tradición de alejar a los miembros de la Casa Real de las caricaturas de tipo obsceno. El juez del Olmo, a petición de la Fiscalía, ordenó la retirada de todos los ejemplares de los quioscos y de los puntos de distribución por delito de injurias al sucesor de la Corona fuera del ejercicio de sus funciones y menoscabo del prestigio de ésta, pese a que el coeditor José Luis Martín y el director, Albert Monteys, declararan que no pretendían injuriar a nadie sino sólo «burlarnos de la medida electoralista de Zapatero y los 2.500 euros». En la viñeta, se podía leer una frase de Don Felipe: «¿Te das cuenta si te quedas preñada? Esto va a ser lo más parecido a trabajar que he hecho en mi vida».

El secuestro de publicaciones en la era de Internet y de las nuevas tecnologías se demostró una decisión inútil porque la portada corrió como la espuma por el ciberespacio, llegándose a pagar hasta 2.500

euros por ella. La decisión judicial contribuyó a lo contrario de lo que se pretendía, dar publicidad a la revista y facilitar la amplia difusión de la caricatura con el consiguiente enfado de la Casa Real española, que se vio muy presionada por la actitud beligerante de Letizia Ortiz que molestó a Don Juan Carlos. Finalmente los humoristas fueron condenados a una multa de 3.000 euros.

El secuestro de la revista provocó una cascada de críticas contra la monarquía. Y de nuevo Letizia estuvo en el ojo del huracán como periodista que es y que debe entender la libertad de expresión.

El senador Iñaki Anasagasti, aprovechó la ocasión para opinar en su blog personal: «Se ha organizado una buena a cuenta del dibujo de *El Jueves*. Y la verdad es que todo esto es de risa. La mitad de la mitad de lo que ocurre en Gran Bretaña y allí la Casa Real lo aguanta todo porque viven en un verdadero sistema democrático. No son intocables. Aquí sí. Aquí se ríen de nosotros a cuenta de los derechos históricos y resulta que el derecho histórico de una pandilla de vagos, eso es intocable. Por eso lo que más me ha gustado ha sido eso de que el Príncipe Felipe diga que ese es su único trabajo... Luego, de vez en cuando ocurre lo de *El Jueves* y el Rey se queda desnudo, o se descubre que está cazando y no acude el primero a la Clínica cuando nace su nieta y cosas así. Por cierto. Cuando nació Juan Carlos, en enero hará setenta años, su padre Juan de Borbón también estaba cazando cerca de Roma. Esta es pues una familia impresentable, rodeada de censura de prensa y con un nivel de empalago de la mayoría hacia una institución caduca que clama el cielo. Se me dice que es mejor eso a que el presidente sea Aznar y les contesto que si lo fuera Aznar sería por el voto popular y a éste lo puso ahí Franco, un general asesino y golpista y que al cabo de cinco años a Aznar se le mandaría a casa y a éstos a lo sumo, solo se les puede hacer una caricatura... Ese es el verdadero escándalo de esta semana. No la caricatura que está muy bien sino que toda la familia con el presupuesto público veranee de gorra dos meses, Marichalar incluido».

El senador Anasagasti comenta acertadamente que el Rey no estuvo presente en el nacimiento de la Infanta Leonor. En aquel parto, repleto de secretismo, en el que hubo peligro para la madre y la hija —Felipe de Borbón desconocía el sexo de su hijo mientras que Letizia Ortiz, aunque negaba saberlo, era sabedora que no sería varón—, y que la Casa

Real ocultó a la sociedad española, el Rey no apareció hasta pasados varios días cuando ya lo habían hecho la Reina, sus cuñadas y los padres de Doña Letizia con su familia. El monarca, que debía estar informado del nacimiento, se encontraba de caza, uno de sus deportes preferidos. Lo curioso del hecho, es que aquel día en que hubo peligro para dos significados miembros de la Casa Real —Doña Letizia y Doña Leonor estuvieron hospitalizadas nueve días cuando lo habitual son entre tres y cinco y en La Zarzuela hay un equipo médico de primer nivel para atender cualquier eventualidad— no hubo ningún miembro de la Casa del Rey, ni tan siquiera el secretario del Príncipe de Asturias. Al desdén por Letizia se unía que al Monarca no le sentó bien que el primero de sus nietos por la línea Borbón-Ortiz fuese un niño. Complicaba las cosas de cara a la sucesión.

Uno de los enfados mayúsculos del Rey con Letizia se produjo en agosto de 2007 a consecuencia de la publicación en la revista *¡Hola!* de una serie de seis fotografías de la Princesa de Asturias a bordo del barco *Fortuna* bajo el título «Confidencias bajo el sol de Mallorca». Tras varios años de intentar una fotografía de Letizia, unos paparazzi captaron una imagen poco nítida de Doña Letizia tomando el sol en la cubierta del barco real en compañía de la Reina Sofía. La revista de los Sánchez Junco habría pagado por ellas entre 200.000 y 300.000 euros. El barco se hallaba fondeado en una cala de la isla de Cabrera, en una zona restringida por su alto valor medioambiental y controlada por efectivos del Ejército español. Hasta el momento de la publicación de estas instantáneas nunca se había visto ni a la Reina ni a las infantas en bikini por una cuestión de mero decoro.

La existencia de aquellas fotografías era un secreto a voces pues el paparazzi las había ofrecido a varias redacciones y existía un gran interés por parte de la Casa Real de que no fueran publicadas ya que en ellas se dejaba en evidencia la «extraña delgadez» de Doña Letizia, lo que seguiría alimentando los comentarios sobre su supuesta anorexia. *¡Hola!* finalmente publicó las instantáneas desafiando el acuerdo tácito que existe entre la prensa española y la Casa Real de tratar de proteger la intimidad de los miembros de la familia real española.

El 15 de agosto de 2008 el Rey recibió en su despacho el habitual informe de prensa. La cara del monarca se mudó por completo cuando leyó una noticia aparecida en el diario *El Mundo* sobre Letizia Ortiz. Aquel día la Princesa de Asturias se encontraba junto a su esposo, el Príncipe Felipe, asistiendo a un partido de la selección española durante los Juegos Olímpicos de Pekín. En su locuacidad, Doña Letizia quiso conversar con los periodistas españoles interesándose por los medios para los que trabajaban. Se incorporó entonces un reportero al que la experiodista asturiana le preguntó: «¿Y tú, de qué medio eres?». El periodista, natural de un país de América Latina, no conocía a Doña Letizia, se identificó y se interesó por la procedencia de aquella joven: «¿Y tú?». La Princesa, sorprendida, respondió: «¡Yo soy una princesa!». No hubo tiempo para más. Don Felipe la tomó del brazo y se la llevó de allí.

«¡Increíble!», exclamó el 11 de julio de 2010 el rey al final de la retransmisión del partido de fútbol entre España y Holanda que convirtió a la Roja en campeona del Mundo gracias a un gol de Andrés Iniesta. La exclamación del Rey —como la de millones de españoles que seguían la retransmisión del partido por Telecinco— se produjo cuando observó cómo a Letizia le salía la vena periodística. Durante una entrevista posterior al encuentro, el periodista interrogaba al Príncipe Felipe y a la Reina. Hablaba el Príncipe de la felicidad que le producía aquella victoria mientras la Doña Sofía esperaba a que su hijo terminase de hablar para manifestar ella su alegría. En ese momento, Doña Letizia, con una absoluta falta de respeto hacia la Reina, se adueñó de la situación, le pasó la mano por la espalda y le apremió para que comenzase a hablar. Cuando la Reina inició sus comentarios, la antigua periodista la tomó del brazo para que terminase y con gran apasionamiento, ante la mirada atónita de Doña Sofía y de Don Felipe, Letizia comenzó a narrar, cuál *hooligan*, como había vivido el partido más importante en la historia de la selección española: «¡Tenemos un equipazo!». Doña Sofía bajó la vista. Su cara era un poema. No quería traslucir ningún sentimiento. A su alrededor, los miembros de la delegación española, incrédulos, se dieron la vuelta.

El 13 de julio de 2010, Paloma Barrientos, en *Vanitatis*, analizaba el comportamiento de Letizia Ortiz: Primero fueron sus manifestaciones explicando a un periodista cómo fue su encuentro con Máxima de Holanda, a la que le dijo algo así como: «¡Ay chica, qué nervios!», una expresión que dejó al profesional más atónito que si se hubiera encontrado con Belén Esteban. Después, vino el comentario explicándole la situación emocional del momento, con una frase que se resumía en: «Las princesas estamos atacadas». Un titular propio de un estreno de Almodóvar. Doña Letizia terminó su reencuentro con su vida anterior afirmando que quería saludar a los futbolistas en el «vestidor». Ahí en cambio volvió a ejercer de princesa y tuvo un lapsus, al confundir su cuarto/vestidor de cincuenta metros cuadrados en Zarzuela con el vestuario del estadio Soccer City.

La transformación de Letizia Ortiz

Desde que se convirtió en Princesa de Asturias, Letizia Ortiz, periodista de profesión, no ha comprendido que ya no tiene vida privada. Que su rol como esposa del heredero al trono tiene un carácter público y que la trayectoria pública de su vida no le permite reivindicar su derecho a la vida privada porque la línea divisoria entre lo privado y lo público es muy fina. Sucedió el 16 de abril de 2009 cuando los Príncipes de Asturias recibieron en audiencia en el Palacio de la Zarzuela a la Junta Directiva de la Asociación de Periodistas Gráficos Españoles, presidida por Roberto Cerecedo, que agrupa a gran parte de los seiscientos fotógrafos gráficos del país. En aquel encuentro se mostró beligerante con los periodistas a los que reconoció que como Princesa de Asturias estaba expuesta a la vida pública pero reivindicó —para sorpresa de los asistentes— en tono enérgico su derecho a tener vida privada, algo que constantemente intenta con su marido y sus dos hijas. Aunque reconoció que cuando ejercía de periodista veía la situación desde un punto de vista radicalmente distinto porque ahora «cualquier teléfono móvil se convierte en un *paparazzi*». Como afirma Jaime Peñafiel, en aquel encuentro en Zarzuela, «como suele suceder en todas las audiencias de la pareja, fue difícil distinguir quién es el titular y quién la consorte. Sobre todo, desde que Letizia no desea ser preguntada sino ser ella la única en preguntar. Una novedad protocolaria en una joven moderna que parecía tan *progre*. Hay que reconocer que está revolucionando los modos de La Zarzuela. Su influencia como miembro de la Familia Real es cada vez más grande en la Casa» para indignación del Rey que no comprende como su hijo se deje llevar por el carácter de su esposa.

Letizia es consciente, pese a las declaraciones de la Reina Sofía de que a su nuera «le hubiera gustado más casarse con el comandante Borbón que con el Príncipe de Asturias», que su marca vende. Y mucho. Insegura por las circunstancias, su obsesión por quedar bien ha sido una constante en su vida. Desde sus tiempos en televisión. Pepe Oneto, el incombustible periodista del Grupo Zeta, declaró en una tertulia en Telecinco, con María Teresa Campos, que una mañana antes de entrar en el plató, había recibido una llamada de Letizia Ortiz preguntándole como creía que le iba a respetar la prensa del corazón. Los contertulios todos se lanzaron al ruedo sin ambages en defensa de la Princesa de Asturias hasta el punto que uno de ellos espetó: «¡Hasta Jesús Mariñas ha aprobado la elección del Príncipe».

La constatación de la preocupación de cómo afecta su imagen a la Princesa de Asturias tuvo lugar en mayo de 2004. En aquel mes, además de su boda, se celebraba en Dinamarca el enlace del príncipe heredero con Mary Donaldson. Aquel evento en Copenhague era la primera aparición oficial de Letizia como futura Princesa de Asturias, ataviada con un elegante vestido rojo diseñado por Lorenzo Caprile. Todas las miradas estaban centradas en ella. Los periodistas que cubrían el evento recibieron a través de un alto funcionario de la Casa Real la inquietud de Doña Letizia: «¿Cómo la habéis visto? ¿Iba bien? ¿Parecía una princesa?». Su obsesión por quedar bien se ha ido convirtiendo en una constante pero cualquier portada suya, en revistas de información general o en las consideradas de la *prensa rosa* —por un traje, por unos zapatos, por un gesto, por un desliz…— marca tendencia[73]. Y vende. Letizia es para la Casa Real una marca en alza aunque a muchos miembros de la misma les moleste tanto protagonismo. En los despachos del complejo de la Zarzuela preocupa tanta aparición de Letizia en las revistas del corazón porque afirman «tememos que más que se valore su trabajo se hable más de sus zapatos».

---

73. Como dicen en Zarzuela en declaraciones a la revista *Vanity Fair* pese a que aparentemente no lo pretenda, Letizia es el último flotador de la monarquía española. «La verdad es que gracias a ella todos los actos aparecen en la prensa, aunque sea de forma secundaria: hablan de sus zapatos o de su bolso, pero se reseñan. La Princesa se ha convertido en el último objeto de deseo, no cabe duda de que aporta algo que hace que todo el mundo se interese por el Príncipe, por la Casa Real».

Partidaria de democratizar la sociedad, el Estado y la Monarquía, como declaraba en sus tiempos de estudiante en la Complutense de Madrid y durante su estancia en México, cuando Letizia Ortiz llegó a la Zarzuela se propuso lograr la democratización de la «más rancia institución española». Al precio que fuese. Ella conoce bien el papel que ejercen los medios de comunicación pero no contaba con que el pueblo español no tragara con que se intentase borrar su pasado y comentar su presente. De ahí que, como comenta Maite Alfajeme en *Época*, «a Letizia Ortiz, curiosa, inquieta y perfeccionista, no se le escapa nada de lo que los medios de comunicación publican sobre ella. Desoyendo, de esta forma, a quienes le aconsejan relajarse y atemperar su carácter perfeccionista, al menos, durante un tiempo... Hasta que digiera su estatus de princesa». Y cuando se quejaba al Príncipe de que era imperdonable todo lo que de ella se decía, en un acto de cordura Don Felipe le espetó: «Siempre he dicho que hay que caminar por las aceras, no cerca de las alcantarillas».

A favor suyo juega el hecho de que el Rey ha valorado su interés por aprender. Al llegar a Zarzuela se le impuso un duro proceso de aprendizaje. Mike Owitt, un exigente profesor de inglés de numerosos diplomáticos españoles, le enseñó a expresarse en la lengua de Shakespeare en su modalidad aristocrática y con una elegante pronunciación británica. Más tarde, la historiadora Carmen Iglesias le impartiría lecciones sobre la historia de los Borbones y le consolidaría su gusto por la cultura y la lectura —Letizia es una lectora compulsiva desde los tiempos en que estuvo casada con Alonso Guerrero—, daría clases de catalán para cuando tuviera que enfrentarse en Catalunya a la lengua de Espriu, Maragall o Foix, pasaría por cada uno de los departamentos de la complejo de la Casa Real para conocer en profundidad el funcionamiento de la monarquía, donde recorría los despachos con un blog y un bolígrafo dispuesta a ponerse al día, preguntando, indagando y asumiendo la responsabilidad que como Princesa de Asturias le corresponde. Como dice Alfredo Urdaci: «Ha asimilado el valor que la realeza da al tiempo. En nuestra profesión se mide el día a día. El mundo se pesa cada jornada. Nada hay más viejo y caduco que un periódico de ayer. Pero esas hojas, que tienen la pretensión de hacer historia, se las lleva el viento. Durante los meses posteriores al compromiso analizaba todo lo que salía: el papel, las imágenes, los confidenciales de la red digital. Comenzaban a aparecer biografías, apuntes, reportajes, en los que no se reconocía. Se mostró favorable, incluso, a la edición de una biografía honesta, completa. Don Felipe tenía otra visión. La del que ha visto publicar relatos que tienen una vigencia temporal corta, que hacen mucho ruido cuando salen, pero que apenas dejan poso en la opinión pública, porque la fuerza de la institución monárquica se impone. «Se ha escrito mucho sobre la familia», diría en aquellos días el Príncipe, «pero son cosas que se pierden en el tiempo».

La complicidad con el Príncipe de Asturias

La relación con Don Felipe, sin embargo, es de gran complicidad. Su amigo Urdaci así lo confirma: «Los dos se han dado seguridad y estabilidad y ella le ha ayudado a un mayor control de la comunicación. En octubre de 2004, la Princesa se sentó junto a su esposo en la ceremonia de entrega de los Premios Príncipe de Asturias. Felipe leyó su discurso con ritmo pausado, con el énfasis adecuado en los momentos importantes. Por primera vez interpretó lo que tenía que decir. Aquella tarde, después de la recepción a los invitados, los dos se encerraron en la habitación 105 del Hotel de la Reconquista, para ensayar y preparar el discurso. Se quedaron sin comer, para cuidar hasta el último detalle de la intervención del Príncipe.

Los dos han cambiado. Recojo las impresiones de testigos de su evolución. Ella ha subido varios escalones mientras que el Príncipe ha bajado algunos. Ella ha tenido que vestir el traje institucional, ajustar su papel a lo que se espera, estar a la altura de las circunstancias y mentalizarse de que su función consiste en apoyar al Príncipe. Quienes han trabajado con ella en la Zarzuela confirman que es una mujer trabajadora y concienzuda. Llega incluso a sentir frustración cuando después de un trabajo intenso, en un viaje oficial a Hungría, los medios se quedaron con la imagen de aquel candado atado en la verja de un muro de Pécs, símbolo de amor eterno. Es cierto que ha perdido frescura, espontaneidad y cercanía, pero tan sólo en sus apariciones públicas. Él, sin embargo, se ha hecho más cercano, expresa con más facilidad sus sentimientos»[74].

74. Urdaci, Alfredo: «De Leti a Doña Letizia», en «Crónica» de *El Mundo*, 18 de mayo de 2008.

¿El hijo bastardo de Felipe de Borbón?

El 2 de junio de 2010 la periodista Mar Yuste, en su columna «Mar de Amores», de *Elsemanaldigital.com* se hacía eco de una noticia publicada en *Flash!*, una de las revistas de mayor tirada en Portugal, que fue silenciada por los medios de comunicación españoles. El título del artículo era *La corona de Leonor podría peligrar por un supuesto hermano bastardo* y en él se podía leer: «La sorpresa ha llegado al seno de la Casa Real Española. El estupor ha inundado la humilde morada de los Reyes de España y, sobre todo, de los Príncipes de Asturias. Una situación en la que se encuentran tras la aparición de una polémica noticia en la prensa portuguesa. Tal y como ha publicado en portada la revista *Flash*!, uno de los principales semanarios del país vecino, Don **Felipe** podría ser padre de un pequeño de siete años. El niño habría nacido fruto de una relación anterior que mantuvo el marido de Doña **Letizia** antes de conocer a la periodista.

Al menos hemos respirado tranquilos al saber la edad que, supuestamente, tiene el hermanastro de las Infantas Leonor y Sofía. Ya que, al haber cumplido siete años, quiere decir que Don Felipe no le ha sido nunca infiel a Doña Letizia.

A pesar de que la noticia salió publicada hace días en la prensa portuguesa, en España se ha pasado por alto y ningún medio se ha hecho eco de tamaña portada. ¿A qué se debe ese silencio? Algo raro, si se tiene en cuenta que un supuesto hijo bastardo del Príncipe de Asturias es una historia bastante jugosa.

Según esta publicación portuguesa, la madre del pequeño es una tenista llamada Marie que, actualmente, tiene 33 años. Al parecer nunca ha pedido pruebas de paternidad a Don Felipe y es que, según la tenista, el niño es clavado a su padre.

De ser cierta la noticia, los nervios van a estar a flor de piel durante un tiempo en el seno de la Familia Real. ¿Cómo asumirá la noticia Doña Letizia? Y, sobre todo, ¿peligra la corona de Leonor?».

Dos polémicas decisiones: el tratamiento de fertilidad y la operación estética

En una cena pocos días antes de la Navidad de 2004 con amigas «en las que puedo confiar» en un restaurante de la capital de España, Letizia Ortiz mantenía una animada y distendida conversación en la que comentaba algunas anécdotas y confidencias desde que se había convertido en Princesa de Asturias. Las risas era el denominador común de aquella cena de mujeres. Pero alguien lanzó una pregunta indiscreta, a lo que Letizia, con la seguridad de que no estaba siendo escuchada, replicó: «En enero, nos pondremos a ello». Alguien filtró a la prensa aquella frase fatídica que, semanas más tarde reconoció la propia Casa Real: «Al parecer, efectivamente, eso fue lo que dijo doña Letizia». ¿Estaba dando resultados el tratamiento de fertilidad que era la comidilla nacional? A consecuencia de su supuesto aborto o de la ligadura de trompas realizada un tiempo antes de conocer al Príncipe de Asturias la noticia de que Letizia Ortiz se estaba sometiendo a un tratamiento de fertilidad en un prestigioso centro valenciano saltó a los medios de comunicación. El primero que lanzó el órdago fue Jaime Peñafiel en el programa *Cada día* que María Teresa Campos presentaba en Telecinco: «Tengo gente que me informa y recibí una llamada de una doctora que me desveló determinados temas referentes a Letizia. Según esta señora, Letizia podría estar sometiéndose a un tratamiento de fertilidad en una clínica valenciana. La Casa Real jamás ha intervenido en lo que yo publico, sé que esto les ha desagradado y han dicho que no es cierto».

Un destacado medio digital anunció también que, ante los problemas de la Princesa por quedarse embarazada, «Letizia Ortiz se ha puesto en manos de un reputado profesional del Instituto Valenciano de Infertilidad[75]. Un doctor que no hace demasiado tiempo recibió El Premio Rey Jaime I, de manos de los príncipes de Asturias». Como en la actualidad los avances científicos permiten solventar los problemas de fertilidad de las mujeres en mayo de 2005 poco tiempo antes de celebrar su segundo aniversario de boda, el Príncipe pudo anunciar que Letizia estaba embarazada: «No podemos ocultar la felicidad que sentimos ante el futuro nacimiento de nuestro primer hijo. Quisiéramos hacerles partícipes de nuestra ilusión y nuestra satisfacción, pues se refuerza así

75. La veracidad de la noticia podría venir de la investigación que el equipo jurídico del IVI estaba realizando internamente con el fin de averiguar quién había filtrado la noticia. Para ello, se sometió a todos los responsables el centro a los profesionales que allí trabajaban.

la estabilidad y continuidad institucional para el mejor servicio de la Corona a España».

La revista argentina *Caras* —fuera de España es más fácil hablar con libertad sobre la Casa Real Española— publicó que «la gente la mira con más compasión que admiración. La imagen de Letizia Ortiz (35), la princesa de Asturias, provoca cada vez más sospechas. La mujer de Felipe de Borbón (39), mide 1,68 m y pesa 45 kg. Por su extrema delgadez, la revista *Paris Match* llegó a afirmar que padece «el mal de las princesas», un eufemismo que remite a la anorexia, el trastorno alimentario que cuenta con más de un precedente en la nobleza: Diana de Gales, Masako de Japón y Victoria de Suecia, lo han padecido oficialmente.

A pesar que la constitución física de Letizia está dos puntos por debajo de la talla media española (su cintura mide 63 centímetros y la cadera 88, dos centímetros menos que las medidas estándar de las modelos de pasarela), representantes de la realeza dijeron: "La princesa está delgadísima porque su constitución genética es así. Ella y los suyos afirman que come muchísimo, pero todo lo quema debido a su carácter hiperactivo"».

La periodista mexicana Teresa Ferrari escribió para un diario nacional argentino: «Lo dicen en España: *El Mundo*, uno de sus principales diarios, publicó «Leticia Ortiz ¿sufre el mal de las princesas?», y resaltaba su actual talle 36/34 —«dos veces menor al de una modelo»— y su «extrema delgadez». Se lo preguntan en toda Europa: *Paris Match* analizó el cuadro de la princesa de Asturias e investigó sobre los «desórdenes psicológicos referentes al peso» —anorexia y bulimia—de Lady Di, Victoria de Suecia y Masako de Japón. Lo dicen unos y lo desmienten otros: Juan González Cebrián Tello, jefe de Relaciones con los Medios de la Casa Real de España le escribió una carta al diario *El Mundo* afirmando: «es absolutamente falso que Doña Letizia padezca anorexia». Otros que aclararon (oscureciendo) el panorama fueron colaboradores de Lorenzo Caprile, el modisto de confianza de Letizia, quienes reconocieron haber tocado «un poco» el escote de la princesa en los últimos meses. Al respecto se dice que, desde que se casó, le han retocado tres veces su vestuario.

Lo cierto es que el duro esfuerzo de aprender las reglas de alta diplomacia que requiere la vida dentro del palacio y, ni hablemos fuera de él, la tiene un tanto descontrolada a la princesa, cuyo ser hiperactivo la convierte casi en un «nervio quemagrasa». Por otro lado están los genes, flacos como los de sus hermanas Telma y Érika.

Y los resultados están a la vista. «*Piel y huesos*», eso es lo que dicen las señoras españolas al verla. Mientras tanto, los modistos reales trabajan a destajo: primero, subiéndole los escotes para evitar que se noten los huesos de su pechera, después bajando el ruedo de sus faldas para evitar que exhiba sus rodillas secas, y finalmente bajándole dos talles cada traje. La Casa Real desmintió que Letizia sufra de anorexia, pero es como tapar el sol con las manos. Los poderosos huesos de su cara la delatan, sus brazos como ramas secas son un testimonio. Letizia, como las princesas de última generación, sufre un mal bien moderno. Y la confirmación está en el comunicado de la Casa Real, negándolo todo: éste y otros rumores mucho más sombríos, como el que empieza a colocar en un cono de sombras la demorada llegada del embarazo que depare al próximo heredero de la corona roja y amarilla. Mientras la panza real siga sin aparecer, se dirá de todo un poco, como que la princesa tiene las Trompas de Falopio ligadas, producto de su negativa a querer tener hijos en su anterior matrimonio...

A los diez años partió con su familia a Madrid y allí terminó el primario, hizo el bachillerato especializado en Letras y sólo quería que llegara el momento de ingresar a la Facultad de Ciencias de la Comunicación de la Universidad Complutense de Madrid. Sus compañeros se quedaban pasmados por la cantidad de libros que leía por semana y por ser la única que llegaba con todos los diarios del día bajo el brazo. En 1990 empezó la universidad. Sus compañeros la recuerdan por su pelo larguísimo hasta la cintura, su carácter prepotente, la extremada delgadez y los aparatos para corregir los dientes que la hacían sesear. Lo más llamativo para ellos era que esa chica tan linda se negaba sistemáticamente a compartir con el grupo las horas libres en el bar donde comían algo y jugaban al mus. Sabían que la encontrarían sola, en un banco del jardín, leyendo. Ya tenía un novio diez años mayor que ella, intelectual, profesor de Letras y escritor».

Tal vez Letizia Ortiz no sea la más elegante de las princesas del momento. Tal vez carezca del *glamour* que caracteriza a Carolina de Mónaco, ni tenga la simpatía de Victoria de Suecia, ni la belleza de su hermana Magdalena, ni el porte dulce y humano de Matilde de Bélgica, pero tiene carisma, daba bien en la cámara y tiene la ventaja que sabe lo que es sufrir para ganarse el pan de cada día.

Espigada, estrecha de hombros y caderas, finos tobillos, grandes omoplatos, cutis transparente, manos huesudas y pequeñas, nariz grande, grandes ojos verdes y barbilla prominente. Esto cuando se casó con el Príncipe Felipe. Ahora las cosas son diferentes desde que oficialmente, por indicaciones de los médicos de Zarzuela, se sometió a una septorrinoplastia para corregir una desviación del tabique nasal que le producía problemas respiratorios ocasionales desde hacía varios años. La verdad salió a la luz por una accidente no previsto. La operación tuvo lugar en el mes de agosto cuando los compromisos de la Familia Real se reducen considerablemente. Lo hizo al regresar de Pekín en agosto de 2008, pero los signos de que se había operado en otras partes del cuerpo quedaron en evidencia cuando tuvo que acudir junto al Príncipe a visitar a los heridos del accidente del avión de Spainair en el aeropuerto de Barajas. Al conversar con los periodistas en las puertas del hospital de La Paz los hematomas en el rostro eran todavía evidentes a pesar de su intento de ocultarlos con maquillaje. La Casa Real tuvo que salir a informar de la operación, una «simple septorrinoplastia» que en realidad era una operación de cirugía estética en toda regla por los moratones que se observaban en varias zonas del rostro. Nariz, barbilla, orejas, pómulos... En un momento en que la crisis arreciaba en España, Letizia Ortiz se había convertido en un clon de Rania de Jordania.

La operación de cirugía estética le hacía parecer otra persona. Y ya que la anestesia no era local, «aprovechó la anestesia generalizada para realizar también un implante de silicona en los pechos», explicó Peñafiel en el programa *Está pasando* de Telecinco.

El 17 de febrero de 2010 los españoles se despertaban con otra noticia sobre el cambio de imagen de Letizia Ortiz. La Princesa de Asturias se había colocado unos brackets de cristal de zafiro valorados en 4.000 euros para corregir sus dientes. De nuevo llegó el desmentido de la Zarzuela, y unos días más tarde los brackets desaparecieron de la boca de Letizia, pero las fotos de algunas revistas dejaban testimonio del intento de ocultación.

Los apoyos palaciegos de la Princesa

Cuenta el periodista Jesús Rodríguez, en *El País*, que Letizia fue la última en integrarse en ese microcosmos que es el palacio de los borbones. «En cuanto llegó a La Zarzuela, aquel noviembre de 2003, supo que estaba obligada a encontrar su sitio y su papel dentro de esta peculiar institución en la que todos se conocen hace años y funcionan con la precisión de una maquinaria de relojería. La periodista de raza cogió un bolígrafo y un bloc de notas de los que abundan en La Zarzuela, con el escudo real en el frente, y se sumergió en las tripas de la Jefatura del Estado, en cada departamento; habló con sus responsables, quería estar al tanto de los entresijos. Era el último reportaje de su vida. Nunca lo podría publicar. Hoy conoce a cada funcionario y escolta por su nombre. Y cómo funciona cada departamento. Y da la sensación de moverse como pez en el agua.

que antes de la boda, la Casa del Rey había comenzado a reforzar la mínima secretaría del Príncipe que daría cobertura a la nueva Princesa. Cuando la secretaría fue creada, en 1995, como apoyo inmediato al heredero, y dependiendo orgánicamente del jefe de la Casa (se intentaba evitar a toda costa el ejemplo británico, con una Casa de la Reina y una Casa del Príncipe separadas, discordantes y siempre enfrentadas), se componía de una sola persona, Jaime Alfonsín, de 51 años, un abogado del Estado de sólida formación y discreción enfermiza. Ha ido creciendo a partir de ese embrión. Hoy, la parte administrativa de la secretaría consta de siete funcionarios y un jefe de oficina. Y de tres ayudantes militares. Antes de la boda se fichó como adjunto a Emilio Tomé, de 54 años, un coronel de Infantería con un buen inglés, que fue profesor y primer ayudante militar del Príncipe. Tomé se ocupa de la organización de las actividades de los Príncipes. El último en aterrizar, también como adjunto, es José Zuleta, duque de Abrantes, un teniente coronel de Caballería, de 47 años, anterior número dos de Protocolo. Un clásico en la Casa. El trabajo de Zuleta es apoyar a la Princesa. Es la persona que está continuamente en contacto con ella. Su sombra. El que se hace cargo del bolso si hace falta. Durante meses se habló de la posibilidad de que ese puesto lo ocupara una alta funcionaria del Estado. Ante la filtración se cortó por lo sano, y se decidió que el elegido fuera alguien con experiencia en La Zarzuela. ¿Que supiera cómo funciona esto, lo que no es fácil; de esa forma podría ser de más utilidad para la Princesa. Eso era más fácil que buscar alguien de fuera que tuviera que empezar de cero?, explica una fuente del palacio. En estos momentos no hay una sola mujer en el entorno de la Princesa. A excepción de alguna guardia civil en su escolta.

Ni mujeres, ni consejeros. Mucho se habló de los supuestos asesores de los que se rodeó a la nueva Princesa para que aprendiera a ser princesa. Ni los hubo, ni los hay. «¿Cómo iba a necesitar un experto en protocolo si aquí hay un departamento de protocolo? ¿Quién va a saber mejor cómo funciona la Casa que los que trabajamos aquí?», se preguntan en La Zarzuela. «Su asesoría ha sido su familia política, que conoce el oficio mejor que nadie. Especialmente la Reina».

—¿Ni siquiera hay un asesor de imagen?

—Nadie le dice que se corte el pelo o que se ponga tal traje. Es ella solita. Y además está convencida de que la imagen no puede ir disociada de cómo es la persona y su misión. Nadie le da directrices. Lo hace ella, como lo ha hecho siempre doña Sofía.

Y el primer consejo de la Reina fue que no se complicara la vida con la ropa. Que se buscara un diseñador de su total confianza que le hiciera todo el fondo de armario y no se liara. La Reina tiene desde hace 20 años a la modista Margarita Nuez. Y Letizia, a la que nunca le fascinó la moda y que rara vez hojea una revista femenina, tomó nota y apostó por Felipe Varela, que le ha creado un look muy de uniforme: gris, cómodo, atemporal, conservador y sin sorpresas. La Princesa, en ocasiones especiales, apuesta por otros diseñadores españoles como Miriam Ocariz o Lydia Delgado. Y prescinde radicalmente de las grandes marcas internacionales, consciente de que los comentaristas nunca se lo perdonarían. No pretende ser la más *fashion* ni la más ideal; pretende ir a trabajar cómoda y correcta. No le interesa la moda, lo que no quiere decir que no esté preocupada por su imagen. Le gusta preguntar a los próximos cómo la ven en su papel. En televisión era conocida por sus compañeros por una frase que hizo historia: «¿Qué tal lo he hecho?».

La Reina ha sido su cómplice. Su ejemplo. Desde el primer día. Letizia ha aceptado también de su suegra la sugerencia de mantener una vida familiar lo más íntima y normal posible. En la casa de los Reyes siempre ha sido así. Franco comía a diario con sus ayudantes militares y el jefe de la guardia. En La Zarzuela, por el contrario, a las 14.30, la casa de los Reyes se convertía en un castillo inexpugnable que reunía en torno a la mesa a los cinco miembros de la familia. Un hábito que siempre mantuvieron»[76].

76. Rodríguez, Jesús. «Diario de una princesa», *El País*, 15 de mayo de 2008.

A modo de Epílogo

¿Un caballo de Troya en la Zarzuela?

Al llegar al final de este libro, permítanme que deje de un lado toda la historia pasada y presente de *Borbones, Ortizes y Rocasolanos*, y osemos hacer volar la imaginación, no tan descabellada quizá y elucubremos, a modo de brevísimo ensayo literario, sobre el futuro de la corona española, no sólo desde el punto de vista de la descendencia dinástica, sino yendo un poco más allá, al futuro de la propia institución monárquica española.

Desde que el 8 de Mayo de 2010, Don Juan Carlos I fue intervenido quirúrgicamente en el Hospital Clínico de Barcelona para extirparle «un tumor benigno» del lóbulo pulmonar derecho —dicho sin rodeos, de un cáncer de pulmón—, los rumores que siempre circulan alrededor de la Casa Real y a sus miembros, se dispararon. En esta ocasión no fue por devaneos amorosos, divorcios, bodas, bautizos y comuniones reales, ni tampoco sobre modelitos de tal o cual diseñador —aunque la prensa del corazón siga dale que te pego con ello—, pero gracias a Dios hay otra algo más seria que se hace eco de la auténtica preocupación de los «otros» ciudadanos de este país. Esa inquietud viene ahora de sectores que ven más allá de lo simplemente mundano. La duda nace por aquello que muchos llevan tiempo preguntándose y que incluso ha dado lugar a artículos y titulares de libros de ensayo sobre la monarquía: ¿llegará a reinar Felipe VI? Por supuesto la respuesta es obvia al noventa y nueve coma nueve por ciento —el 0,1 % restante lo dejamos en las manos del destino—: Sí, pero ¿de qué manera, en qué condiciones y bajo la influencia de quien? La delicada salud del Monarca, la cual por mucho que se quiera ocultar, no es tan buena como parece, es realmente —nunca mejor dicho— preocupante para el futuro de España. En los últimos meses se le ve menos en actos públicos e institucionales, con más dificultad en sus movimientos, e incluso, en el momento de cerrar la edición de este libro, ha renunciado, por primera vez desde que se celebra, a participar este verano en la regata que lleva su nombre y que discurre por las aguas mediterráneas de la Islas Baleares a bordo del *Bribón*. También ha retrasado su viaje al Palacio de Marivent en Palma de Mallorca, donde ya se encuentra el grueso de la familia real disfrutando del descanso estival. ¿Debe permanecer en Madrid o en Barcelona cuidando de su salud?

Pero la pregunta del millón es: ¿si la salud del Rey es tan preocupante como se especula y a punto de cumplir los 73 años, por qué no deja paso a su heredero Felipe de Borbón? Hay dos respuestas posibles a esta cuestión: la primera es que aquel nódulo era ciertamente tan benigno como se dijo en su momento y Don Juan Carlos I goza de la fortaleza que siempre ha demostrado; y la segunda es que no se fía de lo que vendrá tras él. Su padre abdicó en su hijo, —aunque las circunstancias eran muy diferentes—, cuando este tenía treinta y nueve años, y ya era Rey por obra y gracia de Francisco Franco, y Don Juan 63, diez menos que su Príncipe de Asturias. Sin ir más lejos, el abuelo de Juan Carlos de Borbón, Alfonso XIII, asumió el poder con solo 16 años y renunció en favor del Conde de Barcelona, cuando contaba 55 años y, el teórico Juan III, veintiocho. Remontándonos al bisabuelo Alfonso XII, éste abandonó la corona con sólo 27 años, eso sí, aquí tuvo la culpa la tuberculosis y no la República. Y de esta manera podríamos hacer moviola hasta llegar a Felipe V, el primero de esta dinastía Borbónica y que casualmente lleva el número ordinal anterior al que le tocará a Don Felipe de Borbón y Grecia cuando asuma el trono. Felipe V es el monarca Borbón que ostenta el record de los borbones de permanencia en el trono, 45 años y tres días, eso sí con un pequeño paréntesis en el que abdicó voluntariamente a favor de su hijo Luis I, que sólo permaneció en el trono siete meses, en este caso la viruela lo trasladó al panteón de los Reyes. Luis se había casado con la francesa Luisa Isabel de Orleáns, una Reina no bien vista en la corte por su conducta extravagante. A la muerte de Luis I,

Felipe V reasumió el cargo, y envió a Luisa Isabel de regreso a Francia a cajas destempladas. Cuantas similitudes da la vida. ¿Querrá Don Juan Carlos batir el record de permanencia? ¿O tal vez la actuación de aquel primer Borbón le ha dado en que pensar? Quién sabe. Lo auténticamente cierto es que hoy por hoy, en el año 2010, el heredero Don Felipe va para los 43, sano como una roca y con descendencia regia en su haber, aunque de momento sea femenina, en cambio, su padre, el Rey Juan Carlos I está a punto de cumplir los 73 y saliendo de una más que delicada operación quirúrgica. A partir de ahí lo que sucede solo está al alcance de unos pocos, al resto de mortales solo nos queda esperar o contratar una pitonisa con bola de cristal incluida.

Hace unos años, durante un viaje al extranjero, el Príncipe Felipe conversó en el avión con los periodistas que le acompañaban. Fue una conversación informal que sorprendió por la naturalidad con la que se manifestaba el heredero a la Corona. Sus declaraciones no fueron publicadas jamás pero el Príncipe dijo, para asombro de unos y otros, que no daban crédito a lo que escuchaban «que le resultaba muy difícil racionalizar en pleno siglo XXI la justificación del sentido de la monarquía». Lo decía alguien que estaba recibiendo la formación adecuada para convertirse en el monarca de un país que va hacia la desmembración a pasos acelerados. Cuando el príncipe se retiro, fueron muchos los que a susurros criticaron la declaración del príncipe recordando el «sentido del deber» del que hace gala Don Juan Carlos, consciente de que España es ante todo más *juancarlista* que monárquico y que considera que la Corona, para pervivir y afianzarse, debe legitimarse día a día a través del buen comportamiento de todos los miembros —directos y acólitos— que integran la dinastía.

«Un repaso a las manifestaciones sobre la Monarquía parlamentaria realizadas por diversos miembros de la familia Borbón reinante acuñan ya una cierta concepción de una «monarquía republicana». El propio heredero, con motivo de su boda con Doña Letizia Ortiz, afirmaba que continuaría con el modelo de su padre, la Constitución como institución útil al servicio de España.

Este aparente contrasentido de primar la legitimidad por el ejercicio razonable del cargo sobre el principio monárquico hereditario constituye un rasgo de realismo y sentido democrático por parte de la institución»[77].

«Si bien la Monarquía española obtiene en todas las encuestas sociológicas el mayor grado de confianza, por encima de instituciones de carácter más democrático, como el Parlamento, no se puede despreciar el hecho de que con mayor asiduidad es posible hablar abiertamente en todos los foros de los valores de una República. El Rey Don Juan Carlos, a diferencia de su hijo, es consciente de ello. El Rey sabe que España es un país libre, desatado de las ataduras con el pasado reciente que obligó a su abuelo a exiliarse y que a él le obligó a aceptar los principios inherentes al régimen dictatorial que imperaba en España. Sabe que España goza de una libertad como hasta ahora jamás había disfrutado. Que la mayoría de los ciudadanos españoles son libres en sus costumbres, en sus pensamientos y en sus actuaciones. Que son libres en las manifestaciones propias de sus sentimientos nacionales —en cuanto a lengua y cultura— y con una amplia diversidad de principios políticos. Y no todos tienen un sentimiento favorable a la monarquía constitucional.

A corto plazo es impensable un movimiento que ponga en peligro la monarquía, pero el sentimiento republicano es cada vez más evidente. El Rey es consciente de que el trono perpetuo está al albur de las circunstancias políticas y por eso se ha preparado para poder retirarse, sin remordimiento de conciencia, a un retiro dorado. La posición de Don Juan Carlos está afianzada por su compromiso con la sociedad española, por el cumplimiento de sus funciones constitucionales —meramente representativas—. Pero si se trata de perpetuar la dinastía es necesario —e imprescindible— dar mayor protagonismo a un heredero que no ha mostrado hasta el momento grandes dotes de cercanía popular.

El papel desempeñado por Don Juan Carlos durante la transición española ha jugado a su favor —la elección de Adolfo Suárez en 1976 para sustituir a Arias Navarro en la jefatura del Gobierno fue una decisión valiente y arriesgada que facilitó el carácter pacífico de la transición—. Pero Don Felipe no va a tener mejor suerte. A diferencia de lo que sucedió con su padre no es previsible que su consolidación venga por un

77. BESTERRA, Francisco G.: «El futuro de la Monarquía», *El País*, 18 de octubre de 2004.

proceso como el que vivió su progenitor tras la muerte de Franco. El Rey, y su entorno más cercano, es consciente de que la monarquía debe modernizarse. Y debe hacerlo a marchas forzadas para no perder el tren de la historia. En el pasado, un Príncipe se legitimaba por la sangre. En la actualidad, no tiene más remedio que hacerlo por el ejercicio»[78].

Pero no se puede hablar del futuro de la Corona sin referirse a la actual Princesa de Asturias, Doña Letizia Ortiz Rocasolano, esposa del futuro Rey, madre de la descendencia dinástica y pieza clave en toda esta historia. En este libro hemos analizado los orígenes y los pensamientos filosóficos de esta futura Reina de España, y uno se puede dar cuenta, hasta cierto punto, de cómo es, de cómo piensa y poco más. El pueblo ya se ha labrado una opinión sobre ella, nosotros solo hemos recogido la información hasta donde hemos podido, para exponerla de la forma más contrastada posible, pero esta pequeña aportación no hará cambiar de opinión ni a defensores y a detractores de la Princesa de Asturias. Para muchos, la monarquía más importante de Europa, está en manos de la clase plebeya gracias a una boda «por amor». Un caballo de Troya ha entrado en la Zarzuela por la puerta grande. Muchos son los que piensan que un triunfo liberal sobre el monopolio de la sangre azul está al alcance de los más idealistas. El ennoblecimiento de Letizia Ortiz alienta los sueños de aquellos que esperan el desmembramiento de la monarquía desde la práctica de la erosión interna, mientras los más ortodoxos cortesanos se rasgan las vestiduras ante el porvenir que intuyen espera a la institución. Del vientre de aquel caballo troyano ya ha bajado el primer soldado, en forma de regalo real de la plebeya a su príncipe azul, un ejemplar del libro de Mariano José de Larra, máximo exponente del romanticismo español, critico, liberal y ante todo republicano, titulado *El doncel de don Enrique el Doliente*. Tras este «soldado troyano», sin duda descenderán más.

No se me ocurre mejor final para este libro que transcribir aquella especie de poema, que con motivo de la Boda Real, el genial poeta y cantautor Joaquín Sabina —gran amigo de la pareja principesca—, les dedicó con unas coplas que sin duda definen muy bien al personaje de

78. Clemente, Josep Carles. *El pecado original de la Familia Real Española*. Styria, Barcelona, 2007.

la Princesa de Asturias, e incluso, me atrevería a decir, que el trasfondo de esta obra. La iniciativa de tal *Ripio* surgió entre un grupo de amigos a propuesta de la escritora Almudena Grandes, para dar una respuesta republicana al enlace real y dice así:

«Bendita señá Letizia, la «queli» de un tal Erquicia que ayer os arrejuntó. A más de un republicano los dedos de entre ambas manos juntas nos emocionó, y sin cambiar de bandera, de dios ni de trinchera, quisiera princesa Ortiz decirte en esta balada que ya no hay cuentos de hadas no abunda el final feliz.

Vas a comértelo crudo porque la ley del embudo se venga de los que son discretos y menestrales cuando en los fastos reales no tienen invitación.

De corazón te lo digo, no tengo ningún amigo que no te quiera querer, y eso que somos tan rojos que quemamos los rastrojos del fuego que pudo ser.

¿Por qué carajo te escribo? *First of all* porque estoy vivo y no me pienso morir.

La Sartorius se quedó corta y la nórdica no supo hacer de Pocahontas. Hablemos de usted a tú, dile que la sangre azul cuando sangra es bermellona, que se mezcle con la gente, que no sea tan indolente al peso de su corona.

Lo que no entiendo Letizia es que cambies la noticia por lo que dicta el dictado, orderananzas, escalofrío no te bañes en el río de un corazón programado.

Las faltas de ortografía que desdeña la poesía a mí me la ponen dura, y esa zeta de Letizia es la falta y la «delicia» de una «carizia» madura.

No reines sobre el olvido ¡como entiendo a tu ex marido abreviado y extremeño! Defiende tu pedigrí, no abuses del bisturí, lo más grande es lo pequeño, la familia es un sorteo, Julieta besa a Romeo por no cortarle las alas.

Un Larra en una botella le regaló su doncella a Enrique el doliente. La corte de los milagros parece un corral de Almagro sin Lopes ni Calderones. ¡Ojalá que los Ortiz maquillen con su barniz ilustrado a los Borbones!

No escuches a los modistos que no se pasen de listos los más tontos de la escuela, mejor Rembrandt, Garcilaso, Groucho Marx, Einstein, Picasso, Woody, Piaf, Chavela.

Muda el esquilón de buey. Ni quito ni pongo rey pero ayudo a su señora ¡Trágala! ¡Viva la Pepa! Métanles donde les quepa el rosario de la aurora.

Cristínate, Elénate, Leti. Urdangarínate pero sin Marichalarte. Nadie venda los secretos de aquel marido discreto que no es juez siendo tan parte.

Que sigas siendo tan guapa y que hagas tu labor de zapa más deprisa que despacio, y déjame terminar abusando de lidiar el ripiado de palacio».

Yo añadiría, de mi cosecha propia, si me permite el Sabina y no desentona la rima, que no hubiera encontrado colofón más apropiado para este libro sobre borbones, *letis* y algún que otro cortesano.

Vilanova i la Geltrú
Verano de 2010

Bibliografía

ANSÓN, Luis María. *Don Juan*. Plaza & Janés, Barcelona, 1994.

APEZARENA, José. *Todos los hombres del Rey*. Plaza & Janés, Barcelona, 1997.

BALANSÓ, Juan. *Por razón de Estado*. Plaza & Janés, Barcelona 2002. Barcelona, 1994.

BARRIOS, Manuel. *Los amantes de Isabel II: una apasionante vida amorosa*. Temas de Hoy, Madrid, 1996.

BORRÀS BETRIU, Rafael. *Los últimos Borbones*. Flor del Viento, Barcelona, 1999.

CIERVA, Ricardo de la. *La historia se confiesa*. Planeta, Barcelona, 1976.

CLEMENTE, Josep Carles. *El pecado original de la familia real española*. Styria, Barcelona, 2007.

—*Las alcobas clandestinas*, Styria, Barcelona, 2008.

CODÓN FERNÁNDEZ, José María. Tradición y Monarquía. Ediciones Montejurra, 1961.

DÍAZ-PLAJA, Fernando. *Fernando VII, el más querido y el más odiado de los reyes españoles*. Planeta-Agostini, Barcelona, 1996.

DÍAZ-PLAJA, Fernando. *Otra historia de España*. Espasa Calpe, Madrid, 1987.

FISAS, Carlos. *Historias de las reinas de España: la casa de Borbón*. Planeta, Barcelona, 1998.

GARCÍA ABAD, José. *La soledad del Rey*. Esfera de los libros, Madrid, 2004.

GRACIA, Fernando. *Letizia o República.* Editorial Gracia-Impacto, Madrid, 2005.

INFANTE, José. *¿Reinará Felipe VI?* Martínez Roca, 2003.
MANTÉ, Blay. *"La vida alegre d'Alfons XIII".* Sàpiens, núm. 10, agost 2003.
MENÉNDEZ-PIDAL. Historia de España. Espasa Calpe, Madrid.
PEÑAFIEL, Jaime. *¡Dios salve a la Reina!* Temas de Hoy, Madrid, 1998.
—*¡Dios salve... también al Rey!* Temas de Hoy, Madrid, 1997.
—*¿Y quién salva al Príncipe?* Temas de Hoy, Madrid, 1998.
—*Letizia en Palazio.* La Esfera de los Libros, Madrid, 2006.
PORTERO, Ángela. *Príncipe de corazones: la vida sentimental de Felipe de Borbón.* La Esfera de los Libros, Madrid, 2004.
—*Tú serás mi reina: Letizia Ortiz, una periodista camino al trono.* Espejo de Tinta, Madrid, 2003.
RAYÓN, Fernando. *La boda de Juan Carlos y Sofía.* La Esfera de los Libros, Madrid, 2002.
RUIZ MORAGAS, Leandro Alfonso. *El bastardo real; memorias de un hijo no reconocido de Alfonso XIII.* La Esfera, Madrid, 2002.
SORIANO, Manuel. *Sabino Fernández Campo, la sombra del Rey.* Temas de Hoy, Madrid, 1995.
URBANO, Pilar. *La Reina.* Plaza & Janés, Barcelona, 1997.
VALLE-INCLÁN, Ramón del. *El ruedo ibérico y la corte de los milagros.* Espasa Calpe, Madrid, 1990.
VARIOS AUTORES: BALÉS, Fidel. CEBRIÁN, Sonia. ESPIGA, Paco. OLIVERAS, Jaume. PAGÈS, M. Àngels. PUIG, Anna. VALL, Joan. VILÀ, Dani. VILLARROYA, Joan. *Els Borbons en pilotes.* El Punt/Cossetània Edicions, Valls, Girona, 2004.
VILALLONGA, José Luis de. *El Rey: conversaciones con D. Juan Carlos I de España.* Plaza & Janés. Barcelona, 1994.

Índice onomástico

Archivo fotográfico

Franco con el entonces príncipe de Asturias, Juan Carlos de Borbón. El dictador le nombraría sucesor a título de Rey.

El 22 de noviembre de 1975 el Rey juró ante las Cortes, donde es proclamado nuevo jefe del Estado, mantener fidelidad a las Leyes Fundamentales del Reino y lealtad a los principios del Movimiento Nacional.

Letizia Ortiz nació en Oviedo el 15 de septiembre de 1972. Su infancia estuvo muy vinculada al Principado de Asturias

Letizia Ortiz con el traje regional de Asturias. Nunca imaginaría esta sencilla joven que con el tiempo se convertiría en Princesa de Asturias.

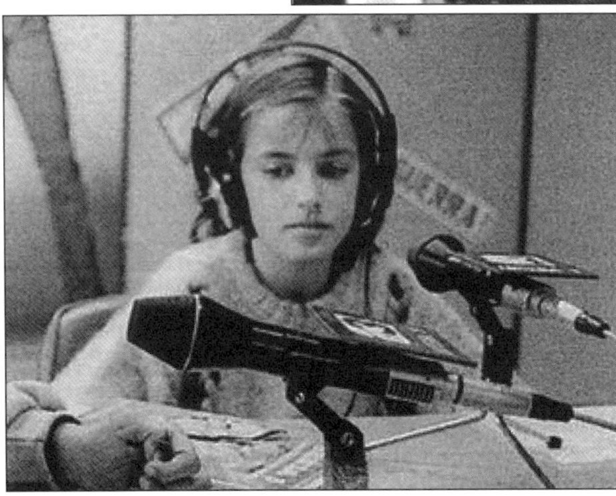

Letizia Ortiz acude a un programa radiofónico en Radio Oviedo. Su abuela, Menchu Álvarez del Valle, era locutora en esta emisora asturiana. Fue ella quien le inculcó a su nieta el interés por el periodismo.

Al terminar el bachillerato, Letizia se matriculó en Ciencias de la Información en la Universidad Complutense de Madrid al tiempo que colaboraba en el diario ABC y la Agencia EFE. En esta fotografía con un grupo de compañeros de facultad en un viaje a Marruecos.

La relación entre la alumna y el profesor del Instituto Ramiro de Maetzu, Alfonso Guerrero, acabó en matrimonio. El enlace duró apenas un año y los papeles del divorcio se hallan en una caja fuerte del juzgado de Parla.

El Salón de Celebraciones del Restaurante El Paraíso de Almendralejo (Extremadura) donde se celebró el convite del primer enlace de Letizia Ortiz, al que asistieron 200 personas, se contrapone al fastuoso salón donde tuvo lugar el banquete de su segunda boda en el Palacio Real de Madrid.

Antena 3 Televisión se hizo eco de la entrevista que Letizia Ortiz ofreció durante su estancia en México donde manifiesta sus simpatías por el subcomandante Marcos y hace referencia a su republicanismo. Según sus compañeros, era sencilla y ambiciosa y detestaba la excesiva galantería. ¡Cómo han cambiado las cosas desde 1996!

Letizia Ortiz Rocasolano en la época que presentaba el Telediario-2 junto a Alfredo Urdaci. Según el periodista el currículum de Letizia le llegó por medio de un realizador del Telediario amigo de su padre. La fortuna hizo que en aquel tiempo buscaran una cara para el verano. Letizia sustituyó a Baltasar Magro al frente de *Informe Semanal*.

El 3 de noviembre de 2003 se celebró la petición de mano. Letizia Ortiz dijo: «Entiendo la sorpresa que ha causado esta decisión a casi todos pero es una decisión madura, fruto de reflexiones muy intensas y sobre todo con el peso y la solidez del profundo amor que nos tenemos y del proyecto común que iniciamos. Desde muy joven soy periodista y hasta los 31 años que tengo ahora he ejercido mi profesión con ganas, con ilusión, con fuerza. De esa misma manera afronto lo que ahora iniciamos, con responsabilidad, con ilusión y con vocación de servicio a los españoles. Muchísimas gracias».

CASA DE S. M. EL REY

Sus Majestades los Reyes tienen la gran satisfacción de anunciar el compromiso matrimonial de Su hijo, Su Alteza Real el Príncipe de Asturias Don Felipe, con Doña Letizia Ortiz Rocasolano.

La petición de mano tendrá lugar en el Palacio de la Zarzuela el próximo jueves, día 6 de noviembre.

La boda se celebrará a principios del verano de 2004 en la Catedral de Santa María la Real de la Almudena de Madrid.

Palacio de la Zarzuela, 1 de noviembre de 2003

Comunicado de la Casa Real anunciando el enlace del príncipe de Asturias y Letizia Ortiz.

Su Santidad Juan Pablo II bendijo en el año 2005 la unión entre Felipe de Borbón y Letizia Ortiz Rocasolano.

La princesa de Asturias en los días finales del embarazo de su segunda hija, Sofía.

Juan Carlos I, el hombre del rostro triste. ¿A qué se debe la soledad del monarca?

La princesa de Asturias en una de las galas a las que acude por su matrimonio con el heredero a la corona española. A diferencia de lo que se cree los jóvenes de la realeza española le dan la espalda.

De periodista a princesa de Asturias. Por arte de magia en las listas de las más glamourosas de España. Letizia Ortiz ha vivido el sueño de un cuento de hadas.

Durante su estancia en México Letizia Ortiz inspiró a un artista local. Uno de estos dibujos, con el desnudo de la joven, apareció en un disco de Maná.

Letizia Ortiz protagonizó en 1998 junto a José Moreno el cortometraje experimental de Norberto López Amado *La mirada del Ángel* con guión de Violeta Llueca y el propio López Amado.

Cualquier princesa que se precie debe marcar tendencia. Letizia Ortiz lo hace por los pies. Los famosos Letizios son los zapatos que hace unas temporadas puso de moda Louboutin. Ella utiliza los Peep Toe, con plataforma delantera, mucho tacón y espacio para mostrar los dedos.

En el año 2008 la princesa Letizia decidió someterse a una rinoplastia según las fuentes oficiales por motivos estrictamente de salud que para la mayoría eran debidos a una cierta querencia por aparecer siempre perfecta. Se operó cuando la crisis más arreciaba en España en un ejemplo claro de solidaridad.

El matrimonio Borbón Ortiz
con sus hijas Leonor y Sofía

Leonor de Borbón, la infanta
llamada a ser ¿reina de España?